生产网络与区域创新论丛

# 跨国并购对全球—地方创新网络的影响研究

王秋玉　著

中国财经出版传媒集团
中国财政经济出版社

**图书在版编目（CIP）数据**

跨国并购对全球—地方创新网络的影响研究 / 王秋玉著. -- 北京 : 中国财政经济出版社, 2020. 11
（生产网络与区域创新论丛）
ISBN 978 - 7 - 5095 - 9886 - 3

Ⅰ. ①跨… Ⅱ. ①王… Ⅲ. ①企业兼并－跨国兼并－影响－工程机械－工业企业－企业创新－研究－中国
Ⅳ. ①F426. 4

中国版本图书馆 CIP 数据核字（2020）第 117909 号

责任编辑：彭　波　　　　责任校对：胡永立
封面设计：孙俪铭　　　　责任印制：史大鹏

中国财政经济出版社 出版
**URL**：http：//www. cfeph. cn
E－mail：cfeph@ cfeph. cn

社址：北京市海淀区阜成路甲 28 号　邮政编码：100142
营销中心电话：010－88191522
天猫网店：中国财政经济出版社旗舰店
网址：https：//zgczjjcbs. tmall. com
北京财经印刷厂印刷　各地新华书店经销
成品尺寸：170mm×240mm　16 开　16. 75 印张　251 000 字
2020 年 11 月第 1 版　2020 年 11 月北京第 1 次印刷
定价：68. 00 元
ISBN 978－7－5095－9886－3
（图书出现印装问题，本社负责调换，电话：010－88190548）
本社质量投诉电话：010－88190744
**打击盗版举报热线：010－88191661　QQ：2242791300**

# 前　言

从2014年开始，我国装备制造业的产业规模已位居全球首位，但创新能力相对较差、产品附加值较低。为此，在借鉴德国“工业4.0”战略、美国“再工业化”以及日本《2015年版制造白皮书》等国家产业创新升级计划经验的基础上，国务院于2015年5月颁布了《中国制造2025》，“创新驱动，转型发展”、建设创新型国家已经成为新时期我国重要的国家发展战略之一。

从企业层面看，越来越多的中国企业管理者认为，没有创新企业就没有前途；企业开展独立自主研发创新是一个高投入、高风险的漫长过程；而照搬日韩“技术引进、消化、吸收、创新”的传统赶超模式，则在发达国家防范中国的时代背景下难以为继，以技术引进为目的的合资企业并没有给我国企业带来国外核心技术。基于此，越来越多的中国企业利用全球金融危机对西方企业冲击带来的对外投资机会，根据全球技术更新速度加快和产品周期不断缩短的时代趋势，尝试借助跨国并购这种“走出去”方式，快速获取国外核心技术、知名品牌和高端市场等资源。从现实情况看，中国工程机械企业对国外企业的跨国并购，的确在一定程度上解决了企业自身研发资源不足、对高速变化的国际市场反应太慢的问题。

在此背景下，区域经济、经济地理学者对知识生产、转化应用、创新网络研究的关注程度空前增强。创新活动与区域创新生态环境质量密切相关，创新网络直接影响创新绩效的高低。因此，分析全球—地方多维创新网络的空间特征、发展演化过程、内部作用机理、优化途径也就成为区域经济学界、经济地理学界必须面对的问题。基于此，本书以2019年度国家自然科学基金青年科学基金项目“跨国并购对产业集群跨界合作网络的影响研究”（41901158）、2019年度中国博士后科学基金面上项目“技术获取型OFDI对我国装备工业创新网络的影响研究”（2019M651428）、2019年度教育部人文社会科学青年项目“跨国并购驱动全球—地方创新网络演化的机制及效应分析研究”19YJC790138、2019年度上海市科委软科学重点课题“对外直接投资驱动上海融入全球创新网络的机制与策略研究”（19692102400）为支撑，综合依据创新经济地理学基本原理，借助1985～2017年中国工程机械产业联合发明专利数据以及作者在2015～2018年中国国际工业博览会、2016和2018年上海宝马展、2017年中国国际机器人展的访谈资料，综合运用社会网络软件Ucinet等网络分析软件，对我国工程机械产业跨国并购前后的创新网络特征、发展变化、内部作用机理、优化途径，特别是我国企业创新网络与欧美发达国家企业创新网络的异同进行了系统的分析研究。

本书分为理论研究、产业实践、案例分析三部分，共计八章。第一部分为理论研究，包括中国工程机械产业创新网络发展的时代背景、创新网络研究的理论基础、创新网络的相关研究进展、基于跨国并购的全球—地方创新网络理论分析共四个章节，聚焦于全球—地方创新网络的动态性及其作用机制，致力于弥补跨国并购相关研究空间视角的缺失，通过分析跨国并购如何驱动创新网络结构与企业创新能力升级，阐明网络演化的影响机制。第二部分为产业实践，包括中国工程机械产业的跨国并购、中国工程机械产业的创新网络、跨国并购对中国工程机械产业创新网络影响的整体分析共三个章节，探索中国工程机械行业跨国并购前后，其全球—地方创新网络的演进特征、形成过程、影响因素、网络链接方式、空间格局等问题。第三部分为案例分析，包括跨国并购对中国工程机械产业创新网络影响的多案例分析、跨国并购作用于企业创新的机制分析共两个章节，通过评估跨国并购对企业创新网络的作用并剖析其实现路径，为中国制造如何实现创新转型发展提供对策与建议，进而为中国企业通过跨国并购实现技术的弯道超车提供借鉴。

本书尝试从技术获取型跨国并购这一视角切入，聚焦于全球—地方创新网络的研究，挖掘中国工程机械行业跨国并购企业的创新数据和典型案例，综合运用案例分析法、社会网络分析法等方法，探讨跨国并购对全球

—地方创新网络构成及其空间结构演化的影响机制。本书通过研究发现：

首先，跨国并购重塑了中国工程机械产业的全球—地方创新网络。①从创新主体构成看，跨国并购之后，通过学习和共享被并企业的知识和人才，收购外国企业的中国企业创新资源大幅度增加，创新能力大幅度提升，在创新网络中的地位和影响进一步上升；②从网络结构看，创新网络呈现出极不均匀的层级特征和明显的核心—边缘结构，处于核心的主体拥有较强的创新能力、多样化的研发伙伴，而集团内合作数量的增加导致创新网络呈现出模块化特征；与此同时，由于工程机械产业所涉及的技术门类较多，具有多元集成和产品定制的特点，基于产业链的DUI合作成为最主要的创新实现方式；③从空间结构看，科技资源不均匀空间分布驱使企业主体在更大尺度空间范围内寻找合作伙伴，企业垂直合作网络不断向全球延伸，获取国外创新资源的能力大幅度提升，德国成为中国企业最重要的海外创新平台。但水平创新合作却仍以国家尺度为主，省域尺度的重要性最低。珠三角、长三角和青岛城市群是我国创新实力最强、对外开放程度最高、收购国外企业最多的区域；④从劳动地域分工来看，中国企业集团总部和被并购国外企业所在地成为企业集团重要的研究基地，而企业的生产活动受成本控制等因素影响，多位于国内外经济发展水平相对较低的地区。

其次，并购目标属性、并购整合程度、资源配置成效是影响企业创新网络的重要因子。企业跨国并购一般需要经过四个阶段：第一阶段，根据企业自身所缺创新资源，精选并购对象。并在同等条件下，优先选择有合作关系的企业；第二阶段，包括人才交流、联合研发活动缓慢启动在内的弱整合，大体保持企业创新网络的规模和结构稳定；第三阶段，新的以中国跨国集团公司为主体、以研发联合中心、生产基地和销售基地等为辅助的全球创新网络初具雏形，并购双方之间的技术转移和创新互动渐趋紧密，创新能力稳步提升；第四阶段，全球—地方企业创新网络发育成熟。研发中心一般位于企业总部或被并购企业所在的发达地区，而生产基地多位于成本较低的欠发达地区，销售基地多位于发达的重要市场。企业集团内的产研一体化、产业链合作达到较高水平，企业创新能力和国际竞争力大幅提升。

最后，并购策略和整合措施直接影响创新网络的空间规模和发展水平。中国工程机械企业在国外主要收购悠久历史、营销网络完整（遍布全球）、技术优势显著的西方老牌企业。借助跨国并购，中国企业通过学习被并购企业的知识、吸收其人才、利用当地的创新资源，不断提高自身技术链、信息链和产业链的能级，占据网络结构洞位置，大幅度提升自身创新链水平、提升创新能力和国际影响力，将原有国内企业创新网络扩展至全球，并逐步建成以中国企业为中心、模块化特征显著的等级式创新网络。

从跨国并购视角出发，透视以中国为中心的全球—地方创新网络是一个全新的科学命题。本书从创新地理学的基本原理出发，基于中国工程机械企业跨国并购的实践，对总部在中国的创新网络从地方向全球拓展的过程、空间特征、影响因子、利弊得失进行了较为系统的分析研究，提出了重视跨文化高技术人才培养、品牌营销等优化创新网络的对策建议。然而，由于受多方面条件限制，研究的深度和广度仍显不足。跨国并购是一个复杂的经济过程，受到双方企业、企业所处环境等各方面的影响。受制于学术水平及客观条件，本书的研究仍存在一定不足，例如，本书研究样本的获取主要来源于与中国工程机械相关的文献、新闻、商务部信息搜索，但是，因获得信息的成本过高或渠道不畅，对并购中被并购企业及其所处环境的具体信息了解不足，在探讨跨国并购对创新网络的作用机制时，因数据的部分缺失有可能影响结论的完备性。

展望未来，需要搜集更多数据和实证资料，开展跨国并购成功与失败案例特点和作用机理的比较分析，判别经济外交政策和关系等因素对基于发展中国家现实的企业全球—地方创新网络发展的影响。跨国并购行为使中国企业创新网络的规模和能级得以提升，但是从宏观经济的视角来看，对于本土产业创新和区域发展有哪些影响、又是如何起作用的，这些将成为进一步研究方向。

本书是笔者基于2018年博士毕业论文《跨国并购对全球—地方创新网络的影响研究——以中国工程机械产业为例》梳理完成的。在研究期间，从博士论文的选题、框架、主要内容、修改和定稿，到书稿逻辑框架、写作规范的提升，我的导师曾刚教授总是在短时间内提出最有针对性的建议，感谢曾老师在工作和生活中给予的悉心关照与无私帮助！同时，本书稿的撰写得到华东师范大学城市发展研究院院领导们给予的大力支持以及各位同事在资料、思路等方面给予的支持，同时研究工作离不开我的合作伙伴肖宇和吕国庆的鼓励和支持，以及钢丝团同门的鼎力支持，中国财政经济出版社编校人员为本书出版付出大量辛勤劳动。在此，对各位表示衷心感谢。

王秋玉

2019年9月于华东师范大学丽娃河畔

# 目　录


**第一章　中国工程机械产业创新网络发展的背景** …………………… 1

第一节　中国工程机械产业创新发展的时代背景 ………………… 1

第二节　跨国并购呼唤企业网络理论创新 ……………………… 6

**第二章　创新网络研究的理论基础** ……………………………… 10

第一节　创新系统理论 ………………………………………… 10

第二节　后发国家技术追赶理论 ……………………………… 22

第三节　关系经济地理学理论 ………………………………… 36

第四节　本章小结 …………………………………………… 39

**第三章　创新网络的相关研究进展** ……………………………… 41

第一节　创新网络的空间内涵 ………………………………… 41

第二节　创新网络的格局 ……………………………………… 46

第三节　创新网络的演进 ……………………………………… 54

第四节　跨国并购与技术创新的相关研究 …………………… 59

第五节　本章小结 …………………………………………… 66

**第四章　跨国并购对全球—地方创新网络演化的影响** ………… 68

第一节　基于跨国并购的全球—地方创新网络发展过程 ……… 69

第二节　跨国并购对全球—地方创新网络发展的影响 ……… 77

第三节　基于跨国并购的全球—地方创新网络理论研究意义 …… 84
第四节　本章小结 …… 86

**第五章　中国工程机械产业的跨国并购与创新网络 …… 88**
第一节　中国工程机械产业的发展概况 …… 88
第二节　中国工程机械产业的跨国并购特征 …… 90
第三节　中国工程机械产业的创新网络 …… 100
第四节　本章小结 …… 114

**第六章　跨国并购对中国工程机械产业创新网络的影响 …… 116**
第一节　数据与方法 …… 116
第二节　跨国并购对中国工程机械产业创新网络主体的影响 …… 122
第三节　跨国并购对中国工程机械产业创新网络构成的影响 …… 130
第四节　跨国并购对中国工程机械产业创新网络空间结构的影响 …… 137
第五节　本章小结 …… 146

**第七章　跨国并购作用于中国工程机械产业创新网络的机制分析 …… 149**
第一节　数据与方法 …… 149
第二节　案例分析与编码 …… 165
第三节　跨国并购对中国工程机械产业创新网络的影响机理 …… 177
第四节　基于多案例实证分析的政策启示 …… 189
第五节　本章小结 …… 190

**第八章　跨国并购作用于企业创新的机制分析**
——以中联重科并购 CIFA 为例 …… 193
第一节　研究框架 …… 193

第二节　研究设计 …… 204
第三节　案例分析与发现 …… 208
第四节　基于单案例实证分析的政策启示 …… 220
第五节　本章小结 …… 222

**附录** …… 224
附录1：中国装备机械制造业创新研究调研问卷 …… 224
附录2：中国工程机械产业并购及创新行为调研问卷 …… 229

**参考文献** …… 233

# 第一章

# 中国工程机械产业创新网络发展的背景

随着经济和知识全球化的逐步发展，更多企业选择通过对外学习、建立合作关系、整合多方资源，并跨越企业组织和区域环境的边界来构建创新网络。跨国并购作为获取创新资源、实现技术赶超的重要途径，已成为创新能级较高和经济实力较强企业进行创新升级的首选。

## 第一节 中国工程机械产业创新发展的时代背景

### 一、经济全球化推动企业“走出去”

第二次世界大战以来，特别是20世纪90年代以来，以科学技术和信息等方面的巨大变革为基础，全球经济之间的联系不再局限于国界之内，国家与地区之间的距离趋于模糊，且逐渐融为一体。根据国际货币基金组织（1997）对经济全球化的定义：它可以被看作是“通过一系列诸如贸易、资金、技术、网络、文化和信息之间的交流，经济在全球范围内出现的快速融合。在这一过程中，全球各国通过商品劳务的流动、国际资金的传递、技术的扩散，相互依赖的程度逐渐增加”。

现代交通运输、通讯信息和信息高速公路的发展缩小了全球范围内的相对空间距离，降低了远距离的交易与合作成本。经济全球化的本质是科技革命的发生和社会生产力水平的提高，世界各国所出现的相互依偎、相互渗透，社会在生产的各个环节和形态跨越国界，在全球尺度所进行的大规模流动（李琮，2000）。自20世纪90年代以后，经济全球化发展迅速，并已成为科技革命和信息技术提升的先导，基本涵盖了包括生产、贸易和融资的各个领域，囊括了世界经济及联系的全部方面及各个过程（张云伟，2013）。例如，国际之间的分工从之前的以垂直分工为主转变为以水平分工为主，专业化分工的不断细化使得产业经常进行对外合作（赵建华，焦晗，2007）；世界贸易的迅猛增长和多边贸易机制逐渐形成；国际资本的流动范围及尺度达到较高的水平，金融的国际化进程日益加快；跨国公司在世界范围的影响力与日俱增；国际组织或区域组织对全球经济的干预和指导作用逐渐凸显。

简单来说，经济全球化的本质为资本的全球化运转和流动，孕育在生产、社会和经济关系的国际化趋势之上。因此，企业在全球和地方二元尺度的经济行为的互动常用于探讨跨国公司的国际化战略（Benneworth et al.，2007），企业的经济活动也逐渐演变为全球地方化的细化和地方全球化的扩展（Swyngedouw，2004）。经济全球化的过程也建立在生产的社会化程度不断提高的基础之上。具体来说，在这一过程中，社会分工的运行尺度得以扩展，资金、技术能够在全球范围内进行流动并进行优化配置，分工的收益因此得以最大化，并实现世界经济及生产能力的提升。但是，由于西方发达国家在这一进程中长期占据优势地位，在制定全球贸易、竞争规则、国际组织等方面具有相对较大的发言权，所以发达国家长期以来都是经济全球化的主要受益者。相对而言，发展中国家的受益主要来自于资源在全球范围内加速流动，他们可以从中引进发达国家相对先进和成熟的技术和管理经验，实现本国产业结构的高级化，达到增强本国竞争力的目的，进而缩短与发达国家之间的技术差距；他们也可以通过吸引外商投资，增加就业机会，使本国在劳动力资源方面的优势得以发挥；发展中国家还可以逐渐扩大产品的销售市场，并借助资金的自由化组建跨国公司，在积极参与经济全球化的过程中获取更大的经济和社会利益。

但是，需要指出的是，经济全球化也是一把“双刃剑”。它在加速全球经济增长的同时，在某一程度上为发展中国家实现后发国家技术追赶提供了一个难得的发展机遇。因此，在这一过程中，国家间的竞争逐渐加剧，国际投机及风险也日益增多，并可能对发展中国家的主权和民族工业造成巨大的冲击。为避免发展中国家被“边缘化”或成为发达经济体抑或大型跨国公司的“技术新殖民地”，发展中国家必须抓住经济全球化带来的机遇：全球金融危机情况下，很多发达国家历史悠久的高技术企业陷入资金链断裂的危机，发展中国家凭借一定的经济实力借机进行跨国并购等国际投资行为，以期实现技术水平和创新能力的提高，在全球市场占据一席之地（Zhu and Zhu，2016）。发达国家通过对外投资形成的全球生产网络是经济全球化的重要标志，而发展中国家对发达经济体的跨国并购行为则是经济全球化的深化（Henderson et al.，2002）。

## 二、创新需求驱使企业寻求创新网络拓展途径

中国改革开放以来，经济总量已经是全球第二，依照2014年国际货币基金组织的购买力测算，中国GDP高达63.5万亿元，事实上已超过了美国的经济水平，但是，中国财富的来源在很大比例上是依靠劳动力要素和资本要素实现，随着人口红利和资本红利已走向没落，创新作为经济发展新的来源已经引起国家的高度关注。与此同时，创新政策的推进纷纷成为各国提升竞争力的重要手段，例如，2015年，美国在2009年创新战略的基础上提出《美国创新战略》，德国也提出“工业4.0”高科技战略。基于此，创新驱动战略已经深入我国各行业的具体企业发展实践之中。

创新对于企业发展重要性的一个典型现象就是全球卓越中心的兴起，这些全球卓越的创新中心依靠技术权力进行创新垄断（Taylor et al.，2014），并以创新为主要驱动力同时成为全球经济中心，如纽约、伦敦和香港。这些区域是全球高端创新资源的流动地，具有高创新能力的高校、研究所、行业领头企业等云集于此，密集的本地和跨界创新活动使这些城市成为全球创新网络中的控制与协调中心。在驱动经济发展的创新要素中，经济的虹吸效应和创新的累积效应不断放大，纽约、伦敦、巴黎全球城市的地位不断提升，全球创新中心呈现钉状分布格局。对于后发国家而言，出于创新升级的目的，通过跨国并购等方式嵌入全球创新中心之中，在更充足的

创新资源和浓厚的创新氛围中进行学习和提高。

在全球化背景下，集群内部企业对于创新伙伴、创新资源的要求较高，而达到门槛的配套企业往往位于远距离尺度，核心企业更加倾向于向集群外部寻找新的创新合作伙伴。同时，技术复杂程度和可编码化程度的提高更降低了产业链各环节之间对“面对面”的交流需求，基于此，核心企业研发全球外包和零部件全球采购比例远高于其他企业。因此，核心企业在创新空间格局上常表现出“孤岛”特征，这也证明了企业对产业链伙伴的控制不需要地理邻近的支撑，而合作者的弱邻近性使核心企业选择创新合作伙伴更为慎重，合作关系一旦形成将持续的牢固存在。另外，随着技术标准化、生产规模化、资本密集程度、技术等级程度的提高，集群的成本外部性将大于创新外部性，削弱了知识扩散和技术外溢这些典型的地方化特征，加之很多产业存在大客户消费和非企业所在地消费的特点，产业链的全球采购模式和企业规模过大导致的弱移动性均会降低对本地空间组织的依赖，配套企业因无法从本地集群中获得有益的知识溢出和创新外部性而倾向于“主动的逃离”本地集群，加强了核心企业的“孤岛型”布局。因此，在创新需求驱使下，企业会选择跨国并购等方式进行跨区域创新活动。

## 三、工程机械行业已成为技术型跨国并购的重要部门

经济全球化促进了市场在全球范围内的绝对扩大和区域范围内的相对统一，使国际分工向纵深尺度不断扩展。在这一过程中，后发国家或发展中国家可以充分发挥自身的比较优势，实现收益的提升及自身技术能力的提高。中国作为发展中国家的代表，在企业进军全球市场、建立全球合作关系方面给予高度支持。2015 年，国务院发布了《关于推进国际产能和装备制造合作的指导意见》。商务部、发改委、外交部、国资委、海关总署等部门积极落实国务院工作部署和要求，颁布实施多项政策，推进“一带一路”建设以及国际产能和装备制造合作，指导企业更快更好地“走出去”。同时，国资委鼓励和支持中央企业开展国际化经营，积极推动参与“一带一路”建设及产能和装备制造合作。印发《关于加强中央企业境外

安全风险防范工作的紧急通知》，组织开展《中央企业“十三五”国际化经营战略研究》。简单来说，为适应全球化的新形势，并着眼于中国产业的全球格局，中国政府着力将自身的产业优势、资金优势与国外市场需求相结合，坚持以企业为主体，以市场需求为导向，加强统筹协调，大力推进国际产能和装备制造合作，进而实现产业转型升级，拓展和打造中国产业发展的新空间和新动力，实现中国自主创新能力的提升。

工程机械作为装备工业的重要组成部分，主要为经济、社会的工程建设提供机械，行业发展周期直接受到宏观环境的影响。美国、日本、巴西等国家的实际经验证实，城市化率在超过50%后，工程机械产业依然可以维持近20年的高速增长，超过70%后方才逐步放缓。中国工程机械产业起步于20世纪50年代，中国城镇化率在1993年为27.99%，2012年超过50%，城镇化的迅速发展激发了对工程机械的需求，该行业黄金十年的迅速发展，使行业业务覆盖达170多个国家和地区，海外收入比重超过1/4，中国企业已成为全球工程机械市场主要供应商之一。

近年来，工程机械行业国际化战略稳步推进，徐工集团、中联重科、三一重工、柳工集团、山推股份、安叉集团等骨干企业通过积极拓展已然建立起全球营销网络。尤其是2008年金融危机带来了全球工程机械行业的寒冬，发达国家的老牌企业均陷入资金链断裂的窘境，中国政府的四万亿计划使中国工程机械行业得以软着陆，国外企业纷纷向中国寻求战略合作，而中国企业为了进一步拓展国际市场、实现技术弯道超车，也抓住时代机遇积极进行跨国并购。例如，中联重科收购意大利 CIFA 和德国 M-TEC 公司，三一完成对德国 Putzmeister 的收购和入股奥地利 Palfinger，柳工收购波兰 HSW，徐工收购德国 Schwing 等，一系列并购事件在提升企业研发水平的同时，也将中国品牌和声誉推向世界，推动工程机械行业国际化向更高水平发展。可以预见，伴随着“一带一路”倡议的实施和推进，中国机械制造行业的跨国并购趋势仍将继续升温，2015年，《国务院关于推进国际产能和装备制造合作的指导意见》发布，将工程机械行业作为开展产能与装备制造合作重点产业之一，工程机械行业进一步扩大海外扩张。

不同的产业因提升竞争力、进行国际化扩张的阻力有所差异，跨国并购的动机也有所不同。对于以零售业为代表的服务业而言，对技术的要求较低，品牌和市场是企业竞争力最重要的体现，在国际市场上经常面临品牌不被认可、国际寡头垄断等窘境，跨国并购的主要目的在于拓展海外市场（Haucap and Stiebale，2016）；对于以生物医药产业、机械制造业为代表的技术密集型产业而言，核心技术和高端市场是企业竞争力最重要的体现，跨国并购最重要的目的在于获得高新技术、拓展创新网络（赵建波等，2016）。其中，中国工程机械产业在中国跨国并购市场中显示出极大的投资热情，在跨国并购之后，该产业国际化水平、产业地位以及创新能力显著升级（袁媛，2017），使其成为探索技术型跨国并购影响创新网络的重要案例对象。

## 第二节 跨国并购呼唤企业网络理论创新

### 一、跨国并购已成为我国企业技术赶超的重要路径

全球化时代背景下，随着知识经济的转型，创新和技术升级对于提高企业和区域的竞争力和经济实力至关重要（Miao and Wei，2007）。发达国家致力于核心关键技术的研发以获取持续的竞争优势，以中国为代表的后发国家因起步较晚，与发达国家在技术水平等方面相比处于竞争劣势，因此将自主创新视为技术追赶的关键（路风，封凯栋，2005）。鉴于企业通过内部研发资源的积累实现自我发展是一个高投入、高风险的漫长过程，技术能力相对落后的后发企业充分利用“后发优势”来摆脱“经济落后—科技创新水平低—经济落后”的恶性循环，采取技术引进、消化、吸收、再创新的传统赶超模式，以期在降低成本和风险的同时迅速提高企业的科技水平和创新能力。但是，日韩的成功实践提高了发达国家的警惕性，此类模式的不可复制从中国以技术引进目的建立的合资企业并没有真正带来国外核心技术这一事实上略见一斑。基于此，跨国并购这种超常规的“走出去”方式已成为当前中国企业快速获取核心技术的有效途径，而金融危机导致许多技术领先的国外企业陷入资金链断裂的困境，为亟须实现创新

转型升级的中国企业提供了良好契机。跨国并购作为全球化的具体形式和显著特征之一，可以帮助企业迅速获得国外企业的先进技术、核心产品和高端市场等资源，随着技术更新速度的加快和产品周期的不断缩短，跨国并购成为后发企业内部研发的重要补充，成为应对高速变化的国际市场的重要手段（钟芳芳，2015）。

2008 年全球金融危机导致许多技术领先的国外企业陷入资金链断裂的困境，这就为亟须通过获得外部技术来突破发展瓶颈并进行产业转型升级的中国企业提供了绝佳的跨国并购契机。毋庸置疑，越来越多的中国企业把跨国并购作为提升自身技术层级进而抢占价值链高端的重要途径。从 2008 年到 2016 年，中国企业海外并购交易数量由 57 起增至 923 起，所披露的投资总额则从 132 亿美元激增至 2209 亿美元；其中，随着民营企业发展规模的逐渐扩大，其在跨国并购中的数量和金额都已超越国有企业，完成了 2/3 的跨国并购。与此热潮相伴而生的问题是，后发国家及其企业如何通过跨国并购获取国外先进技术以实现创新赶超？这已经引起学术界和实务界的广泛关注（吴先明等，2014）见表 1 – 1。

**表 1 – 1　　2011 ~ 2018 年中国企业跨国并购概况**

| 年份 | 国有 | | 民营 | | 其他 | | 合计 | |
|---|---|---|---|---|---|---|---|---|
| | 数量（件） | 金额（十亿元） | 数量（件） | 金额（十亿元） | 数量（件） | 金额（十亿元） | 数量（件） | 金额（十亿元） |
| 2011 | 40 | 23.1 | 139 | 6 | 27 | 13.3 | 206 | 42.5 |
| 2012 | 41 | 35.8 | 124 | 10.1 | 26 | 9.6 | 191 | 55.4 |
| 2013 | 55 | 36.5 | 118 | 10.6 | 25 | 1 | 198 | 18.1 |
| 2014 | 78 | 25.9 | 145 | 13.6 | 49 | 13.3 | 272 | 52.7 |
| 2015 | 80 | 27.6 | 207 | 21 | 95 | 15.3 | 382 | 63.9 |
| 2016 | 116 | 66.5 | 612 | 116.3 | 195 | 38.1 | 923 | 220.9 |
| 2017 | 101 | 28.1 | 467 | 59.9 | 238 | 34.4 | 806 | 122.5 |
| 2018 | 64 | 21.1 | 310 | 51.1 | 253 | 21.9 | 627 | 94.1 |

资料来源：根据汤森路透、投资中国及普华永道分析整理所得。

## 二、跨国并购为经济地理学界创新网络的研究提供了新的视角

与中国企业寻求跨国技术并购的热潮相比，创新经济地理界的研究显得过于单薄，缺乏较为系统的解释和论证。跨国并购业已成为企业获得知识、实现创新的重要途径，有鉴于此，本书尝试融合经济地理学、经济学和管理学等学科理论，基于创新网络构成及其空间结构这一主题，引入跨国并购这一微观企业行为，探讨跨国并购这一行为如何作用于全球—地方创新网络的构建及运行，及其对全球—地方创新网络构成和空间结构的影响及实现机制。然后，以中国工程机械行业为例，结合调研访谈、问卷调查以及专题数据，对比跨国并购前后的网络结构及其空间响应特征，进而对理论框架进行验证。

作为全球化的具体形式和显著特征之一，跨国并购已成为国际投资及全球—地方创新网络构建的重要手段，一些创新能级较高的企业纷纷着眼于研发的全球化及二次创新的本土化，借助跨国并购迅速构筑起全球—地方创新网络。根据商务部发布的《中国对外投资合作发展报告 2014》，包括中国在内的发展中国家及新兴市场国家在 2013 年的跨国并购金额首次超过发达国家，中国跨国并购数额也在当年创历史新高，以发达国家企业为目标的逆向跨国并购频繁发生，如三一集团收购普茨迈斯特等。与此热潮相伴而生，后发国家及其企业如何通过跨国并购获取国外先进技术以实现创新赶超这一议题引起了学术界和实务界的广泛关注（苏志文，吴先明，2014）。特别需要指出的是，中国机械行业的跨国并购行为具有“逆向”特征，主要以获取先进技术为主（赵剑波，吕铁，2016），这一举措可以帮助企业在快速提升研发能力的同时，提供“行动中、使用中和交互中”的学习机会，是帮助中国制造在全球实现“弯道超车”的重要抓手，可以迅速改变全球—地方创新网络的行为主体构成及演进趋势。因此，机械行业的跨国并购活动与创新网络的构建与演进直接相关，进而成为研究全球—地方创新网络的最佳案例。

而纵观创新经济地理学的现有理论及其相关实证研究，都无法较好地

诠释跨国并购是否以及如何通过全球—地方创新网络的构建以提升创新能力这一问题。与此同时，越来越多的学者指出：作为处于技术追赶过程中的新兴经济体，中国与德美等发达国家在创新政策、创新主体及发展阶段等方面差异的存在（Liefner and Jessberger，2016；Lyu and Liefner，2018），使得源于发达经济体的创新理论视角及其结论在解释中国现象时存在明显不足。因此，在中国企业逐渐成为跨国并购主体的背景下，对后发国家企业跨国并购引发的全球—地方创新网络的构建及演变进行深入研究，找到其网络建构的关键因素、作用机制、演进方向，对于创新经济地理学的进一步发展显得尤为紧迫和重要。

从现实的角度出发，中国企业的部分海外并购存在明显的国家导向，如中石油、五矿等企业针对海外战略资源以及联想万达等针对市场的并购等，而作为一个制造业大国，中国制造的“走出去”体现了中国本土企业主动走向全球、走向“中国智造”的决心和行动，具有特别重要的意义，而为建筑和交通建设提供装备的工程机械行业代表了一个国家制造业的尖端水准。然而，对于“走出去”的企业来说，并购只是开始，如何通过跨国并购实现创新能力的提升才是重中之重。基于以上考量，本书紧密结合“中国智造”的目标及企业“走出去”的具体实践，剖析中国企业跨国并购这一微观行为，尝试对跨国并购视角下中国机械行业的创新水平、网络构成及其空间格局演化进行研究，构建其对全球—地方创新网络演化的分析框架，系统阐述其网络演化的实现路径，在丰富创新经济地理学的理论与实证研究的同时，助力“中国制造 2025”目标的实现。

# 第二章

# 创新网络研究的理论基础

跨国并购作为企业对外直接投资的高阶形式，已成为企业进行组织学习、实施技术赶超的重要手段。企业实施跨国并购能否对企业创新网络产生积极作用？作用机理又是什么？这些都是本书所关注的议题。本章节通过梳理基于企业创新网络相关的创新系统、后发国家技术追赶理论和关系经济地理学三方面的理论，旨在厘清企业创新网络建构与演进的相关逻辑，并为本书的分析框架提供理论支撑。

## 第一节 创新系统理论

自熊彼特提出创新以来，Freeman（1987）首次提出“创新系统”的概念，Lundvall 和 Nelson（1992）随后提出国家创新系统，并认为创新是基于一定制度框架内、多主体合作构建的网络所形成的，这个动态、复杂的合作网络即为一般意义上的创新系统。全球化程度的加深伴随着区域间、产业间差异的显现，创新系统的内涵得以不断丰富。

### 一、创新系统的分类

关于创新系统的应用很广，已有国家创新系统（Lundvall，1988）、区域创新系统 Cooke et al.，1997）、产业创新系统（Malerba，2002）和技术创新系统（Carlsson and Stankiewicz，1991）。从表面看，每一个框架都已经界定了边界，用以衡量哪些要素起积极作用（Bergek et al.，2015），但是，深入对比分析，会发现彼此之间的内涵、研究目标和方法都明显不同，交叉很少（Coenen and Díaz López，2010）。

### 1. 国家创新系统

随着对技术创新的研究不断深入以及国际创新中心的不断转移（孙伟林等，2006），Freeman 于 1987 年首次提出国家创新系统，并指出技术创新是一个系统化的过程，后发国家的技术追赶和跨越是国家创新系统演变的结果。针对国家创新系统的研究主要有以下六大流派。

①Freeman（1987）作为国家创新系统的首倡者，从后发国家的技术追赶案例出发，指出一国的历史、文化、基础设施与创新系统的紧密关系，技术、制度和组织创新共同作用于国家创新。同时指出，创新的成败取决于国家调整其社会经济范式以适应技术经济范式的要求与可行性能力，其中，社会创新对于国家创新系统升级意义重大，包括信息流动方式、企业内部沟通和学习机制，企业的网络合作方式以及科学、教育、产业等政策对这些方式的作用等。

②Nelson（1993）进一步提出，现代国家的创新系统由各种制度因素和技术行为因素以及高校、政府、中介组织等机构的复杂经济体共同构成，经济体致力于技术的多元化存在，而制度则为技术的分享以及经济体的合作提供保障。

③ Patel 和 Pavitti（1994）从技术投资的角度出发，认为国家创新系统是在研究与开发的国际化压力下，各类主体共同作用，决定了一国技术学习的方向和速度，并提供国家制度和激励结构的相关保障。

④Lundavall（1988，1992）从产业链合作与互动的微观角度出发，指出创新主体之间的关系决定了创新的实现方式，而地理、文化、政府等多方面的因素均会对主体之间的合作产生影响，是一国界域内，在知识的生产、扩散、整合与实践过程中，各类主体及合作关系共同作用所形成的社会系统。

⑤Porter（2002）作为国家创新系统中的国际学派，不再从技术民族主义视角，着眼于国家制度、社会历史文化等对国家创新的影响，而是基于全球化背景下区域间经济合作的崛起，将创新主体合作的微观机制与国

家创新系统的宏观运行绩效综合考量，将技术创新成功的企业视为国家竞争优势的保障，而成功的关键在于政府能否有效地形成竞争性环境并推动创新（周静言，2014）。

⑥经济合作与发展组织（OECD）分析各产业尤其是金融领域机构之间的相互联系及知识分配，指出创新和技术进步是生产、分配和应用各种知识的各角色之间复杂关系的结果，主体之间的联系对技术绩效的改进非常重要。进而，该组织认为技术变革时系统内部各要素国家创新系统的核心内容是科技知识在国家内部的传播与流动，企业主体及其生产、经营、创新活动是创新系统的核心。

国家创新系统是一种有关科学技术融入经济增长过程之中的制度安排，其核心内容是公共部门和私营部门的各种机构的活动和相互作用，并在此基础上形成科学技术知识在一定社会范围内循环流转和应用的良性机制，它决定了一个国家扩散知识和技术的能力，并影响着国家的创新表现（王春法，2003）。

### 2. 区域创新系统

创新是一个国家、一个民族赖以生存、发展与进步的源泉，技术创新是一个国家、一个地区经济得以持续发展的不竭动力。全球化背景下，当全球分工不再以国家而是以区域竞争力进行划分时，区域创新能力日益成为学者关注的热点（毕亮亮，2013），区域创新系统顺势而生。Cooke（1992，1996，2000）和 Doloreux（2003）经过一系列研究指出，区域创新系统是一定地理范围内，相互分工并相互关联的企业、高校、研究院所、政府机构等构成的区域组织性体系，在区域政体的支持下促进和支持合作关系的产生，广泛的知识团体和治理结构共同支持并产生创新。国内很多学者也对其进行了深入研究，总体而言，区域创新系统被视为以区域为整体、能较为全面地包容各创新主体和创新要素，所形成的较为完整和相对独立的创新体系（冯之俊，1999；刘友金等，2001；刘友金，2002）；并且，作为一种自反馈系统，系统内各创新主体和创新要素通过相互作用能够形成连锁反应机制，能够在系统内部自发、持续地推动创新的实现和扩散，最终促进系统整体技术水平的提高（肖广岭，2004）（图 2－1）。

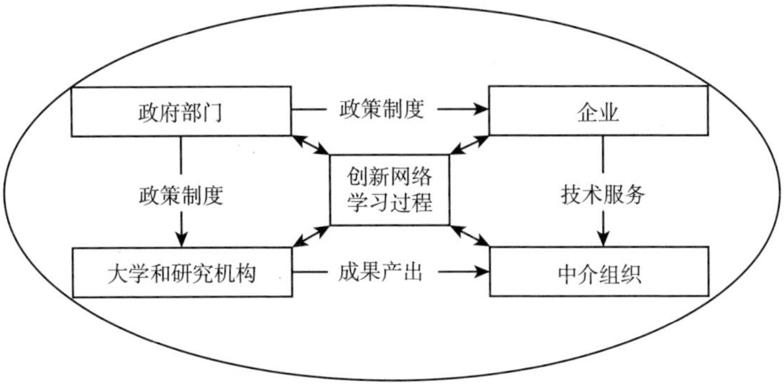


**图 2－1　区域创新系统的体系框架**

资料来源：作者自绘。

由于学者来自不同的细分领域、拥有不同的学术背景和研究视角，关于创新系统的定义、内涵与分类存在一定差异，如表 2－1 所示。但是，整体来看，区域创新系统的研究存在以下共同点：①拥有一定的地域范围，同时具有开放的边界；②企业等产业主体，高校、研究所及其他开发机构等学研主体，地方政府、服务机构等社会主体，共同成为创新的主要单元；③社会制度和政府治理在区域创新系统中不可或缺；④各创新单元在一定的组织与空间内，与环境相互作用进行创新的实践与扩散；⑤创新单元的创新实践反作用于社会、经济、文化和生态等各方面区域环境，促进社会系统的形成和进化。

**表 2－1　区域创新系统的主要分类模式**

| | 分类依据 | 区域创新系统（RIS）分类模式 |
|---|---|---|
| Asheim and Isaksen (1997) | 社会根植性 | 区域性的国家创新系统；根植于特定区域的创新系统 |
| Braczyk（1998） | 技术转让模式 | 基础型 RIS；网络型 RIS；统制型 RIS |
| Cooke（1998） | 区域发展潜力 | 最大潜力 RIS；中等潜力 RIS；低等潜力 RIS |
| Howell（1999） | 区域经济一体化水平 | 从属于国家创新体系的自上而下的 RIS；自下而上具有独立的内部特征和内部联系的 RIS |

续表

| | 分类依据 | 区域创新系统（RIS）分类模式 |
|---|---|---|
| Isaksen（2001） | 区域壁垒与创新阻力 | 低组织型 RIS；分散型 RIS；封闭型 RIS |
| Doloreux（2005） | 技术创新的区域根植性 | 区域网络型创新系统；区域化国家创新系统 |
| Asheim and Isaksen（2005） | 知识组织的位置和知识流动的特定 | 本土根植的 RIS；区域网络化的创新系统；区域化的国家创新系统 |
| Cooke（2004） | 产业的技术创新关键驱动力 | 企业家的 RIS；制度的 RIS |
| 肖广岭（2004） | 中国城市创新模式 | 产业横向集聚创新模式；产业纵向集聚创新模式；围绕中心资源创新模式；区位优势创新模式 |

### 3. 产业创新系统

产业创新系统重视产业和技术，而非国家或区域，是指与产业相关的技术创新组织、机构和知识创新构成的网络系统，此类机构既有国际的又有国内的，其行为和活动能进一步提升和促进本产业的竞争能力和创新能力（Breschi et al.，2000；Malerba，2005；Spencer，2003）。很多学者对处于不同地区的同一类产业进行实证分析，证实了同一产业创新过程的相似性（Jung and Lee，2010；Malerba，2005；Malerba and Nelson，2011；Yu et al.，2016），通过细分产业，有助于根据技术体制和发展轨迹深入探讨创新过程（Castellacci，2008）。

在现代创新理论中，企业战略行为和联盟，以及企业、学研机构和其他机构之间的相互作用已经成为创新过程分析的核心。产业创新系统就是对网络关系的确认，并且，网络不再以产业为边界划分，而是充分考虑市场网络中相互联系和知识流动的重要性。产业关联性较强的企业、学研机构、中介机构和客户通过附加值产业链，相互联结形成网络，以期获取新的和互补的技术并从互补资产和知识利用的结合中获益，在加快学习过程的同时降低交易成本，克服或创造产业进入壁垒的同时分散创新带来的风险，成为产业创新系统的重要内容（柳卸林，2000）。

按照产业所拥有的技术系统以及产业环境的复杂性，可以把产业创新系统分为四种：①传统分包契约型以纺织、制鞋等传统产业为主，产业创新系统呈现网络的多中心性，信息流动较为简单，多以组件性能和质量信息为主进行非系统交换；②模块组装型以汽车、计算机等产品具有高价值、多种类、技术复杂特征的产业为主，组件的集合具有“模块风格”，经常存在密集的信息和知识交流，技术—生产力收益通常与生产链中同时产生的规模和范围经济有关；③复杂产品型是指通过系统集成生产的单一定制的复杂产品，产品包括航空控制系统、自动制造系统、海上平台等，具有高度的技术复杂性，网络成员之间存在密集的信息流动；④技术集成型以生物技术、半导体等为主，产品的技术复杂性相对较低，信息流动非常复杂，涉及研究开发不同阶段之间的反馈回路。

#### 4. 技术创新系统

技术创新是一个系统，任何一个产品都是多技术系统的集成。Markard和Truffer（2008）对技术系统进行提升，指出技术创新系统是创新主体与制度共同作用形成的网络，并对某一种新技术或新产品变异体的产生、扩散和推广使用做出贡献。在技术创新系统中，创新人力资源、财力资源、物质资源、创新信息、企业积累的知识和技能等都属于创新系统中的基本要素，主要分布在企业的研发部门、制造部门和营销部门，对于企业技术创新活动的实现具有重要意义。因此，完整的企业技术创新系统包含研发、制造、营销和决策四个子系统，而决策子系统能够对另外三个子系统进行有效整合并使之协同活动。基于此，得到企业技术创新系统的分析框架如图2-2所示。

技术活动是创新系统与环境互动的产物，企业的内部制度体系决定了其内部环境，而市场、科技、文教、政治和经济等外部环境因素则影响和决定着企业技术创新系统的结构与功能。技术创新系统相关研究聚焦于系统演化以及新兴部门发展，为了分析复杂演化，分析焦点跨越系统要素，将核心过程视为系统绩效的衡量（Bergek et al.，2008；Hekkert et al.，

2007)，主要包括七个：知识生产和扩散、企业家经历、资源流动性、搜索指引、市场形成、合法性、积极溢出（Bergek et al.，2008；Hekkert et al.，2007）。

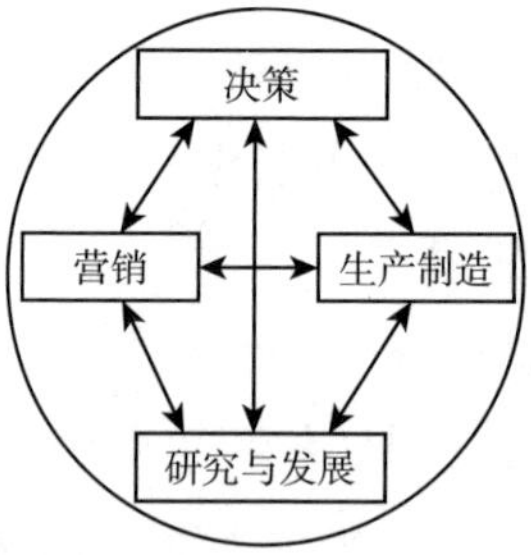


**图2-2　企业技术创新系统的分析框架**

资料来源：叶金国．技术创新系统自组织论［M］．北京：中国社会科学出版社。

## 二、全球创新系统

### 1. 产生背景

在全球化的知识经济时代，人才、知识和资本等要素的可移动性和流动性不断增加，导致不同地区的创新过程相互联结（Corpataux et al.，2009）。随着创新过程的空间复杂性不断提升，创新系统的边界逐渐模糊并更容易渗透，本地、区域或国家等单一空间尺度的有效性备受质疑（Carlsson，2006；Grillitsch and Trippl，2013）。

事实上，关于创新系统的应用很广，已有的国家创新系统（Lundvall，1988）、区域创新系统（Cooke et al.，1997）、产业创新系统（Malerba，2002）和技术创新系统（Carlsson and Stankiewicz，1991）都界定了系统边界，用以衡量哪些要素起积极作用（Bergek et al.，2015），全球化过程与各类创新系统的发展有共生关系，但是各类创新系统在解释全球化创新时均存在短板。例如，国家和区域创新系统都从静态视角出发，将国家或区域视为系统边界基准，强调在面对面交流中制度的差异性（Carlsson，2006），却无法对全球化创新联系的产生、演化以及对当地创新环境的反作用进行解释（Coenen et al.，2012）；产业创新系统忽视地域边界、重视细分产业的特征弥补了两者的不足，却因对产业和技术的偏见、对高校和研究生等非企业单位的忽视而备受诟病（Coenen and Díaz López，2010）；技术创新系统则聚焦于具有类似科技发展轨迹、特定空间范围内的相关产业，对于不同地域、不同产业的创新过程而言缺少借鉴性（Bergek et al.，2015；Binz et al.，2014；Coenen et al.，2012）。因此，有必要将各创新系统进行全球化整合，从多维空间的演化视角，来探讨全球创新系统的内涵与结构，对于解释不同空间尺度创新资源的产生以及不同空间创建系统的结构性耦合具有重要意义（Binz and Truffer，2017）。

但是，不同的区域创新子系统中，关键创新资源如何被创造，又如何在全球尺度得到整合仍不清楚，有必要将已有的创新系统重新加以整合（Martin，2016；Weber and Truffer，2017）。

### 2. 定义与内涵

创新系统在诞生之初就拥有全球化的内涵，随着创新活动的整合以及更多的企业行为转移至国际网络之中，创新系统愈发错综复杂，而全球化趋势反而促进了创新系统的网络发展（Archibugi，Howells，Michie，1999）。从区域视角看，在全球创新系统中，虽然主体在超国家尺度的合作日益增加，但是区域尺度的子系统仍然很重要。但是，跨区域之间的合作是如何产生的，是否重要，对于所有产业和市场来说是否一样，这些都有待回答（Coenen et al.，2012）。

基于此，Binz 和 Truffer（2017）对已有研究进行整合，从全球创新系统视角探讨不同的区域创新子系统如何在全球尺度实现合作，为全球—地方创新网络中多空间尺度创新资源的产生与共享提供了解释基础（Martin，2016；Weber and Truffer，2017）。Binz 和 Truffer（2017）提出，创新是主体将知识、投资、市场、合法性与新的情景成功结合的过程，全球创新系统的整体发展取决于四个子系统的资源形成过程是否以及如何成功衔接，并以医疗行业为例，指出子系统中资源的形成会表现出多尺度的系统结构，尤其是与传统的国家、区域的扁平化地理的系统结构相比，全球创新系统是拥有四维结构的统一体（见图 2－3）。

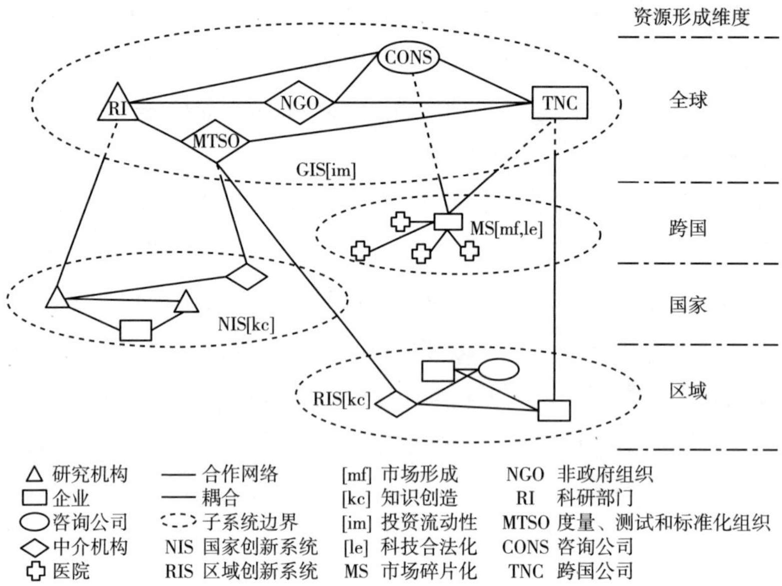


**图 2－3 医疗行业的全球创新系统结构**

资料来源：Binz C, Truffer B. Global Innovation Systems—A conceptual framework for innovation dynamics in transnational contexts [J]. Research Policy, 2017, 1284－1298.

全球创新系统中，在全球尺度，拥有全球渠道的主体，包括跨国公司、研究机构组成的联盟、标准化组织、咨询公司和国际无政府组织等，通过金融投资来实现互动与合作；在跨国尺度，该子系统产生于新的细分市场，市场由全球特定城市知名的相关跨国公司和咨询公司所创建，在该子系统中，可以了解市场需求和客户响应，并建立最原始的产品条例；在国家尺度，特定国家创新系统中专业化的研究机构和新兴企业，通过全球研发项目、国家标准制定组织进行知识研发；在区域尺度，从区域科技集群中衍生的知识子系统中，当地集群为专业化的科技发展（例如，先进的疫苗技术）提供有利的制度环境，跨国公司的分支机构积极地为当地创新环境提供资金和知识支持，并成为子系统之间的联系中介（Binz and Truffer，2017）。

### 3. 全球—地方互动

随着创新网络研究重点呈现出从单个网络节点到整个网络联系、从单个网络演化到多个网络共同演化转向的趋势，从全球与地方耦合的视角对整体创新网络演化进行分析成为当下的研究趋势（Glückler，2016）。

全球—地方创新网络反映了地理空间对不同空间尺度创新网络演化的影响（曹贤忠等，2016），在网络式创新模式中，不同空间尺度之间存在着复杂联系，地方化与全球化创新活动并存（Glückler，2016；贺灿飞等，2015；王秋玉等，2016）。全球—地方创新网络的主体有产业类和学研类两种，前者主要是指进行跨国合作的企业等市场经济的主体，承担着科技成果产品化和市场化的责任，企业之间的合作更依赖技能知识（Know - how）和人力知识（Know - who），主要通过实践的方式进行经验型的学习（Doing - Using - Innovation，DUI）；后者是指高校、研究所、咨询公司等培养人才、生产知识、创造科技成果的部门，是知识溢出的主要源泉，同时也是科技成果转化的重要推手，在与产业部门合作过程中以事实知识（Know - what）和原理知识（Know - why）为基础，主要通过科学研发的方式进行知识型的学习（Science - Technology - Innovation，STI）（林兰等，2017）。全球—地方创新网络的主体分布在世界各地、处于特定的产业和技术领域之中，他们分属于多个地方创新网络，同时多个地方创新网络跨越地理、文化和政治的边界相互联系，通过重新组织形成新型的全球创新网络（司月芳等，2016）。

全球创新系统的成功不仅取决于每一个子系统所形成的资源的质量，也受到关键行动者在全球范围内将分散的活动整合成一定创新路径的能力的影响。如果所有子系统都成功建立并相互连接，使得系统资源能够流动并重新组合，创新得以发展和扩散，那么全球创新系统就得以成功，在全球—地方等多维度的合作联结就得以建立。Lorentzen（2010）认为，全球化迫使企业去探索特色知识，企业从全球尺度获取知识成为创新的重要内容，也是避免技术锁定的必要措施；但是，本地或区域承担知识提供者和传递者的角色，本地非正式网络有助于本地蜂鸣的实现，创新的关键阶段仍在本地和区域网络实现，地方的特殊性正是源于地方和全球联系的不同功能分工（Storper and Venables，2004）。司月芳和曾刚等（2016）提出的全球—地方创新网络，是多个地方创新网络跨越不同地方文化、重新组织、相互作用所形成的全球创新网络，将不同空间尺度的联系加以整合，而主体间的相似性有助于创新合作，为合作提供了基础，推动创新合作行为在不同空间尺度发生。

## 三、创新系统的耦合

### 1. 创新资源的耦合

在国家和区域创新系统的相关研究中，知识外部性一般被认为来自区域或国家领域，全球创新网络也将区域或国家尺度视为外部性产生的重要来源，但是全球创新系统增加了在全球尺度的互动层面，不再基于区域边界对其进行定义，而是由系统资源的创造者决定，创新资源包括知识、市场机会、金融投资和科技合法性（Binz et al.，2016），而创新系统的耦合决定了不同系统中的主体获取并利用外界创新资源的程度。

创新系统因对外合作而呈现出更复杂的网络结构，不同系统的创新要素相互整合有助于系统的升级（Binz et al.，2016）。因此，全球创新系统可以视为由能够生产此四类系统资源的子系统构成，多尺度的创新联结和创新环境将这些子系统联系起来，创新系统的空间开放性使得“集中性的扩散与系统性的整合同时存在，造就了跨国知识扩散和运用的新契机”（Ernst，2002）。

创新系统对外联结的能力一般由主体、网络和组织三类基本要素决定（Bergek et al.，2015）：重要主体一般有能力接触并获得远方区域创新系统中的知识资源，跨国企业是典型代表；通过组织机构进行结构性耦合时，专业性的文化是关键，能够形成全球共享的科技标准，并基于此使得在不同的市场中都出现规模经济（Sengers and Raven，2015）；网络式的联结可以发生于全球会议或全球展览会中，在这些场合中，来自全球创新系统中的众多子系统相互交流并重组信息（Maskell et al.，2006）。

### 2. 空间尺度的耦合

将各创新系统进行全球化整合的过程中，需要基于多维空间视角，从全球创新系统的整体角度将各系统的优势进行互补，不再执着于何种空间尺度的创新更为重要，而是需要探讨不同空间尺度在创新过程中的作用，综合分析多维空间尺度条件下，资源流转如何相互作用、创新过程如何衔接以及不同类型的科技和产业有何差异。创新网络由多尺度的创新联结和创新环境组成，他们作用于创新的形成和扩散过程（Binz et al.，2014；Coenen et al.，2012），因此，创新系统的发展在受到当地创新环境影响的同时，还会因系统内主体发展战略、所参与的创新网络的变化，与全球尺度相关子系统同时演化（Bergek et al.，2008；Edquist，1997），创新系统的边界因而跨越国家或区域尺度，在地理上分散的创新主体仍共享文化、知识储备和投资模式（Binz et al.，2014）。

Glückler 等学者尝试从地方与全球空间视角入手，通过对个人关系、组织关系及临时性集群所产生的关系等入手重新解释网络的构建机理、轨迹及作用（Panitz and Glückler，2016；Lazega，2016；Brailly et al.，2016），部分学者也提议从地方与全球相互联系的视角入手，来分析创新网络的演化过程（Cassi，2012；Glückler，2016），但局限于实证分析，系统的理论思考不多。Nomaler 和 Verspagen（2016）在对 1986 年到 2006 年专利数据进行分析后指出，在创新网络的长期演化过程中，技术合作更多是发生在集群之间而不是集群内部，具有渐进式创新累积特征。Turkina（2016）对高新技术产业进行分析后指出，地方网络形成与发展来源于全球范围内的专业化分工，专业化分工进而推动了全球范围内创新网络的纵向联系和跨地理界线的集群劳动分工。

### 3. 子系统的耦合

创新系统生产和扩散知识的能力不仅受相关子系统的影响，同时受到子系统之间结构耦合性的影响。在全球创新系统中，资源的形成以及结构的耦合都是多极的、流动的并处于争议之中，创新系统生产和扩散知识的能力不仅受到各个子系统的影响，同时受到子系统之间结构耦合性的影响，结构耦合性是指在特定的区域、国家之中，或者在国际非政府组织或跨国公司之中，创新主体跨越不同的子系统存在交叉合作关系（Binz and Truffer，2017）。创新系统的全球化包括内向和外向两种，既需要通过“引进来”的方式参与国际资源转换和国际经济循环，也需要采取“走出去”

的方式参与国际竞争与资源循环（谢泗薪等，2004）。

由于关键的系统资源产生于不同地区子系统之中，全球创新系统中的主体在很多情况下无法于所在的地区或国家直接接触并获得，不得不创建战略联盟或者借助非地理邻近性，以期在既定地区仍能访问并获得完整的资源组合（Binz et al.，2016；Boschma，2005）。创新活动集中在枢纽地区，这些地区也是不同子系统中的主体会面和互动的地方（Binz et al.，2014），这类枢纽有时候在地理上局限在一定区域，有时候则短暂地出现在国际会议或展览会之中（Bathelt et al.，2004），有时候是跨国公司或者全球无政府组织之中（Dicken，2015）。拥有全球渠道的资源丰富的主体有跨国公司、全球慈善组织、专业协会、产业协会等，他们通常在结构上占据优势地位，能够充分利用高效的枢纽。但是，他们有可能产生于拥有密集的个人和组织网络的特定地区，抑或是流动的技术专家所形成的松散的技术社区（Larner and Laurie，2010）。

# 第二节

## 后发国家技术追赶理论

### 一、主要内涵与流派

#### 1. 发展沿革

Gerschenkron（1962）通过研究欧洲后发工业国家突破初始技术劣势的案例，最先提出技术追赶的概念，Nelson 等（1962）学者进一步研究指出，后发国家技术追赶的关键在于技术模仿能力的提升，但熊彼特则提出，如果企业缺乏自主创新活动，依靠技术引进和模仿无法维持长期的技术进步和经济增长。关于技术追赶的内涵一直没有定论，已有研究将之解释为“跟随者与先行者之间相对运动的速度和位置关系”，即是后发者通过自我进步不断缩小与领先者的差距，最终赶上甚至超越领先者。因此，后发国家不仅要提升技术水平以缩短与发达经济体之间的差距，更要通过提升技术能力获得持续竞争力。

后发国家的技术追赶往往是经济和技术相对落后的后发国家政府所主导的宏观发展战略，在全球化时代，发达国家作为主导者将会对发展中国家设置种种壁垒以维持自身领先地位。但是，光有技术追赶的意愿是不够的，Hobday（1996）认为，后发国家面临技术和市场两组劣势：一方面，后发国家的企业因处于经济发达地区之外，远离国际技术中心和先进知识库所在地，所拥有的基础研发设施、高校和研究所等研发机构以及其他教育机构等都远不如发达国家，因此在技术上处于劣势。另一方面，后发国家所面对的市场往往都是不成熟的用户和小规模、欠发达的本地市场，在进入国际市场时，常因产品附加值低、品牌不被认可等原因无法满足苛刻的市场要求，难以克服新市场进入壁垒。因此，后发企业与先进企业建立起联系非常重要，通过与发达国家的相互关联来促进创新实现和产业发展。

### 2. 主要模式和分类

后发国家技术追赶的方式有两种：一是线性的技术追赶模式。后发企业引进、消化、吸收发达国家的先进技术，然后再进行创新，以期沿着相似的发展轨道实现技术单向积累（Perez，1988）。Hobday（1995）以东亚部分国家和地区的电子业为研究对象，认为新兴工业化国家的技术追赶呈线性发展，首先进行简单的部件组装、之后进行原设备的生产和设计、再过渡到拥有自有品牌并自主设计的全球竞争者，谢伟（2003）对中国彩电和轿车业的研究得到了相似的结论；二是跳跃某些发展阶段或者创造不同的发展路径，以更超前的方式实现技术跨越，这不仅要求后发国家有充足的基础设计和技术积累，还需要企业能抓住技术范式转变带来的“机会窗口”，在跳过已有技术的同时实现赶超（Soete，1985；Hobday，1995）。Perez（1988）认为，任何国家在新技术经济范式下都是初学者，因此，后发国家也有超越先进企业的可能。Gao（2003）对中国电信设备制造商进行研究，指出后发企业可以跳过引进和消化吸收的程序，直接实现技术赶超。围绕后发企业技术追赶路径以及实现方式，现在主要有反产品生命周期理论、逆 A－U 追赶模型、“LLL”理论和跳板理论（见表 2－2）。

**表 2-2　　　　后发国家技术追赶理论概览**

| 主要模式 | 代表人物 | 主要观点 |
| --- | --- | --- |
| 反产品生命周期理论 | Perezand Soete（1988）；Hobday（1995）；Cho and Lee（2003） | 国际分包和代工机制扮演了培训学校的角色，OEM 的企业双方存在技术互动，ODM 企业逐渐拥有独立的设计能力，而 OBM 拥有对立品牌和市场，后发企业从为外包方定身制造、到自主设计再到拥有自由品牌、技术和市场，实现技术追赶，完成产品逆向生命周期 |
| 逆 A-U 追赶模型 | Kim（1980，1988，1997）；Lee（1988） | 与发达国家先产品创新再工艺创新的 A-U 创新模式相反，发展中国家的技术发展过程可分为先引进发达国家的工艺技术进行低级追赶，消化吸收并逐步积累技术，改进并创造新技术三个阶段 |
| "Linkage-Leverage-Learning" 模式 | Mathews（2006） | 后发国家的龙跨国公司通过"联接—杠杆化利用—学习"过程的反复应用，通过组织变革和国际化来获取国际化资源，来克服初期的技术和区位劣势，并在全球市场建立起强有力的竞争地位 |
| 跳板理论 | Luo and Tung（2007） | 后发国家的企业将国际扩张作为跳板，采取经常性的国际收购或兼并获取关键资产来克服后发优势，企业声誉在新兴市场鹊起的同时，国际化活动会被强有力的转到母国的活动之中，母国基地服务于全球运营的同时创新能力也会提升 |

注：OEM 是 Original Equipment Manufacturer 的缩写，是指品牌生产者自己掌握核心技术，并负责生产和设计等高端环节，通过合同订购委托同类产品的其他厂家生产，控制品牌商标和销售渠道；ODM 是 Original Design Manufacturer 的缩写，是指某制造商设计出产品后协议使用其他企业的品牌名称，或微调后进行设计和生产；OBM（Original brand Manufacture）是指工厂经营自有品牌，工厂一般拥有完善的营销网络和较强的竞争力，而且常会与自己的 OEM、ODM 客户有所冲突。

在反产品生命周期理论中，代工企业通过技术积累、模仿性能力增长和渐进式创新逐渐增加其国际竞争力（Juma，Clark，2002；Hobday，1995；Mathews，2002），在经济全球化时代，作为后发企业的代工企业得以有更多的渠道获得外部资源，在提升综合竞争力的同时，也积极融入新一轮的世界分工过程中去，积极尝试与世界领先企业在建立产业合作关系的基础上实现技术突破（Mathews and Cho，1999；Hobday，2005）。如图2－4所示，企业首先获取发包的发达国家企业的技术资源，提升自身生产制造能力；其次，积极参与制造过程中的技术互动和研发合作，提升二次研发的可能性；最后，拓展技术互动中构建的关系网络，改善企业管理能力和国际化水平，并使技术创新能力实现质的飞跃。

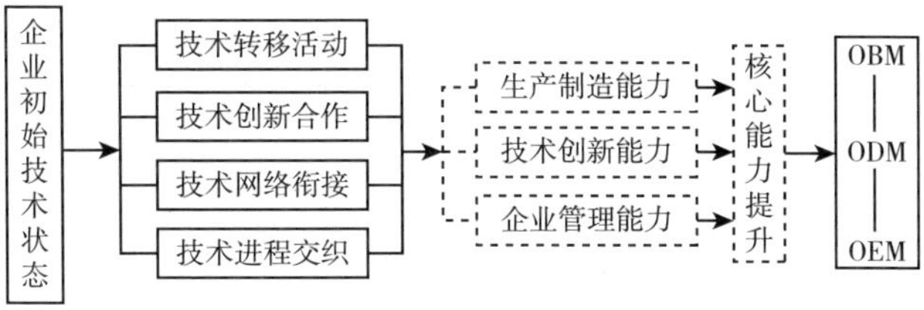


**图2－4　国际代工企业技术追赶的实现机理**

资料来源：刘婷婷．国际代工企业升级研究［D］．宁波大学，2015.

但是，基于贸易视角的技术追赶战略不具有代表性，韩国学者Kim（1997）所提出的“引进—吸收—提高”以及“从模仿到创新”的模式是后发国家的企业进行技术追赶的一般阶段。Kim（1997）对技术能力给予高度重视，认为后发企业技术追赶的过程就是技术能力不断提高的过程，而实现的步骤与发达国家刚好相反（见图2－5）。在发展初期，受制于知识储备和基础设施的局限性，后发企业首先通过引进国外成熟的先进技术来开展生产活动，之后将新技术在行业内进行推广并广泛使用，后发国家在技术、物质和人力资本各方面不断提高，通过技术积累最终实现赶超（Cusumano and Gawer，2002）。

逆A－U理论从宏观层面上探讨了国家技术追赶的一般阶段，而“LLL”理论则从企业的微观角度反映了网络化时代企业进行技术追赶的一般范式。该理论指出，企业将后发国家的劣势转变为优势，依靠吸收能力，通过持续的学习和吸收来升级自身技术水平（Humphrey and Schmitz，2002）。该理论将追赶过程分为三个阶段：企业参与全球化进程，增加与现有网络联结的机会，从而有机会接触已有的知识源泉或知识交流通道；

企业通过将获得的资源应用于提升产品性能、多样化产品种类，从而将知识转化为杠杆优势；企业通过学习和应用将所接触到的最新知识融合到企业知识库之中，在提升创新能力的同时建立新的创新联结，开启新的“联接—杠杆化利用—学习”过程（Mathews，2002，2006）。

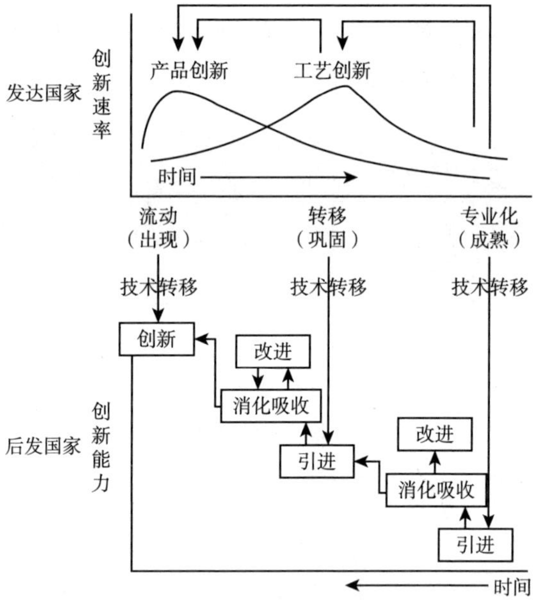


**图 2－5　Kim 的技术能力三段式发展模式图**

资料来源：Kim L. Imitation to innovation：the dynamics of Korea's technological learning［M］. Boston MA：Harvard Business School Press，1997.

**表 2－3　“Linkage－Leverage－Learning”框架特征**

| 框架 | 主要特征 |
|---|---|
| 联系（Linkage） | 后发企业难以接触到国际优势资源，而全球化进展为企业建立全球联系、获取全球无形资产提供了重要契机 |
| | 全球联系同时具有拉动（开拓全球机会）和推动（克服国内发展的不确定性和限制）效果 |
| | 通过伙伴关系或合资公司而非建立子公司进行合作，这已成后发企业以低风险快速进入全球市场的重要模式 |
| | 访问优势资源以解决企业弱点是国际化的主要动机 |

续表

| 框架 | 主要特征 |
| --- | --- |
| 杠杆（Leverage） | 旨在克服跨国公司在全球范围内建立的企业网络所造成的“扩散障碍” |
| 学习（Learning） | 通过重复性的联系和杠杆过程进行学习并进行累积 |

资料来源：Mathews，J. A. Dragon multinationals：New players in 21st century globalisation. Asia Pacific Journal of Management，2006，23，5 – 27.

Ingo 等（2012）以中国后发企业为例，指出后发企业缺乏最初技术和市场准入，最初优点是低生产成本，为了缩小和工业化国家之间的技术差距，通过“LLL”获取知识。首先，后发企业缺乏知识等资源，通过其他公司或公司网络的进入性来获得知识，例如公司合作、OEM 合同等，企业提供其低成本的生产优势以期从其他企业的溢出效应中受益。其次，企业将获取的新知识作为一种战略用于升级和多样化公司的产品组合。最后，企业将新获得的知识转化为该公司现有的知识组合，并通过学习增加技术能力，从而增加从其他附加值更高的市场部门重复连接、杠杆和学习的能力。

## 二、国际直接投资理论

20 世纪 60 年代以来，发展中国家逐渐加大对外投资甚至是对发达国家的投资，成为国际分工的重要组成部分，也标志着中国企业从内向国际化到外向国际化的转变，成为后发企业技术追赶的重要方式（刘红艳等，2013；吴先明等，2016）。

### 1. 主要内涵

第二次世界大战之后，发达国家对国际直接投资的狂热引起了经济学界的广泛关注，企业通过单独或共同出资，在外国境内建立新企业、获得管理权，以实现更高的经济效益。20 世纪 60 年代，国际直接投资理论应运而生。企业进行国际直接投资的主要动因有市场寻求、自然资源获取、效率获取和战略性资产获取等（Dunning，1994）。其中，企业为了降低成本、提高利润从而获取效率，一般通过垄断与规模经济优势（Hymer，1960）、内部化优势（Coase，1937）和成本控制优势（Vernon，1966）加以实现；Dunning（1994）系统论证了企业战略性资产与知识紧密相关，并有效解释了发展中国家对发达国家的投资行为。

关于国际直接投资的模式，关键在于如何开展投资以及投资于何种环节。从投资方式上看，主要有绿地投资和跨国并购两种模式。企业的异质性体现在核心能力的跨境流动性，不同的行业对流动性的要求不同，对于要求较低的行业而言，跨国并购是行业领头企业的首选模式，其次是绿地投资，最后才是出口，这一选择模式具有显著的经济学直观性，在不同国家和行业的实践行为中可以观察到绿地投资和跨国并购存在显著的偏峰分布（Noeke and Yeaple，2007）。企业在选择投资方式时，一般情况下，技术研发水平、管理体系能力较强的企业选择绿地投资更容易保持技术优势，而发展水平相对较差的企业通过跨国并购有助于借助知识逆向溢出获取长期竞争力。但是，跨国并购一般要付出更多的资金投入，并承担因并购带来的经营和管理风险。

从投资环节来看，Helpman（1984，2014）将国际直接投资模式分为垂直型、水平型和复合型三种，垂直型投资是指企业将生产链的不同环节置于不同的经济体内进行投资，通过资源的合理配置和充分利用发挥所有权和内部化优势；水平型投资是指企业将同质的经济活动在多个经济体内同时进行，在应对较高贸易成本的同时，发挥企业的规模效益，而经济体之间要素禀赋差异的弱化将放大跨国公司对东道国企业的替代作用（Markusen，1984；Venables，1984，1998）；当企业同时采取垂直型和水平型的对外投资时，即为混合型投资。

从投资目的地来看，跨国投资是利益驱动的结果，成本、市场和要素投入在决定跨国投资目的地选择上起重要作用。从国家的宏观角度看，当一国生产成本最低或预期利润较高时；一国具有较大的潜在市场，在该国生产成本低，但向该国出口时面临交通运输成本、国家关税和其他贸易壁垒影响时；该国的原材料充足且成本相对较低时；抑或该国是全球产业技术高地，拥有在其他国家无法接触到的高新技术知识时，该国容易成为跨国投资地（杨吾扬等，1997，李小建等，1999）。从微观区位的角度看，跨国公司在具体区位选择时，更容易受区域政策的影响，在选择投资区位时体现出三种倾向：为了减少对投资地情况不了解所带来的风险和成本，信息通畅、各类经济活动集聚、创新集中的国家首都和区域首府等经济中心区域成为投资者首要考虑对象（Leung，1990）；边界地区因历史上相邻相关（地区）交往相对较多，信任成本较低，并且政府经常在边界地区（或沿海地区）建立“经济特区”“出口加工区”等，且给予较优惠的政策吸引外资，更加强了邻国边界区的吸引效应（OhUallachain and Reid，1992；South，2015）；由于密切的社会和亲属联系有助于降低沟通成本、避免文化冲突，文化社会关系密切区也成为对外投资的终点区域（Heller and Heller，1974；Yeung，1997）。

### 2. 后发国家国际直接投资理论的主要流派

经过几十年的发展，学者已经提出垄断优势理论、产品周期理论、比较优势理论、内部化理论和国际生产折衷理论等一系列国际直接投资的主流理论流派具体如表2－4所示。这些理论均是学者为了解释个别发达国家的国际直接投资行为所建立的，研究视角有所差异。其中，垄断优势论与内部化理论均从跨国企业的主观角度出发，探讨对外投资的动因；产品生命周期理论和比较优势理论则从国际分工的角度，来探讨处于不同发展阶段、拥有不同产业优势的地区如何进行产品决策；国际生产折衷理论则综合已有研究，对企业海外投资所需要的主客观条件进行探讨；邓宁则强调了跨国企业所拥有的所有权优势（Ownership Advantage）、内部化优势（Internalization Advantage）以及区位优势（Location Advantage）对国际经济活动方式的影响，提出有名的国际生产折衷理论。

**表2－4　　国际直接投资的主流理论**

| 主要模式 | 代表人物 | 主要观点 |
| --- | --- | --- |
| 垄断优势理论 | Hymer（1960，1968）；Charles（1975）；Johnson（1970） | 基于产业组织理论，以不完全竞争为前提，提出技术、管理和规模经济方面的垄断优势是美国企业对外投资的决定因素 |

续表

| 主要模式 | 代表人物 | 主要观点 |
|---|---|---|
| 产品生命周期理论 | Vernon（1966，1974） | 基于产品生命周期，将投资划为创新、成熟和标准化三个阶段，不同阶段的劳动力成本和信息成本有所差异，对外投资选择有所不同 |
| 比较优势理论（边际产业扩张理论） | Kiyoshi（1978，1982，1985） | 利用国际分工的比较优势原理，从宏观经济因素出发，指出一国对外投资应该从本国已经或即将处于比较劣势的边际产业依次进行 |
| 内部化理论 | BueKleY and CaSSon（1976）；Rugman（1981） | 基于交易成本学说，强调中间产品市场的不完全性，通过国际分工，在边际收益与边际成本平衡的前提下，用企业内部市场取代原来的外部市场，为跨国公司带来多方面收益 |
| 国际生产折衷理论（OIL 理论） | Dunning（1977，1981） | 企业对技术、人才、自然资源等要素禀赋的所有权，企业优势的内部化，企业的投资区位优势，会影响国家的国际经济活动及对外投资行为 |

国际生产折衷理论吸收了关于产业组织理论、厂商理论和金融理论的主要观点，并结合区位理论创建了“一个关于国际贸易、对外直接投资和国际协议安排三者统一的理论体系”，从跨国公司的角度，讨论三种优势的不同组合对企业国际直接投资的选择和不同作用，被人们广泛接受。但是，20 世纪 60 年代以来，发展中国家逐渐加大对外投资甚至是对发达国家的投资，并已成为国际分工的重要组成部分，这就对国际直接投资理论的发展提出了新的需求。发展中国家跨国公司理论的兴起是在 20 世纪 80 年代，现已形成四个代表理论，如表 2－5 所示，主要是投资发展周期理论、小规模技术理论、技术地方化理论和技术创新与产业升级理论。

表 2－5　　针对发展中国家国际直接投资的相关理论

| 主要模式 | 代表人物 | 主要观点 |
|---|---|---|
| 投资发展周期理论 | Dunning（1988） | 引进“净对外直接投资额”的概念，指出不同经济发展阶段对外直接投资额不同，随着经济的发展，对外投资以及所利用的外资都有所增加，而对外投资数量最终将多于所利用的外资 |
| 小规模技术理论 | Wells（1983） | 发展中国家虽然起步较晚，但拥有三个比较优势：小市场所需要的特殊的小规模生产技术、民族生存优势以及产品竞价优势 |
| 技术地方化理论 | Lall（1983） | 创新不只停留在模仿和重复，更要基于特定的地域条件和本地需求，对技术进一步消化、吸收、改造和创新 |
| 技术创新产业升级理论 | Cantwelland Tolentino（1990） | 发展中国家跨国公司对外直接投资受其国内产业结构和内生技术创新能力的影响，技术创新、产业升级和对外投资相辅而行 |

全球化背景下，跨国公司的国际投资活动更为深入，对全球经济发展所起的作用日益扩大，但是，并未有像国际生产折衷理论一样具有突破性的国际直接投资理论出现，更多的是对已有理论的进一步修正和发展。例如，Bartlett 和 Ghoshal（1998）提出产品创新、市场区位、竞争成本三位一体的跨国投资模式，相比于 Vernon 的产品生命周期理论，在技术和区位因素之外强调了成本的重要性，更有利于解释国际直接投资的区位选择。已有理论均在一定程度上对当前国际投资现象进行了解释，但值得注意的是，国际投资的迅速发展已超出了任何一种理论的涵盖范畴。

## 三、动态能力理论

动态能力是指“企业对内部和外部的竞争能力进行整合、构建或者重新配置以迅速适应不断变化的外部环境的能力”（Teece，1997）。动态能力专注于动态环境，旨在解释企业如何发现并抓住机遇、重新配置资源以实现创新升级。在全球化背景下，建设创新型国家已经成为大势所趋，后发企业如何在风云变幻的世界经济形势下改变技术落后、人才不足、环境资源落后的现状，在内外部因素制约下实现技术赶超和创新升级，企业动态能力的培养已经成为企业转型的关键，因此，动态能力视角可以弥补后发企业技术追赶理论所缺少的理论基础（Hobday，2005）。

### 1. 动态能力的内涵

Penrose（1959）等在研究企业内部的动力来源时最先提出企业能力理论，Schumpeter（1942）认为创新是企业内在产生的成长原动力，在 Penrose（1959）提出基于知识积累和扩展的内生增长理论、Wernerfelt（1984）提出企业内部资源理论之后，Teece Pisano 和 Shuen（1994 ，1997）却发现，即使企业已经积累有大量的技术资产但却不一定能够及时应对不断变化的外部环境。因此，他们创造性地提出“动态能力”，并将其定义为“企业整合、构建和重新配置内外部资源和能力以迅速应对不断变化环境的能力”。动态能力理论是对企业资源理论的一个拓展，但是不再从静态的角度解释企业竞争优势来源，而是专注于快速变化的外部动态环境，突破资源基础观和核心能力观造成的短视障碍。因此，动态能力不只是一种能力，也是一个过程，反映了三个方面的内容：①组织和管理过程，即企业协同与整合、重构和转变以及组织学习的过程，是指企业经营惯例、实践和组织学习的模式；②位势和禀赋，即企业所拥有的技术、智力资产、客户基础、产业链关系等；③路径，即企业在未来进行战略选择和决策的吸引力（Hunt，2000；Srivastava，Fahey and Christensen，2001；Barreto，2010）。

有学者将企业能力划分为零阶能力和高阶能力，前者是指企业在短期内谋生或解决问题的普通能力，后者是指企业能够改变普通能力的高阶能力，而动态能力正是企业重要的高阶能力（Winter，2003；Zahra et al.，2006）。学术界对动态能力的考察主要从组织认知和具体战略行为两个维度展开，讨论企业如何利用资源和机会、提升研发与创新水平、开发伙伴关系和市场等活动（Helfat，1997；Mckelvie，Davidsson，2009）。从内涵来看，Lansiti 和 Clark（1994）从整合的角度出发，指出动态能力是企业在相关业务领域识别出有用的知识基础并将其加以整合并应用的能力；Eisenhardt 和 Martin（2000）从过程和市场的视角出发，指出动态能力既是企业运用资源要素的过程，同时也是通过获取、整合、重置和利用资源来与市场匹配进而实现变革的过程；Zahra 和 Georage（2002）从竞争视角出发，认为动态能力是企业面对市场变化和同行竞争时，通过调配、重构资源要素来应对挑战的变革导向能力；曹红军等（2009）将创新能力进行细分，包括信息利用、资源获取、内部整合、外部协调与资源释放能力五个维度；龚一萍（2010）则从创新的角度出发，指出动态能力的实质就是企业进行持续“创造性破坏”的过程。

Teece（2007）认为，有价值的资产并非获利的保证，能够应对外界环境变动、有效组织内外部资源才能形成稳定的竞争优势。柴攀峰（2015）对动态能力进行解析后指出，对动态能力正确理解的关键在于企业根据外部市场变化及时更新、与时俱进的能力，充分发挥企业重置资源、学习和吸收的能力，突破企业发展瓶颈、进行“创造性破坏”的创新能力。基于此，我们认为，动态能力主要包括三个方面：重新配置资源的能力、感知机会和威胁的能力以及捕捉机会的能力（吴先明等，2014）。企业通过感知新的战略机会和威胁来克服路径依赖，通过抓住机会进行学习、转移和吸收提升资源储备，通过调整组织机制和整合方式提升资源利用率，以实现长期的竞争绩效，是后发企业技术追赶的必备能力。

### 2. 动态能力与企业创新

动态能力作为企业所拥有的高阶能力，有助于企业学习最新知识、重组多样化资源、获得有利的发展环境、形成新的企业能力，以适应市场环境的变化并促使创新活动的开展（Li，2008；Winter，2008；Eisenhardt and Martin，2000；Ellonen，2009）。知识作为企业创新过程中最关键的资源，组织知识与动态能力的演化是相辅相成的循环过程（见图 2 -6）。

知识创造的起点源于外部刺激造成的变异。基于企业原有的惯例和知识基础，外部环境提供了刺激与物质支持，外部变化与内部反馈使企业产生变异，新知识为变异提供基础的同时也限制了企业改变的方向，配置性知识和整合性知识的运用是产生新主意或提供新惯例雏形的关键；内部选择旨在对初步的想法进行评价，虽然认知限制有可能忽视具有创新性的观点，但最终将实现知识的整合以及编码化，导致知识的最大清晰化；知识在企业内部的传播会受到知识、知识载体和接收者特征以及传播环境的影响（余光胜，2000），不同于前两个阶段的认知性活动，传播的实践性活动受到企业内部组织合作能力、企业吸收能力等方面的影响，而知识的缄默性有可能降低传播速度并提升失真程度（Kogut and Zander，1992）；知识的保持阶段是指其运用知识基础和实践经验对知识进行重复性运用，获得更多的整合性和配置性知识（董俊武等，2004）。

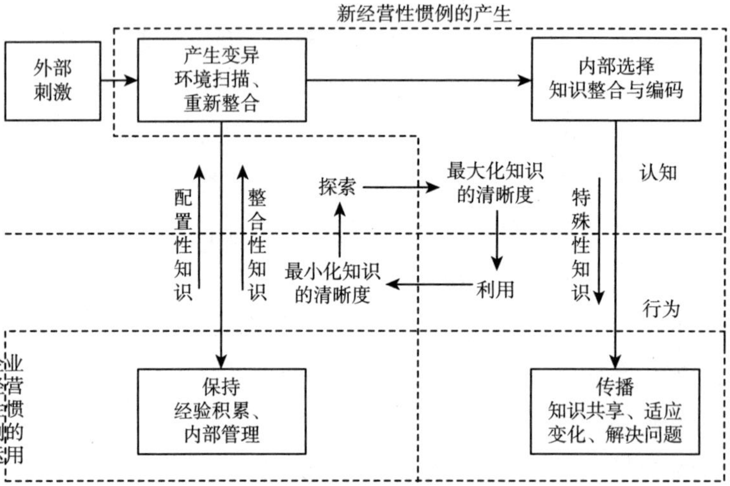


**图 2－6　动态能力与组织知识的演化**

资料来源：董俊武，黄江圳，陈震红．动态能力演化的知识模型与一个中国企业的案例分析［J］．管理世界，2004（4）：117－127.

动态能力是企业应对动态环境的能力，而创业导向是指企业新的动态运作，是企业解决问题或相应环境变化的新进入行为（魏江等，2008），是企业应对外部刺激，或者寻找外部刺激的主动性行为。创业导向被视为企业提升动态能力的重要方式。Hamel 和 Prahalad（1994）指出，创业导向型的企业通过冒险性、先驱性的开拓行为，先于竞争对手发现、获得、界定新的市场机会，有助于企业识别环境中存在的机会并获得新的资源组合，多元化的发展模式有助于企业发掘新的发展机会（Burgelman，1983），在开发新产品、开拓新市场、采用新技术时，企业的创业精神有助于企业内部知识的流动、传播与扩散，组织学习的实践能够促进动态能力的提升（Zahra，1999；Jantunen，2005）。

### 3. 动态能力与跨国并购

创业导向有助于企业在面对不确定的动态环境时，激活蕴含在企业组织机构中的动态能力，同时剥离出不适应环境变化的冗余资源，通过企业优质资源的重组实现企业经营绩效的提升（Sirmon and Hitt，2003）。跨国并购是企业创新性、冒险性的“创业导向”行为，对于企业动态能力的提升具有重要意义（见图2-7）。

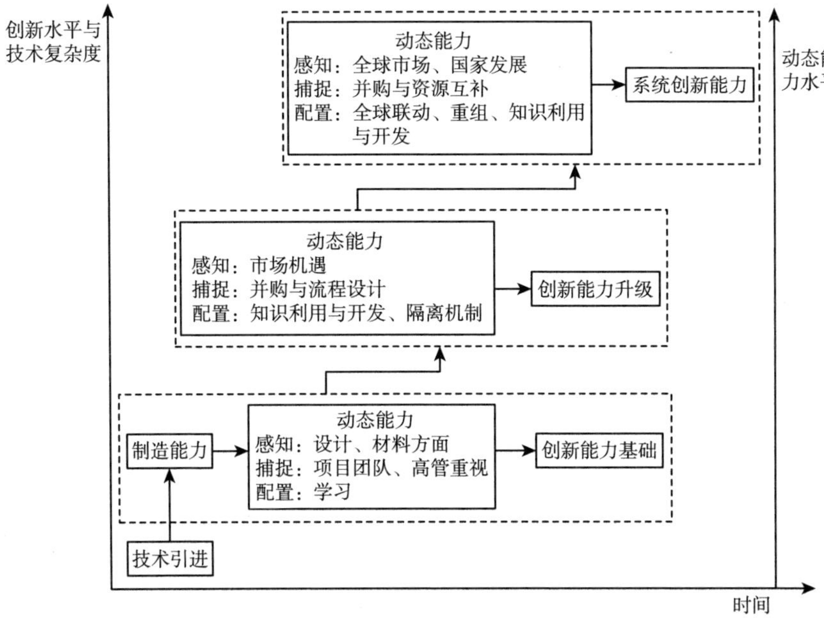


**图2-7 基于动态能力视角的后发企业技术追赶路径**

资料来源：郑刚，郭艳婷，罗光雄，等．新型技术追赶、动态能力与创新能力演化——中集罐箱案例研究［J］．科研管理，2016，37（3）：31-41.

在后发国家进行技术追赶的过程中，动态能力所起的作用贯穿始终。在全球化时代，企业采取开放式创新。首先，从制造能力到工艺改进能力的过渡，需要企业及时捕捉机会，通过非技术战略进行技术引进和知识转移，并通过整合资源、学习知识为创新升级奠定基础。其次，企业需要及时感知到新的市场机会，并通过重新配置资源创造更大价值，实现企业创新水平的提升。最后，企业将多样化的机会相互融合，例如政策激励、新兴市场机遇、同行联盟等，同时推动产品和技术水平达到定点水平，最终实现企业的技术追赶（郑刚等，2016）。

# 第三节

## 关系经济地理学理论

自 20 世纪 90 年代以来，经济地理学界对“制度转向”（Amin 1999, 2002）和“文化转向”（Berndt and Boeckler, 2009; Crang 1997; Thrift 2000）的研究不断深化，而对于如何理解二者之间的互动催生了“关系转向”（Bathelt and Glückler, 2011）。在新世纪初，关系经济地理学已经成为西方经济地理研究的热点，研究领域涉及企业创新、区域发展、创新网络和全球—地方联系等多个方面（李小建等，2007）。关系经济论者 Bathelt 等（2004）在提出“本地蜂鸣—全球通道”理论之后，进一步强调了不同空间尺度对创新实现的重要意义，创新主体在多维空间尺度的创新互动成为研究核心（Bathelt et al.，2004；吕可文，2013）。

### 一、概念与流派

在经济地理学传统的分析方法中，区域往往被视为经济行为的主体，而地理区位和距离被视为经济空间决策的影响因子，忽视了真正进行经济实践的企业等其他主体所起的作用。在关系经济地理学理论中，空间作为新的研究视角，而非作为客体存在；知识不是简单的行动结果在空间的表现，而是与社会管理、过程相关联的具体情境下的空间关系；行动不再是方法论上的个人主义，而是基于网络、根植视角的行动者关系（Bathelt and Glückler, 2003）。关系经济学派不再以经济行为的空间法则为研究目标，而是致力于探讨基于空间视角的社会—经济交换规则，从不同的论点来看，主要流派如表 2 - 6 所示。

表 2-6　　关系经济地理学学术流派

| 学派 | 代表人物 | 主要观点 |
| --- | --- | --- |
| 加利福尼亚学派 | Scott, Storper, Walker | 以经济主体的空间选择和互动为出发点，代表理论有 Storper 的三位一体理论 |
| 英国曼彻斯特学派 | Dicken, Coe, Hess, Yeung | 以全球生产网络为出发点，强调全球连接的重要性以及国际相互作用中的嵌入性 |
| 德国关系学派 | Bathelt, Glückler | 基于演化和制度概念，在空间视角下，探讨交互式学习、创新、组织和演化的相关问题 |

不同流派的具体观点有所不同，但是与传统研究相比都有所突破，更加强调制度和文化在微观层面的作用，具体来看表现为以下七大特性：①以行动者为分析单元而非区域、国家等为空间单元，深入探讨全球化背景下跨区域经济合作互动的机遇和制约因素；②聚焦于微观的行动者视角，为了挖掘不同空间情境下经济行为发生的原因以及发展动态，更加重视宏观背景下隐藏的原因。③重视社会情境对经济决策和经济运行效果的影响。④重视为知识的创造和创新提供生长土壤的制度，为更好的解释不同空间视角下的行为模式或经济关系提供了分析依据。⑤不再局限于静态的空间描述，而是从演化和过程的角度对结构进行分析。⑥从全球到地方的各个尺度之间的互动出发，探讨多维空间尺度的相互作用，对全球—本地的张力予以重视。⑦对区域政策范式的研究从问题导向转至前瞻性导向。

## 二、分析维度

随着全球化和信息化快速发展，全球劳动分工日益深化，除了全球范围内的垂直专业化分工之外，出现了外包等新生产组织方式，发达国家跨国公司将低附加值的生产环节外包给发展中国家，将高附加值的核心环节留在发达国家，世界各地的产业中心通过产业链联系在一起（Ernst et al.，2002）。20 世纪 90 年代，西方经济地理学者基于价值链、嵌入、行动者网络等理论视角，在研究经济全球化过程中，构建了以全球价值链、全球商品链、全球生产网络为核心的全球经济分析框架，强调关系在全球劳动地域分工的重要作用，实现了经济地理学的“关系”转向（Bathelt et al.，2003；苗长虹，2006）。

Storper（1997）提出“技术—组织—区域”三位一体理论，成为经济地理学的基础，有助于加深对关系经济地理学的理解。在三位一体理论中，技术作为经济多元化的核心，是新产品产生、旧产品衰亡的标志；组织，抑或制度，是解释企业网络建立过程的重要依据；区域是组织和技术演化的载体，通过企业间的产业链合作和知识交流，处于同一价值链的当地企业会共享知识溢出和竞争力的提升（Storper，1993，1997）。

基于 Sorper 的“技术—组织—区域”三位一体模型，苗长虹等（2009）将“行动者网络”和 Scott“创造场”的概念相结合，提出“学习场”的分析范式，从地理、关系和制度的角度出发，将企业等异质性行为主体的交互学习视为不同邻近性在特定时空情境下有机结合的过程，并给予不同空间尺度战略性的交互作用以高度重视。随后，艾少伟（2009）和吕可文（2013）对学习场理论进一步深化，艾少伟以技术学习通道为基准将学习场划分为地方化和内嵌力量主导、全球化和内嵌力量主导、全球化和外嵌力量主导、地方化和外嵌力量主导共四种基本类型；吕克文则在综合知识异质性的基础上将学习场划分为科学型、根植型、创意型和混合型四类，基于邻近性视角探讨企业家、学研机构以及产业链伙伴等主体下不同学习场中的重要性（见图 2－8）。

关系经济地理的倡导者、加拿大学者 Bathelt（2004，2011）围绕组织、演化、创新和互动四个维度，从个体、到企业、到集群、再到城市区域对跨区域联系的实现机制进行探讨，进一步提出全球创新集群的概念。综上所述，关系经济地理学者不同地区之间、不同创新主体之间跨区域联系的内容及实现机制，推动了经济地理学研究的“多中心”转向；同时关注了地方网络联系和全球跨区域联系的影响，对地方网络之间的联系进行了一定探讨。

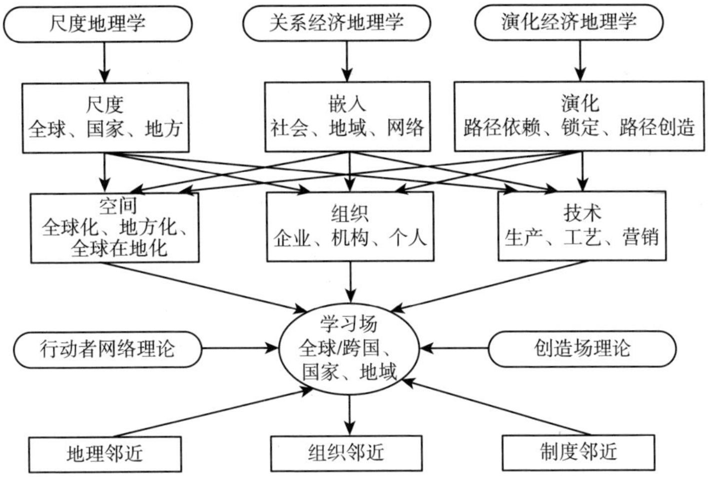


**图 2-8　“学习场”分析的理论框架**

资料来源：苗长虹，艾少伟．“学习场”结构与空间中的创新［J］．经济地理，2009，29（7）：1057-1063.

# 第四节

## 本章小结

全球化背景下，三次科技革命使人类经济活动逐步进入生产国际化的高级阶段，促进了世界统一的生产体系和技术体系的适用，跨区域合作对于企业获取创新资源至关重要，跨国并购作为后发企业进行国际直接投资的主要形式，已成为企业建立跨区域合作关系、实现技术提升的重要方式。

本章聚焦于创新、技术和关系三个关键词，梳理了创新系统理论、技术追赶理论、关系经济地理学理论的相关内容。从经济地理学视角来看，关于跨国并购的研究有三个分析视角：第一，从企业创新的静态视角出发，跨国并购作为企业进行国际直接投资的方式之一，是企业获取创新资源的重要途径，通过将国际资源与企业资源禀赋加以整合，最终提升企业在全球产业链的位置；第二，从动态视角出发，企业通过跨国并购扩展了组织机构和地理区位的范围，企业得以在更多空间尺度同时建立创新合作关系，同时，企业组织机构内部的创新交流有助于知识的溢出和利用，有助企业的创新升级与合作网络的拓展；第三，从宏观经济视角来看，企业通过跨国并购深入参与全球价值链分工之中，通过构建全球创新系统，建立跨区域合作关系有助于企业将更多的国际信息反馈到母国企业中去，区域性的知识溢出和创新合作基于地理、文化和制度邻近进一步发展，关系网络有助于本土创新的产生和经济的进步。

随着现代社会已进入知识经济时代，网络式的创新模式要求企业在企业内外部建立优质的合作链接，跨国并购作为企业的一种发展战略，在管理学领域已有很多研究，但是，跨国并购如何驱动企业不同尺度的创新联结和创新绩效？如何作用于企业的创新网络演化？在多尺度融合的创新合作中起到怎样的作用？这些都有待进一步研究。

# 第三章

# 创新网络的相关研究进展

企业创新已进入战略网络模式（Rothwell，1992），基于制度安排的正式与非正式合作关系逐渐形成了稳定的系统，市场与组织的相互渗透为系统创新提供了结构基础（Freeman，1991；Cooke，1996；童昕等，2000），而全球—地方创新网络是区域创新系统和全球创新网络的升华。本书围绕跨国并购与全球—地方创新网络这一主题，基于经济地理学视角，梳理了有关全球—地方创新网络以及有关跨国并购的研究脉络与进展，并提出现有研究的不足。

## 第一节 创新网络的空间内涵

### 一、全球创新网络

在全球化知识经济时代，人才、知识和资本等要素的可移动性和流动性不断增加，导致不同地区的创新过程相互联结（Corpataux et al.，2009），创新过程的空间复杂性不断提升，全球创新网络已经成为一个国家、区域、企业乃至个体解决知识资源分布非均衡难题，以及获取创新资源的重要途径（陈志明，2018）。

Ernst（2009）最早提出“全球创新网络（Global innovation network）”的概念，将其视为一种跨组织边界、跨区域边界整合分散化的工程应用、产品开发以及研发活动的网络形态，并划分为离岸创新网络、外包创新网络、自建创新网络、国际公共—企业研发联盟、非正式社会网络五种。之后，Liu（2013）从知识基础角度指出全球创新网络是突破知识黏性与隐性特性限制、在“全球—本地”两个层面上管理与应用知识的创新方式，并提出全球组织创新网络、本地组织创新网络两种跨国企业全球创新网络；马琳（2011）强调了网络的价值属性，认为全球创新网络是企业在全球范围内寻求合作伙伴、共享知识资源的开放式创新战略；Necoechea - Mondragón 等（2017）则从地域广度、网络范围（内部或者外部）以及创新结果三个角度对全球创新网络进行剖析；陈志明（2018）从组织层面出发，根据网络构建主体的差异性将全球创新网络归纳为国际组织（国际公共—企业研发联盟）、产业组织（离岸创新网络、外包创新网络）、平台组织（非正式社会网络）、群体组织（非正式社会网络）四类。这些研究表明，全球创新网络涉及多样化、多层级的要素主体，不仅关注技术创新过程，同时也关注创新价值的实现，是价值创新与获取的集合体。

虽然对全球创新网络的解读各有差异，但学者们均指出创新资源在网络内部自由流动产生乘数效应、循环效应、规模效应和输出效应，较强的创新水平有助于区域融入全球创新网络并获得更大收益（范拓源等，2018），具有权利非对称、治理结构多样、知识共享与价值实现等特征（陈志明，2018）。Ernst（2009）将全球创新网络主体分为全球卓越中心、高级枢纽、追赶者、“新前沿”四类区域节点，Liu（2013）从企业知识基础角度将全球创新网络内部结构划分为“总部研发—本地研发—国家研发—国际研发”四类节点，这些研究已经证明了全球创新网络拥有不均等、层级性的结构，发达国家通常决定着全球创新分工格局以及技术发展方向，而旗舰企业决定网络中的创新伙伴、创新项目、网络组织结构等，直接影响着低端参与者的网络地位、战略取向和发展前景（Ernst，2009）。全球创新网络可以通过正式或非正式等多样化治理结构形成，前者主要依托合约、企业等正式的制度关系，后者主要依托临时团队或者某一平台、社交渠道等方式形成。知识共享是全球创新网络持续成长的“黏合剂”（Ernst，2009），全球创新网络在创造知识的同时也会带来知识和互补能力的传播和交流，而旗舰企业或区域有能力增加知识基础的广度与深度、并从中获益最多。全球创新网络作为一种“技术+市场”的商业模式，同时关注技术创新过程及其市场化方式（马琳，2011；Binz and Truffer，2017），近年来兴起的互联网平台为全球范围内分散化个体和组织知识价值的链接和整合提供了新的渠道。

## 二、跨国并购与创新网络

经济全球化背景下，企业创新网络同时受外商研发投资和本土海外研发投资影响（张永凯等，2017），而跨国并购等对外直接投资行为被视为汇聚国内外创新资源、增加国内外创新互动的重要手段，能有效促进全球尺度的创新合作（王秋玉等，2018）。国内外有关跨国并购的研究多基于国际贸易、企业管理和技术创新展开（蒋冠宏等，2014；裴长洪等，2010；王英等，2008），且已证实跨国并购对企业创新有持续的促进作用并逐年递增，当投资地为经济发达地区、投资动力为研发创新时，促进作用更为明显（毛其淋等，2014）。创新网络角度的研究较少，主要从网络联结的建立、网络演化的外部效应展开。

（1）跨国并购对创新网络的影响。研究发现，由于尖端知识和前沿信息集中在全球少数区域，这就导致不同国家高度发达区域间的联系。通过以合资建企、绿地投资、跨国并购等方式投资发达区域，跨国公司的分支机构凭借更强的嵌入性、自治权与国际市场产生紧密联系（Simmie，2003）。一方面，在尖端产业知识汇聚的投资区域，子公司通过各种方式参与本地蜂鸣，从成熟的本地劳动力市场招聘专业人员或通过本地信息池获取技术和市场信息（Gassmann and Gaso，2004），并借助网络结构洞位置优势，利用网络褶皱的凝聚力实现对多样化资源的友好访问（Vedres and Stark，2010）；另一方面，企业内部的强联系将投资来源地和目标地联系起来（Dicken and Malmberg，2010），对于母国与东道国之间的知识有效交流和逆向转移具有重要意义。因此，跨国并购作为企业国际化扩张的重要方式，具有逆向技术溢出效应（宛群超等，2019；冉启英等，2019）。

（2）跨国并购驱动创新网络演化的外部效应。从地理的角度来看，由于投资对象往往在产业上具有相关性，可以通过本地贸易和知识溢出促进集群企业的升级，子公司则可以通过逆向溢出融入本地集群从而促进区域创新（Hilber and Voicu，2010），进而提升创新发展浓度。但是，本地区域或产业内新知识的引入会受到区域互动水平及技术“守门员”能力的影响，这与产业特征及区域文化有关（Bathelt and Zeng，2012）。

总体而言，跨国并购通过改变企业的组织结构和空间布局，使企业获取知识、建立多样化网络联结的能力有所提升，并通过逆向知识溢出和跨区域联系反作用于母国产业和区域发展，建立起母国与国际的创新联结。但是，在创新经济地理学领域，关于跨国并购驱动创新网络演化及外部效应的研究极为碎片化，需要强化空间视角下跨国并购作用于创新网络的系统分析。

## 三、创新网络的全球与地方之争

创新作为经济增长的源泉，已成为经济地理学研究的热点（贺灿飞等，2014），经济地理学的研究范式也经历了从空间区位向流空间、从成本向创新的转变。由于创新的激发和实现与区位、空间、地方存在紧密关系，创新经济地理学的研究顺势成为国内外经济地理学研究的前沿领域。技术的产生和实践应用都处于不断变化之中，在经历了技术推动和需求拉动的线性模式、较复杂的耦合和并行模式之后，企业技术创新已经于20世纪90年代步入第五代创新模式：战略合作网络模式（Rothwell，1992）。信息全球化时代，技术复杂性、创新风险性、市场不确定性使得任何企业都无法拥有创新实现所需的全部资源，对外寻求合作以获得外部信息、知识和资源成为企业创新的重要方式（Chesbrough，2003）。创新网络作为创新实现的结构载体，被视为系统性创新的基本制度安排，是市场和组织相互渗透的介质，企业间的创新合作关系就是网络架构的主要联结机制（Freeman，1991）。

创新网络是创新主体为了适应创新复杂性，通过正式合作关系和非正式合作交往交织而成的一种组织涌现，是企业通过各种契约关系及应用信息网络与外部组织机构所建立的优势互补、长期合作的各种制度安排，在降低交易成本的同时提升企业自身创新能力（李金华，孙东川，2006；赵珍，2006）。当企业能够在网络外围建立大量异质性弱联系、在网络核心圈建立大量强联系时，较强的网络能力有助于企业在产品和工艺等方面进行创新（Capaldo，2007）。在创新网络中，当企业在个人尺度上拥有丰富的知识性人力资本、著名科学家，在企业尺度拥有较强的吸收能力和研发能力、开放的企业文化、顺畅的组织间沟通机制，在网络尺度拥有可获取新知识的优势网络位置、高聚类型和高阶进行的合作联结、知识密集型战略联盟时，企业创新绩效水平更高，从网络中获益程度更强（Tsai，2001；Rothaermel and Hess，2007；Ritter and Gemünden，2003）。在创新网络的研究中，发达国家以及跨国公司在先进技术领域的创新能力得到充分认可，创新卓越中心在全球创新空间中呈现“钉”状分布结构（杜德斌等，2015）；与此同时，发展中国家和地区的企业一直被视为处于创新网络的边缘地带，被动的受发达国家的推广和带动影响，在全球生产网络中处于附加值低端环节。

伴随着创新模式的改变，企业创新的地理格局也发生了变化，从地方和全球二分的单一尺度，演化为全球与地方融为一体的“全球—地方化”（Swyngedouw，2004）。作为创新经济地理学研究的两大学派，关注地方尺度的新区域主义学派重视创新活动的根植性、区域的制度厚度和区域内部的产学研创新合作关系，并认为创新具有黏性，地理邻近能够促进本地知识的溢出（Cooke，2001）；与此相对，以全球生产网络、全球创新网络为核心内容的学者聚焦于全球尺度，重视区域间的产业链分工和技术创新合作（Gereffi et al.，2008），并认为区域发展的动力源于跨国企业的本地嵌入（Bathelt and Henn，2014）。但是，上述两大学派因其关注尺度的单一及片面性而备受诟病（贺灿飞等，2015）。全球化的“时空压缩”特征降低了要素流动的空间成本，单一空间尺度无法解释创新实践在本地和全球共存的特征，以“本地蜂鸣—全球通道”理论、“超越新区域主义”理论以及GPN1.0 和 GPN2.0 为代表，创新经济地理学的研究开始聚焦于地方和全球跨区域行为主体之间的创新联系，全球—地方多空间尺度联结下的创新网络成为热点研究领域（苗长虹，2006；Bathelt and Li，2014；Huggins et al.，2014；Makkonen et al.，2016；王琛等，2012）。总体而言，创新经济地理学的研究重点是创新及其网络链接的空间特征、过程和机理，对创新主体、创新空间尺度以及创新演进机制的研究成为学术争论的焦点。

Bathelt 等关系经济论者提出本地蜂鸣 - 全球通道，强调全球和地方尺度互动的重要性，但却忽视了不同空间尺度要素、组织之间的相互关联以及企业创新联系的相互作用。但是，创新的实现既包括地方向全球的扩展，也包括全球向地方的细化，是全球与地方双向作用的结果（曹贤忠等，2016），在网络式创新模式中，创新活动涉及多维空间尺度的行为主体，地方化与全球化过程并存。但是，全球化并非意味着尺度的垂直叠加，不同空间尺度之间存在着复杂联系（贺灿飞等，2015），全球通道和本地蜂鸣无法为不同尺度的知识获取和创新实现提供准确的理解机制（王秋玉，2015）。基于此，司月芳和曾刚等（2016）提出“全球—地方创新网络”的概念，即分布在全球尺度上的某一产业、技术领域内的创新主体，为谋求创新所建立起来的地方和全球创新合作链接。

产业集群理论强调地方的重要性，而全球生产网络理论强调全球尺度的重要性，它们均不能很好地整合地方化与全球化两种驱动力来解释后发国家及其企业的跨界技术、知识流动对全球—地方创新网络的影响机制及效应，全球—地方创新网络的理论尚未系统、清晰，迫切需要构建适合中国发展现实的创新经济地理学理论框架。在多个地方创新网络跨越国界所重新组织起来的全球—地方创新网络中，具体仍存在以下不足：一方面，对不同空间尺度之间的关联及其内部作用机制的解释过于碎片化，影响企业创新的关键因素来自何种空间尺度及其之间的关系缺乏深入、系统的研究，对于全球—地方创新网络演化的研究更为稀少（司月芳等，2016）；另一方面，现有理论与案例多围绕发达国家及大型跨国企业展开，以中国为代表的新兴经济体及其后进企业，其创新政策及发展阶段与欧美发达国家经济体之间存在显著差异。

## 第二节 创新网络的格局

### 一、网络主体

创新系统的核心构件包括进行知识生产和扩散的创新主体、主体所形成的正式或非正式的网络、对合作进行管制的制度环境（Bergek et al.，2008；Lundvall，1992；Malerba，2002）。网络主体包括为创新的产生和溢出作出贡献的企业、研究机构、政府部门、非政府组织和其他中介机构。全球视角下，创新主体不只是具有类似兴趣、为相关目的寻求特定策略（Morrison et al.，2008），而是“通过网络在不同空间持续获得能力和效果（Hess and Yeung，2006：1196）”。这个观点不再只适用于跨国公司，对于其他科研、教育机构，职业和产业协会，非政府组织等来说都是适用的（Boli and Thomas，1997；Gosens et al.，2015；Meyer et al.，1997）。在特定产业中，在技术、管理、投资或经营等能力方面互补的创新主体，经过复杂的互动合作最终实现创新的过程中（Lundvall，1992），一方面，起协调作用的、分散分布的政府以及其他中介机构起重要支持作用，另一方面，企业、高校、研究所等起重要的溢出作用，而这又不是主体自身所能控制的。其中，企业作为创新网络的核心主体，技术的复杂性以及企业内部的资源稀缺性和能力有限性促使企业跨越企业边界，通过购买或合作研发的方式进行开放式创新（Lin et al.，2011；Wang and Lin，2013）。对于企业而言，技术、诀窍、管理能力、销售技能等无形资产是企业创新优势的来源，知识的转移是对外合作的关键。但是，企业能否建立合作关系、能否通过对外合作提升创新能力取决于企业已有的创新资源、吸收能力和结网能力（Inkpen and Pien，2006；Cohen and Levinthal，1990；Escribano et al.，2009）。

知识的本质会对产业创新网络的全球化或地方化程度造成影响（Asheim and Gertler，2005），拥有不同知识类型的行业在选择创新空间尺度上也有所不同，从而拓展了全球与本地互动的争论。知识可以分为分析型、综合型和象征型三种（Asheim and Coenen，2005；Liu et al.，2013），分析型知识一般属于正式、可编码的知识，产业类型有生物技术产业、电子信息产业等，该产业一般拥有独立的研发部门，与高校、科研院所等机构合作紧密，知识的可传播性使得该类型产业能够开拓远距离范围的合作伙伴（Martin and Moodysson，2011）；综合性知识相对较为复杂，通常存在于工程机械、专业制造等行业，创新多以现有存量知识，通过整合实现渐进性的产品和过程改进，通过“干中学”“用中学”等实践方式来解决具体的应用问题，因此具有很强的区域和空间偏好，对本地网络的依赖性较强（Asheim and Gertler，2005）（见图 3 - 1）。

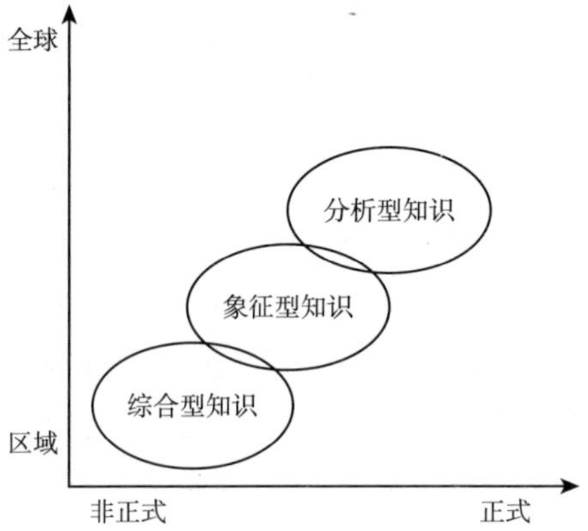


**图 3 - 1　基于知识基础的创新合作空间**

资料来源：Martin R，Moodysson J. Innovation in Symbolic Industries：The Geography and Organization of Knowledge Sourcing [J]. European Planning Studies，2011，19（7）：1183 - 1203.

## 二、网络结构

经济地理学有关网络结构的探讨散落于创新网络研究的各个领域，主要通过构建结构方程模型、复杂网络模型等，探讨网络结构与创新绩效之间的关联，并对创新合作关系所蕴含的空间特征与地理格局的发展轨迹给予高度关注（Gay and Dousset，2005；Glückler，2007；刘凤朝，2011）。

### 1. 网络联系的多维尺度

由于产业集群在本质上具有网络属性，基于集群的创新网络研究指出，本地知识溢出效应虽高，但基于“超本地管道”的外部关系网络是避免区域锁定、扩充知识基础的必需通道（Breschi and Lissoni，2001；Owen Smith et al.，2004）。Bathelt 等（2004）在“本地蜂鸣—全球管道”模型中也强调了本地和全球创新资源的互动对集群成功的重要意义。之后，相关学者进行了大量的实证来证实或批判该模型（曾刚，文嫣，2005；Trippl et. al，2006；Scott，2008），其中，Wei 等（2010）提出了创新网络的“全球在地化”趋势，而 Maskell 等（2006）从临时性集群的新视角探讨企业在信息和知识方面的联系，张云伟（2013）则构建了跨界产业集群的分析框架。还有学者从创新网络结构、创新主体能级等方面，提取出结构洞、技术权力等一系列概念用于分析全球—地方创新网络的节点地位及网络结构（Liefner and Hennemann，2011；赵建吉，2013；林兰，2010）。

### 2. 创新源的二分法

Asheim（2005）将创新源分为 STI（Science，Technology，Innovation）和 DUI（Doing，Using，Interacting）两种，从科学学习和经验学习的角度探讨影响创新产生、扩散和吸收的关键因素（Jensen et al.，2007；Fitjar and Rodríguez - Poseb，2013）。不同类型的人际关系和互动合作是 STI 模式和 DUI 模式创新的根基，两种模式在创新合作倾向与空间结构特征方面都存在显著差异。

STI 强调科学知识的重要性，创新资源包括事实知识（Know - what）和原理知识（Know - why），获取方法有正式研发、员工招聘、产学研合作等方式，相似的知识基础和认知水平有利于合作关系的建立，企业通过不断生产、获取、创造及整合科学的技术和知识来获取持续的竞争优势。从合作空间来看，由于劳动力素质、高校和研究所的创新能级、创新环境等要素的空间分异，创新能级较强的高校、研究所等知识汇聚地是企业创新链接优先考虑的区位（Frenken and Hoekman，2009），当地企业因优先链接机制而将显现强烈的本地化倾向（李丹丹等，2015；Fitjar and Rodríguez - Pose，2013）（见图 3 - 2）。

DUI 模式是企业为了适应环境的不断变化，通过做中学和实际使用获得持续的竞争优势，运用经验和专业技能的交流解决工作中出现的问题，大量缄默知识的存在是其中的一个典型代表（Jensen et al.，2007）。DUI 的创新意味着企业有能力找到解决既有问题的方法，依赖于技能知识（Know - how）和人力知识（Know - who），通过建构合理的网络关系，在“行动、

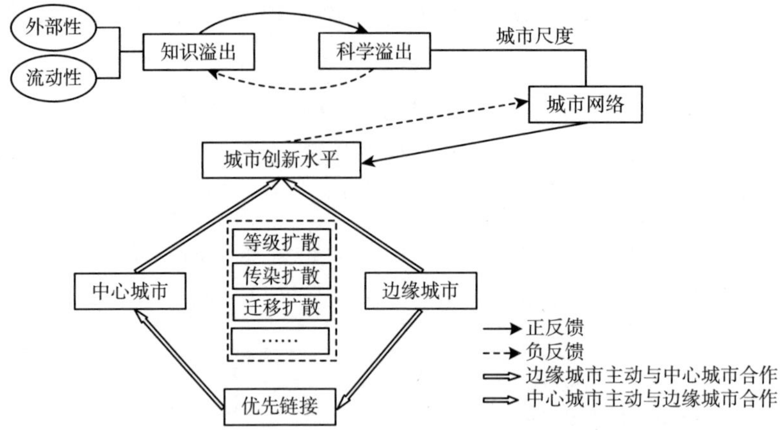


**图 3－2 基于 STI 创新的网络核心边缘结构**

资料来源：李丹丹，汪涛，魏也华，等．中国城市尺度科学知识网络与技术知识网络结构的时空复杂性［J］．地理研究，2015，34（3）：525－540.

使用和交互”中不断学习，合作伙伴重点涉及用户、供应商、同行等产业合作伙伴。因此，对于 DUI 支持者来说，创新并非意味着对 R&D 进行投资或者员工具有正式资质（Hansen and Winther，2011），而是意味着管理者和员工有能力依靠观察、分享以及干中学等隐性知识的学习，找到方法解决既有问题，迎接供应商、消费者和市场所提出的各种挑战（Fitjar and Rodríguez－Pose，2013）。DUI 既包括企业内部的经验知识学习，也包括供应链内与供应商和客户的创新合作，还包括从供应链外同行间的交互（杨囡，2013），这一过程需要企业内外经常性的、重复性的互动产生缄默知识而实现技术能力的提高（Storper and Venables，2004；Barge－Gil et al.，2011），会受到复杂的制度等相关因素的影响（Barge－Gil et al.，2011；Storper and Venables，2004）（见图 3－3）。

综上所述，STI 和 DUI 之间存在互补和依赖关系：STI 获取的科学知识将由 DUI 加以整合并运用，DUI 所需的人力资源供给则通过 STI 获得（Isaksen and Nilsson，2013；Faems et al.，2005；Howells et al.，2012）；DUI 通过对 STI 所获的创新知识进行评价、理解、整合和应用，从而使 STI 更具使用价值（杨囡，2013）。因此，在前述三个阶段进行整合的基础之上，创新合作的空间模式简言之是多地点子系统中的资源生成以及

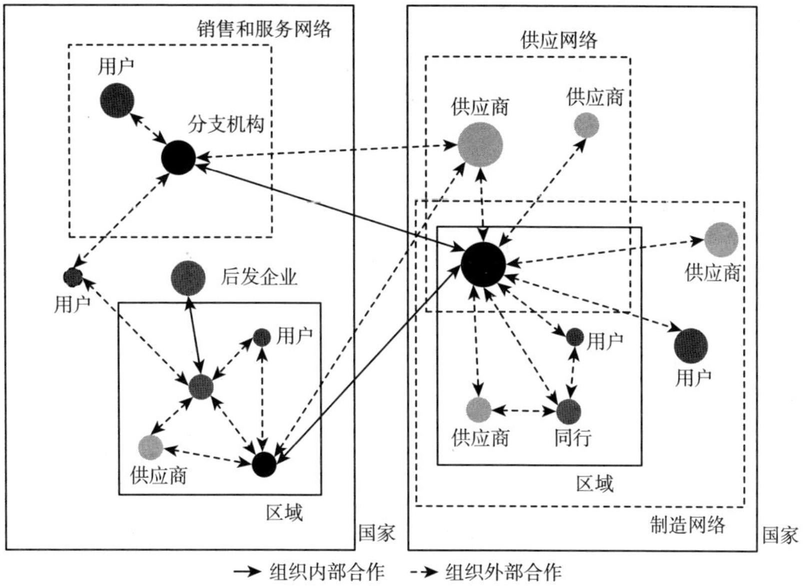


**图 3－3　基于 DUI 模式的创新网络结构**

资料来源：吕国庆．中国装备工业创新网络研究［D］．华东师范大学，2016.

结构耦合（Binz and Truffe，2017），知识合作伙伴和行业合作伙伴可能因此在各种空间尺度上存在。就中国企业实际情况而言，一方面，叠加中国科技资金支持的空间政治倾向（spatial political bias）（Andersson et al.，2014），政府的研发基金引导了行政范围内的产学研合作，地方或全国范围内的知识合作伙伴成为企业整合后优先考虑的空间尺度。另一方面，产业合作伙伴在企业研发活动的重组之后，全球趋势明显扩大，以母国为核心、以国际化子公司为分支的创新组团呈现出“强核心、放射状”结构。

## 三、空间结构

关于创新的区位因子分析，地理学家最先注意到创新在空间上的不均衡性和异质性（Bunnell and Coe，2001）。企业 R&D、创新人才以及有利于创新的政策条件等创新资源禀赋的分布不均，带来的创新在空间上的差异性表现，正是创新因子在空间上的黏滞性造就了产业集群。虽然现代科技使商品和信息在区域间的传播更容易实现，但经济成果仍然取决于对本地资源的利用。产业集群基于地理邻近使面对面交流更有可能实现，基于本地共享的创新资源和创新环境，创新主体的集中分布使创新主体在认知上、组织管理上、社会上及制度上的接近成为可能，基于认知邻近的合作有利于增加彼此的信任，确保了成员间的互动和沟通以及劳动力流动与科研合作，进而促进缄默知识和偶然发现的交流，实现风险的降低和创新速度的加快（顾志刚，2007；陈菲琼等，2009）。

但是，现有研究已经取得一个广泛的共识，本地创新知识经济的背景下，区域经济的发展和竞争力的提升越来越依赖于企业与跨区域乃至跨国界的创新合作伙伴之间的知识流动，多维空间尺度的要素和组织关联密切（Bathelt and Henn，2014）。Bathelt 等学者用“本地蜂鸣—全球管道”（Bathelt et. al，2004）和临时性集群（Maskell，2014）来描述创新地理空间分布的双重性。因此，有关创新网络空间格局的研究已经逐渐由关注本地尺度转向了从本地到全球的一系列空间尺度的研究，集中讨论了创新的空间分布特征、创新网络的结构以及不同空间尺度下创新网络格局等问题（Mathews，2006）。事实上，企业通过市场合作、网络化企业管理、所有权整合等方式，在组织内外均有可能进行创新活动（Gereffi et al.，2005；Musiolik et al.，2012），合作关系或基于地理邻近建立，或通过正式合作关系建立，或借助虚拟的网络世界、临时性的地理集聚建立（Maskell et al.，2006），这就使得区域、国家和全球尺度的创新网络差异变得模糊（Coe and Bunnell，2003；Crevoisier and Jeannerat，2009）。

随着创新网络的空间尺度研究逐渐从本地、国家背景逐渐转向全球化背景下多尺度空间行动者和机构相互作用（Amin et al.，1992；Storper，1997；Bunnell et al.，2001；Sunley，2008），受 Dicken 空间尺度划分的影响，有学者将创新网络细分为从宏观到微观的多尺度空间包括：全球尺度，宏观的区域尺度（如欧盟、东盟、APEC 等），国家尺度（nation－state），区域尺度（如硅谷、长三角），城市尺度（如纽约、上海），本地尺度等。事实上，不同层级的空间尺度并非相互孤立的形态，创新活动的进程往往在多尺度的空间中同时发生，资本、知识、人才和贸易在梯度的多维空间层级间流动，无时无刻不在对创新的空间尺度进行着重构（Batheltet al.，2004；Sotarauta et al.，2011；Chaminade，2014）。其中，跨国公司在全球商品链形成过程中起关键作用，各国政府在全球产业分工中的地位有所下降（Coe，2004）。跨国公司在全球到地方的各个尺度搜寻知识资源、建立正式与非正式合作关系，重塑全球生产格局的同时，也成为全球创新网络的主导者（Dicken，1994，2001；Ernst，2002）。

现有的创新空间布局研究肯定了创新活动分布的“钉”状结构（段德忠等，2015），但是忽视了创新活动并非简单地在物理距离上的相互关联，创新网络在空间上呈现出多尺度、梯度式、等级式的复杂形态。因此，全球—地方创新网络应当是一个耦合的创新网络，一个创新网络的空间—时间拓扑，而不仅仅是物理空间上的组合。根据不同地区所拥有的知识禀赋和吸收能力的差异，在全球—地方创新网络中，不同区域在网络中的位置也有所不同，Liefner 等（2011）基于此将区域分为四类：第一类区域创新能力很强并占据网络中心位置，凭借网络中心性可以直接访问全球创新网络多样化的知识库，还能将知识进行消化、吸收并在当地区域实现再创新；第二类区域创新水平有限但有机会接触到最新知识库时，知识经常会被浪费，而只有能够接触到高级教育机构、科学研究部门时才有可能充分利用机会优势；第三类区域缺乏有利的网络位置，虽是创新活动的集中地却有可能日渐衰落；第四类区域则同时缺少创新实力和网络优势（Liefner，2011；司月芳等，2016）（见图 3－4）。

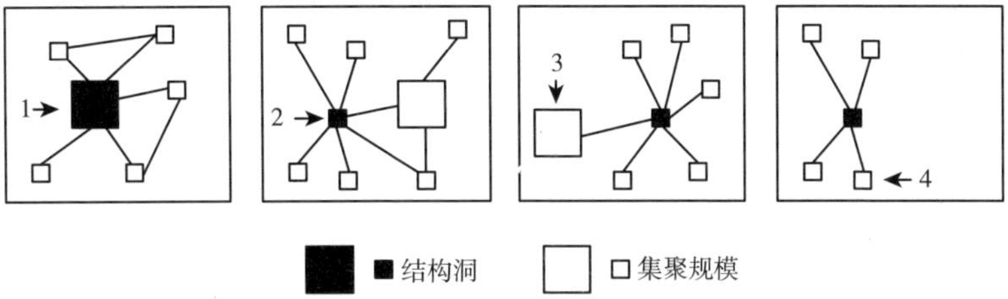


**图 3－4　创新网络的结构和空间效应的叠加**

资料来源：Liefner I，Hennemann S. Structural holes and new dimensions of distance：The spatial configuration of the scientific knowledge network of China's optical technology sector［J］. Environment and Planning A，2011，43（4）：810－829.

# 第三节 创新网络的演进

与创新网络相关的学术研究主要聚焦于技术创新、产业集群、网络结构、网络绩效、全球创新网络等方面；同时，开放式创新、协同创新、关系网络逐渐成为研究热点。创新经济地理的研究主要围绕知识、网络、空间之间的关系展开（Glückler，2013），聚焦于创新网络的构成及其空间结构这一科学问题，自经济地理学的演化转向发生以来，探讨网络演化的趋势以及演进动因已成为演化经济地理学的关键议题（Borgatti and Foster，2003；Broekel，2015）。

## 一、演进路径

网络的演化，从宏观来看，是网络组织为了应对不断变化的技术、经济和市场等外界环境，对网络结构的调整；从微观来看，是网络组织内部，主体之间合作关系的变化，网络联结关系导致网络组织结构的演化（刘晓燕等，2014）。因此，网络的演进是创新主体在内外部因素共同作用下不断调整的结果，已经成为创新网络的研究热点领域（王缉慈等，2001；Boschma，2005）。关于创新网络演化形态的演进，多基于生命周期视角，借助案例分析来探讨网络结构和特征的变化（王缉慈等，1999；刘炜等，2010；范雪晴等，2016）。从演化路径来看，在全球—地方创新网络演化过程中，包括从地方到全球的网络演进，以及全球到地方的网络演进两条路径。

首先，已有较多研究成果分析了创新网络从地方向全球扩张的过程。Boschma等学者指出，网络联系来自地理邻近，产业集群和地方网络具有空间依赖性（Broekel and Boschma，2012）。Cooke（1996，1997）、Maskell（2000）等区域创新论者指出，一定范围内相互关联的创新主体更容易有效分工并高效协助，有利于挖掘当地的科技资源、激发企业的创新互动（Wal et al.，2013）。但是，这一理论忽视了外部知识的重要性，存在“路径依赖”甚至“区域锁定”的风险，应对原有产业技术、劳动力、制度进行重新组织，通过路径创造推动新产业的产生和发展（Boschma，2005；Balland，2011）。

为了弥补这一缺憾，Wal 等（2014）指出，网络三元闭合累计效应可以实现跨地理空间长距离的合作，减少对空间邻近性的依赖。Lagendijk（2017）从多层次组织网络视角出发，讨论了网络演化的循环过程、轨迹以及逻辑问题，强调全球视角、重视远距离跨边界永久性联系对分析高级复杂网络空间演化过程的重要性；Dicken（2001）、Faulconbridge（2017）进一步强调企业与其他区域的潜在合作伙伴开展全球范围内多层次、多区位合作的重要性。

其次，随着全球化进展的加快，从全球到地方的网络演化也已成为学术研究的热点。自 20 世纪 80 年代以来，全球化和信息化快速发展，全球劳动分工日益深化，在全球范围内的垂直专业化分工之外，出现了外包等新生产组织方式，发达国家跨国公司将低附加值的生产环节外包给发展中国家，将高附加值的核心环节留在发达国家，世界各地的产业中心通过产业链联系在一起（Ernst et al.，2002）。20 世纪 90 年代，西方经济地理学者基于价值链、嵌入、行动者网络等理论视角，构建了以全球价值链、全球商品链、全球生产网络为核心的全球经济分析框架，强调关系在全球劳动地域分工的重要作用（Bathelt et al.，2003；苗长虹，2006）。随着 Bathelt 等学者从关系地理学、全球生产体系等理论视角出发，将情境、发展路径、偶然性应用于全球创新网络的研究之中，全球范围内知识互动及其对区域创新、经济发展的影响逐渐成为研究新热点，全球集群理论是相关研究的代表性成果（Bathelt and Glückler，2017；Dicken et al.，2001；Yeung、Coe，2015；Faulconbridge，2017）。

在全球集群网络中，Bathelt（2014）将全球知识管道从四个层次进行解读：①在个体层面上，移民企业家的不断流动实现了区域间的知识联系。因此，受过高等教育或培训的移民专家发挥边界扳手（boundary spanners）的作用，基于自我发展轨迹，在不同的集群之间建立了市场和产品信息交流的通道。这些跨国社区网络使印度班加罗尔等能通过功能专业化和与硅谷的合作实现技术升级（Saxenian，2006）。②在企业层面上，本地集群和全球领先企业之间的联系成为跨区域联系的重要方式，跨区域垂直联系有助于本地企业提高技术水平、增加知识和竞争力（Humphrey and Schmitz，2002），然而，采用全球化标准与价值链的不同部分联系的时候，与全球买家或可交付的制造商的跨区域联系牵涉的可能更多是编码化而不是隐性的知识传播（Sturgeon，2002）。为了丰富对垂直联系以及价值链线性特征的研究，Dicken 等（2001）根据不同尺度下的经济网络的复杂关系，强调全球生产网络和区域之间的张性以及权力关系的作用。③在集群层面上，超越集群的区域边界获取知识已经成为企业保持竞争优势的关键（Simmie，2003；Fitjar and Rodriguez－Pose，2011），企业需要在集群外部建立国际战略伙伴关系以获取新的或不同的技术和组织信息（Owen－Smith and Powell，2004）。④在城市等区域层面上，全球城市因集聚了现金金融和商业服务、跨国公司总部等，成为区域城市等级中一线决策核心，通过与其他全球性城市建立水平联系以再生高阶控制功能、通过与区域城市建立层次性的劳动分工功能来延伸他们的领导能力，实现对其他城市和区域的统治，从而实现跨区域联系，并且因此产生了网络在空间上的中心—边缘结构（Sassen，1994；Taylor，2004）（见表3－1）。

**表3－1　跨区域联系的分析框架**

| 尺度 | 概念性框架 | 关键驱动力 |
|---|---|---|
| 个人/企业家 | 跨国社区 | 移民工程师/企业家 |
| 企业 | 全球价值链/全球生产网络 | 跨国企业总部/全球买家/全球生产商 |
| 集群 | 全球管道 | 商品交易会参与者/博览会参与者/商务旅游 |
| 区域 | 全球城市 | 全球生产服务商/跨国公司总部 |

资料来源：Bathelt H，Li P F. Evolutionary Economic Geography and Relational Geography［M］. Springer Berlin Heidelberg，2014。

然而，尽管上述学者分别分析了地方、区域、全球不同空间尺度创新网络的形成与演化过程，分析了集群之间的联系及网络的多中心发展趋势，同时关注了地方网络联系和全球跨区域联系的影响，但过多强调跨国公司的作用，忽视中小企业、学研主体的创新行为，对不同空间尺度创新网络之间的关联及其内部作用机理论述不足，对全球—地方创新耦合关注不多，对创新资源禀赋条件较差地区重视也不够。

## 二、演进驱动力

关于创新网络的演化动因，可以归纳为内生因素、邻近性和情境性三种（吕国庆，2016）。首先，部分学者强调内生因素的重要性，引进了生态学的“惯例”“共同演化”等概念，以遗传、变异和选择作为理论基石，从地理视角出发对创新网络的演化机理进行探索，强调内生性因素、制度厚度和空间黏性对于企业创新实现、创新网络形成的重要性（Glückler，2007；刘志高等，2011，2012）。

其次，Boschma 提出多维邻近性在创新网络演化中的重要驱动作用，相关学者以不同国家及产业的案例对其进行了论证（Ter Wal and Boshma，2011；Balland et al.，2013；Ter wal，2013）。相关研究指出，网络演化受偏好依附、同质性等累计机制的深刻影响（Powell et al.，2005），不同的邻近性在网络演化过程中的作用有所不同（吕国庆等，2014）。并且，网络空间演化与地方网络特征密切相关（Glückler，2007；Boschma，2010；Neffke，2013），集群企业通过相似结构的组织带来的知识流动而获益，并能很快总结同行成功或失败的原因，特殊知识生态情境及“地方蜂鸣”是创新网络形成与演化的关键（Storper、Venables，2004；Glückler，2013；Li，2017）。很多学者基于邻近性的视角，探讨网络关系建立及拓展的影响因素，而地理邻近、社会邻近和认知邻近一直被视为关键影响因素（Boschma，2005；毛睿意，2012；吕国庆等，2016）。邻近学派指出，当主体在区位上处于绝对地理邻近时，在社会认知、人文历史、法律规范和要素成本上更容易达成一致，而基于地缘的亲缘、友缘和业缘关系更容易产生，主体间的信任成本、沟通成本更低，创新合作关系更容易建立；即使地理距离相距甚远，只要创新主体同处于一定的制度架构之中，例如借助国际会议或者临时性产业集群等方式（Harald，2015），通过短期旅行或网络视频低成本实现“暂时性邻近”（Torre and Rallet，2005）或“虚拟邻近”等相对地理邻近（Jonsson，2015），共同的认知能力、社会联系和制度共识有助于知识的共享和合作的发生；而邻近性的交叉作用也在现有研究中得到证实（吕国庆等，2016）。值得注意的是，在信息化时代，组织结构决定了企业的信息传播渠道和外部联结方式，组织结构会直接影响潜在的合作伙伴范围，网络主体之间邻近性的变化进一步推动网络的演进（曾德明等，2014）。

最后，欧洲创新研究小组（GREMI，创新环境学派）对企业创新的情境给予高度重视，并于1985年率先提出区域创新环境的概念（Crevoisier，2004）。基于新古典主义经济学的批判，GREMI从更广泛的社会视角来解释创新的实现机制，指出成功的创新不仅仅是企业个体努力的结果，文化、经济、社会和政治情境等也在企业创新中起重要作用（Crevoisier and Maillat，1991）。创新环境学派认为，企业基于空间邻近可以轻易获知当地相关合作伙伴、供应商等详细信息，相同的规范、程序、信任，独特的本地科技文化的历史积累在很大程度上得到了本地企主体的认同，社会关系网络构成的共同生产系统、社会经济体制有助于企业以低成本形成区域合作关系，促进彼此间的互动学习和共同解决问题（Bramantiand Ratti，1997）。其中，当地政府在相当大的程度上决定了产业界学习和整个国家工业化进程的速率，企业技术能力的提高也要依赖国家的具体产业环境，而本地制度能够促进集群内企业间创新的互动，如优良的企业文化、创新的相关政策、研究型导向的大学等（Legendijk，2006；王琛等，2012）。因此，区域通过营造对创新有益的环境，激发区域内主体的学习和创新能力（Sonn and Storper，2008），并进一步影响企业外部合作伙伴的获得能力（Morrison et al.，2013）（见图3-5）。

但是，现有研究多集中于组织间网络的探讨，缺乏对全球—地方多空间尺度耦合视角的重视，忽略了企业内部研发机构变化所带来的网络结构变动（Liu et al.，2013），需要在现有地方及跨地方的学习、创新及经济联系管制网络、关系经济地理研究的基础上，关注组织、个人、技术及空间等网络情境要素空间演化轨迹和多层间交互作用（Nomaler、Verspagen，2016；Brailly，2016；Lazega，2016），而不能仅仅关注单向网络过程（Prota，2016；Glückler and Panitz，2016；Bathelt and Glückler，2011，2017；Storper et al.，2015；Hidalgo，2016；Glückler，2017）。与此同时，基于企业组织结构视角的研究有所缺失，而企业的衍生对处于不同区位的各机构之间的知识交流和技术扩散意义重大，衍生企业部分地继承母公司知识、能力和发展路径，从而促进了创新及知识网络的变化，成为创新网络演化的重要驱动力（尹贻梅等，2011，2012）。跨国并购作为企业衍生的重要方式，基于技术直接输入作用，对企业内部研发及创新能力、外部创新环境及邻近性的剧烈变化无疑是一个新的视角。

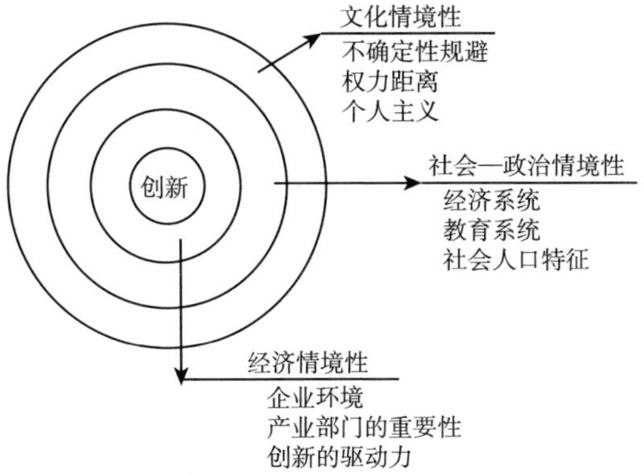


**图 3－5 创新的情境性特征**

资料来源：Pudelko M, Mendenhall M E. The contingent nature of best practices in national competitiveness: The case of American and Japanese innovation processes. [J]. European Management Journal, 2009, 27 (6): 456－466.

现有研究多集中于组织间网络的探讨，忽略了企业内部研发机构变化所带来的网络结构变动（Liu et al.，2013）。跨国并购作为企业国际直接投资的重要行为方式，同时改变了企业的内部资源禀赋和创新水平，以及外部的品牌、国际影响力和区域环境等外部因子，组织结构的变化丰富了企业潜在创新合作伙伴的可能性，同时改变了现有创新网络主体之间的邻近性，为驱动网络演化奠定了基础。

## 第四节

## 跨国并购与技术创新的相关研究

为了梳理跨国并购与技术创新的相关研究，本书利用 Citespace 软件，将该领域内的相关信息定量处理并可视化表达，基于知识图谱来展示研究对象的发展进程、结构关系和研究重点（陈悦，陈超美等，2015），辅助对于研究脉络的认知。

## 一、跨国并购的内涵

### 1. 概念与分类

并购（M&As）是兼并（Mergers）与收购（Acquisitions）的总称，在《大不列颠百科全书》中，兼并是指通过购买另一家企业的部分或全部产权，将其并入到本企业之中的行为；后者则指一家企业通过产权交易，例如购买全部或部分股票或者资产等方式，购买另一企业全部或部分产权，通过得到控制性股权而成为其股东的过程（应郭丽，2013）。在两种投资过程中，都发生了企业产权的整合、企业控制权的转移行为，两者因都存在权力让渡而统称为并购。

跨国并购是国际直接投资的一种方式，还有一种方式是绿地投资，即高成本、高风险在国外建立新的企业。跨国并购相对而言速度更快、风险更低。一般来说，在成熟的以及易于在全球扩张的产业中，由于跨国并购可以降低成本，所以成为更多企业的选择（Rosenzweig，1991；周成成，2015）。

跨国并购因行业关系、并购动机等标准有多重划分方式。从行业关系来看，并购双方生产相同或相似的产品时，称为横向并购，主要是为了拓展市场、增强国际竞争力；双方在产业链内属于上下游关系时，属于纵向并购，主要是为了降低成本；双方处于不同行业时，称为混合并购，主要为了实现国际化扩张和多元化经营。从跨国并购的实际情况来看，根据《世界投资报告》资料，横向并购占整个并购案例的70%左右，纵向并购占不到10%，混合并购所占比例一直在下降，大约占20%。跨国并购已经成为企业快速积累资本、占有资源、扩张市场的重要途径（罗肇鸿，2006）。

追溯企业并购的沿革，历史上有过五次大的并购浪潮，跨国并购始于20世纪50年代的第三次全球并购浪潮，已然成为扩张资本、应对环境变化的重要选择。在当前经济全球化和竞争日益激烈的环境下，跨国并购正受到世界各国的普遍关注，而中国这一发展中国家在跨国并购中的表现也可圈可点。如何进行成功的跨国并购对于学术研究和产业实践都是值得深思的重要议题。

### 2. 后发企业的跨国并购

前四次企业并购重组的经验教训改变了企业盲目追求规模扩张的冲动，而是希望能在并购后发挥协同效应，实现资源的有效配置，进而提高效率。近年来，发展中国家以及新兴工业化国家和地区相互间的跨国并购案例频发，韩国、新加坡、印度尼西亚、泰国、墨西哥等国家都积极主动地参与跨国并购活动，与此同时，随着经济实力和国际竞争力的增强，以中国为代表的发展中国家企业也开始在“走出去”战略指导下，积极对发达国家进行并购。

后发企业基于前四次并购的经验教训，在第五次并购浪潮中以获取协同效应为目的，旨在通过价值链的国际专业化来实现合理化并改善各企业经营业绩。协同效应包括两种，包括以管理资源的综合利用、营销网络的共享、增加讨价还价的实力、降低生产成本为主要内容的静态效应，以及能够提高创新能力的动态效应。其中，以创新赶超为目的的技术型跨国并购已经成为很多知名企业对外投资的重要方式，企业期待通过价值链的国际专业化改善经营业绩并提升创新能力。

对中国跨国并购的研究发现，影响中国并购绩效的两个关键因素就是尽职调查和政治优势。彻底的尽职调查要求一组专家仔细检验目标企业的财务、经营、管理、人力资本、科技和知识产权（Hitt et al.，2001），Peng（2006）指出，外国企业需要对中国国有企业进行并购时，需要进行尽职调查来充分了解企业的资产、冗余资源和债券问题，以期并购后进一步拓展中国市场。政治优势即国有背景，是影响企业并购绩效的另一关键因素，Chi（2011）等基于 1998～2003 年间的国内并购，Chen 和 Young（2010）基于 2000～2008 年间的跨国并购，分别针对中国企业并购进行研究，并得出相反的结论，Zhu 等（2016）指出，在我国制度变迁的早期阶段，国有背景有利于企业在国内市场获得优质资源，但是随着制度转型和发展，这一优势将逐渐消失。这是由于投资方对于国企的跨国并购持质疑态度，因为国企 CEO 并非意图通过并购实现企业价值最大化，而是用极高的价格进行并购以体现民族自豪感（Hope et al.，2011）。但是，随着中国的制度转型不断推进，中国企业的跨国并购将越来越关注企业在国际市场上竞争力的提高和价值的最大化。

## 二、经济地理学视角下跨国并购的相关研究

国内外经济地理学界有关创新与跨国并购的研究多基于企业资源基础观和制度理论展开（陈珧，2016）。相对而言，国外有关跨国并购的研究起步较早，国内学者的研究始于 2001 年。关注的研究问题有：跨国并购的空间选择、跨国并购的创新效应、跨国并购后的企业整合、企业属性与并购绩效以及后发国家的跨国并购等几个方面。

### 1. 跨国并购的空间选择

现有研究指出，产业相关性、技术相似性、资源互补性是企业选择并购目标时关注的主要维度，有利于海外并购后的企业间整合（钟芳芳，2015）。Zademach 和 Rodríguez – Pose（2009）对欧洲跨国并购案例研究发现，获得新市场及当地知识库是跨国并购的关键驱动力，文化及语言差异对并购决策营销甚小。而对于新兴市场企业而言，逆向并购发达国家企业时因管理、文化等方面的差异性较高，在相互融合时面临较高风险，但是，在尖端产业知识汇聚的投资区域，企业通过各种方式参与本地蜂鸣，从成熟的本地劳动力市场招聘专业人员或通过本地信息池内部获取技术和市场信息（Gassmann and Gaso，2004），并借助网络结构洞位置优势，利用网络褶皱的凝聚力实现对多样化资源的友好访问（Vedres and Stark，2010），对于知识有效交流和逆向转移具有重要意义。

### 2. 跨国并购的创新效应

关于并购与创新绩效之间的关系，学术界主要分异为两大阵营。

一方面，学者肯定跨国并购对企业创新的积极作用，认为通过跨国并

购，主并企业的技术创新能力会迅速提升（Ahuja and Katila，2001；Cassiman et al.，2005），而其他学者则强调跨国并购为企业经营带来的负担以及对企业研发的替代影响，指出跨国并购在一定程度上会对企业的技术创新起抑制作用（Hitt et al.，1991；Veugelers，2006；Marin and Alvarez，2009）。

跨国并购对创新绩效的积极作用体现在创新资源的增加、吸收能力的提升、创新成本的降低等方面。首先，企业通过跨国并购，有机会直接获得世界领先的专利技术和更高的国际市场地位，在获得固定资产的同时，将会获得知识、人才和市场资源等无形的宝贵资产（Grant，1996），尤其是知识等关键创新资源具有较强的互补效应（Cassiman and Veugelers，2006），是企业优化资源配置、提升吸收能力的关键；其次，相比于国内企业，并购企业更容易在世界各地进行技术和知识转移，创新的成本也相对更低（Bertrand and Zitouna，2006）。跨国并购的双方技术之间的异质性有助于跨界创新行为的产生，进而激发企业的创新潜能（Harzing，2002），使企业的创新成本降低、创新可能性提升。

另一方面，也有学者持相反观点，认为：由于文化和地域差异的存在，跨国并购后，企业组织的转变和整合难度较大，会影响双方的交流，不利于企业对新知识的吸收和应用（Marin and Alvarez，2009）。当并购双方在企业文化、管理制度等方面存在强烈的信息不对称时，盲目的跨国并购不但不利于资源整合与技术升级，Shaver 和 Mezias（2009）还提出，并购后企业规模的扩大造成经营成本的上升是整合低效率和并购绩效的关键因素，进一步降低企业对创新的重视；研发替代也有可能降低企业对创新的重视，并购将企业决策层从重要的创新领域转移出来，随着时间的流逝，被并购的企业创新存在不确定性；同时，企业领导出于展示并购绩效的目的，有可能更加重视能够迅速商业化、市场化的渐进式创新，因此，在并购之后，专利数量会增加，而专利的影响力、通用性和原创性会降低（Valentini，2012）。

### 3. 跨国并购后的企业整合

并购是一个复杂的、动态的过程，从并购战略的制定、并购对象的选取一直到企业资源的整合和重构，涉及相当长的时间尺度和并购双方的众多部门，并购的成功与并购前后各个阶段均密切相关，影响并购后技术创新的各因素之间也相互作用（Barkema and Schijven，2008；Bower，2001；Stahl and Vogt，2008；苏志文，2012），因整合造成的失败风险高达70%~90%。因此，企业整合是决定跨国并购成败的关键，学术界进行的研究主要涉及文化差异、整合模式及其路径等方面。

跨国并购中面临的文化整合主要是指应对民族（国家）文化、企业（组织）文化、商业文化等方面的双重差异。文化多样性在并购初期会削弱文化差异，后期因公司运营和管理难度加大导致创新环境更为复杂，企业的国际扩张行为因此呈现先加速后放缓的态势（Hutzschenreuter et al.，2011）。跨国并购后的整合模式有融合、分隔、同化、引进、革新五种，根据跨国并购双方的文化差异，又可以将文化整合模式分为策略本土化、移植母公司文化、融合创新及回避策略四种（Zhu and Huang，2007），一般要经过探索、碰撞、磨合、创新四个发展阶段（单宝，2008）。

#### 4. 企业属性特征与并购绩效

在跨国并购过程中，企业所有权性质、企业文化、并购经验、联盟资源和吸收能力等因素均会影响企业并购绩效（Haleblian et al.，2009）。关于企业文化，杨晨等（2013）一反“示强”营销文化，强调当企业进行“示弱营销”时，反而展现了企业不屈服“弱”的现状、奋力“变强”的企业意志和文化，更容易获得情感认同和品牌认可，有利于企业通过跨国并购获得正面效应。关于企业所有权性质，研究发现，具有国企背景的企业更有可能从国内并购中获益，从跨国并购中获益的可能性则较小，但是随着中国制度转型和发展不断推进，这一趋势有可能弱化（Chi et al.，2011；Chen and Young，2010）。关于并购经验，异质的、系统关联的、编码化的并购经验有助于降低并购后整合的成本，长期任职的CEO因重复性的并购经验积累更有可能提升学习效果，对并购绩效有积极作用（Zollo，2009；Aktas et al.，2013；Castellaneta and Zollo，2015）。关于吸收能力，一般来说，企业需要具备能够挑战特定知识和管理的知识吸收能力，才能在并购后重新配置并组合双方资源，进而创造新的资源（Amiryany et al.，

2012）。宗振（2015）利用Zephyr全球并购交易分析库进行主成分因子分析验证了知识吸收能力对跨国并购绩效的影响，并通过对比分析中联重科及TCL公司的并购事件来分析知识吸收能力与并购绩效的关系。徐旸懋（2015）对中国高新技术产业进行了验证，结果发现并购方吸收能力越大，企业获得的逆向技术溢出效应越显著。

### 5. 新兴经济体及中国的相关研究

近年来，以新兴经济体跨国并购为实证案例的研究不断涌现（Zhu and Zhu，2016）。成功的跨国并购对于双方的创新和经营绩效均会产生积极作用，Knoerich（2010）通过研究中国企业并购德国机械和设备产业，发现并购行为对双方均有利，德国企业管理人员的安全感增加，企业的可持续发展能力亦逐渐增强，并且超越了传统意义上资本转移、扩大市场的目的，还帮助彼此进入了之前无法接近的市场细分领域。

从并购原因来看，企业的所有权比较优势（Eije and Wiegerinck，2010；Sun et al.，2012）、所拥有的跨国并购经验（Rabbiosi et al.，2012）以及制度优势（Sun et al.，2012）是企业选择跨国并购的重要驱动因素。企业的所有权比较优势包括财务资本、获得当地市场的机会、成本优势和技术，所拥有的雄厚财力使其有能力进行昂贵的跨国并购来实现创新升级、提高市场份额、巩固竞争优势；美国等发达国家进行跨国并购的历史已长达百余年，而中国等新兴经济体在20世纪80年代后才逐渐增多，而具有并购经验的后发企业更有可能实施复杂的跨国并购（Rabbiosi et al.，2012）；新兴经济体一般存在一定的制度缺陷和发展瓶颈，政府不仅鼓励企业通过国内并购解决生产力过剩的问题、提升生产效率、在一些行业培育出具有一定竞争力的企业（中华人民共和国国务院，2010），还通过降低融资难度来鼓励企业进行跨国并购，向全球市场拓展（中国银行业监督管理委员会，2015），政府的制度激励和约束有效推动了企业的国外并购。

在并购目标的选择上，Jongwanich等（2013）指出新兴经济体企业跨国并购的对象一般是技术或资源相关的产业，廉价劳动力市场对其产生的吸引力较低；Contractor等（2014）以中国和印度为案例研究发现，制度差异较小、文化差异较大、产业相关度较低时，企业更倾向于选择小部分并购而非大部分或者整体并购；跨国并购作为企业进行对外直接投资的重要方式之一，已成为企业获取技术、实现创新赶超的重要手段，吴先明和苏志文（2014）选取吉利等 7 个实施海外跨国并购的中国企业，运用扎根理论研究法构建了以跨国并购为杠杆的后发企业技术追赶模型。

对于新兴经济体而言，企业的政策优势是影响企业并购绩效的关键要素。Chi 等（2011）、Chen 和 Young（2010）分别研究了中国企业的国内并购和跨国并购，对于企业国有背景在并购绩效中的作用，得出了相反的结论。对比发现，在一国制度变迁的早期阶段，国有背景有利于企业在国内市场获得优质资源，但是随着制度转型和发展，这一优势将逐渐消失。事实上，在跨国并购过程中，投资方对于发展中国家国企的身份持谨慎态度，因为国企 CEO 选择跨国并购并非一定是为了实现企业价值最大化，有时候是为了通过极高的价格进行并购以体现民族自豪感（Hope et al.，2011）。但是，随着发展中国家制度转型不断推进，中国企业的跨国并购将越来越关注企业在国际市场上竞争力的提高和价值的最大化，企业的国有背景和政治优势对中国企业的跨国并购有积极作用，但是随着中国制度转型发展不断推进，这一弱势将逐渐消失。

总体而言，跨国并购与创新的相关研究大多来自经济学和管理学领域，主要基于宏观产业数据的定量分析或企业案例的定性分析，缺乏地理学视角的“空间”概念以及深层次理论机制的研究。跨国并购业已成为企业获得知识、实现创新的重要途径，那么，跨国并购这一行为如何作用于全球—地方创新网络的构建及运行？这一空白亟待创新地理学的研究进行填补。

## 第五节 本章小结

创新网络作为一种关系结构，创新主体之间的正式与非正式联系共同促进知识的学习与交换（范群林等，2014）。综上所述，国内外学者针对全球—地方创新网络的研究成果日益丰富，但仍然存在如下不足：①产业集群理论强调地方的重要性，而全球生产网络理论强调全球尺度的重要性，它们均不能很好地整合地方化与全球化两种驱动力来解释后发国家及其企业的跨界技术、知识流动对全球—地方创新网络的影响机制及效应，创新网络演化动因的相关研究停留在影响合作关系建立的邻近性层面，缺乏微观机制的深层次剖析，迫切需要构建适合中国发展现实的创新经济地理学理论框架。②跨国并购的已有研究主要基于经济学、管理学理论展开，空间视角的缺乏致使其理论框架及结论尚不完整。跨国并购这一行为如何作用于全球—地方创新网络的构建及运行进而提升本地及其行业创新能力？跨国并购发生后，全球—地方创新网络在不同阶段具有哪些特征，演进趋势是什么？网络建构的关键因素有哪些？这些问题亟待创新地理学的研究进行填补。③中国创新网络的实证方面，定量研究相对缺乏，且案例多选择电子、通讯、生物医药等新经济行业，对地位日益重要的机械制造行业关注较少；已有的相关实证研究多集中于产业链分析、区域内部研发投入与产出等方面，缺乏从网络视角对创新形成过程、影响因子、内部机制的深度研究。

与中国企业寻求跨国技术并购的热潮相比，创新经济地理界的研究显得过于单薄，缺乏较为系统的解释和论证。有鉴于此，本项目尝试融合经济地理学、经济学和管理学等学科理论，基于创新网络构成及其空间结构这一主题，引入跨国并购这一微观企业行为，探讨其对全球—地方创新网络构成及其空间结构演化的影响机制及效应。然后，以中国工程机械和农业机械行业为例，结合调研访谈、问卷调查以及专题数据，对比两种行业在跨国并购前后的网络结构及其空间响应特征，进而对理论框架进行验证。

# 第四章

# 跨国并购对全球—地方创新网络演化的影响

跨国并购作为经济全球化的产物，是后发企业进行技术追赶、融入全球生产网络的重要方式。随着网络资源作为企业战略资源的重要组成部分，创新网络受到更多经济地理学者的关注。当企业在面临“外部剧变”时会发生组织重构，同时造成企业网络的演化，为企业改善网络位置和网络结构提供了重要机会（Barley，1986）。

在全球化和知识经济时代并存的现在，企业进行跨国并购是创新需求驱使下的自发行为。本书从跨国并购实施的背景条件、不同阶段的演进策略及创新能力的提升路径三个方面进行讨论。一般来说，跨国并购驱动全球—地方创新网络的演化需要经历并购目标寻找、资源弱整合、实体建设及网络联结拓展四个阶段，资源、环境和技术权力三个维度交互作用于全球—地方创新网络的演化，并决定了创新网络绩效的提升。

事实上，外部诱因在企业网络演化过程中发挥重要作用，很有可能为现有的企业网络带来新的发展机遇（王益民等，2007）（见图4－1）。在后发企业技术型跨国并购案例中，发生于两个企业之间的并购事件作为外部刺激，会即时影响企业创新资源、创新环境、网络组织，企业逐渐消化这一事件并将其内部化，跨国并购作为关键事件从初期激进式的植入到之后渐进的变化循环，进一步作用于创新网络（Halinen et al.，1999）。

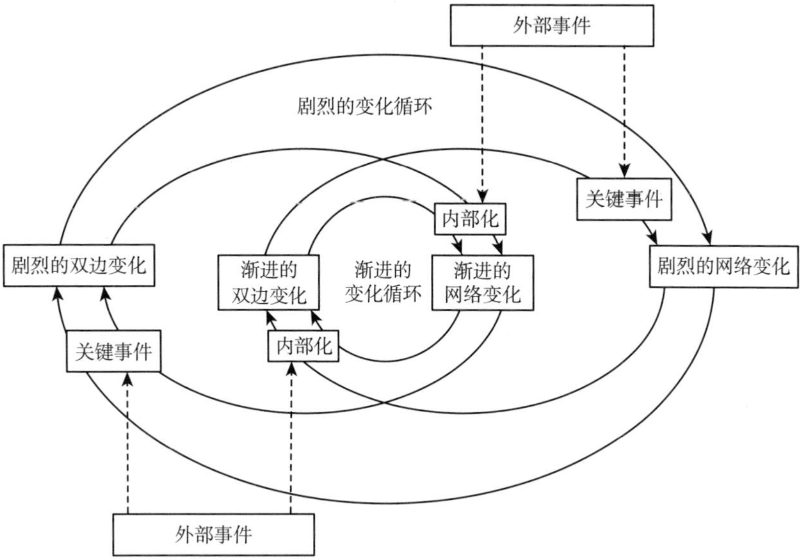


**图 4－1　外部事件作用下的网络演化**

资料来源：Halinen A, Salmi A, Havila V. From Dyadic Change to Changing Business Networks: An Analytical Framework [J]. Journal of Management Studies, 1999, 36 (6): 779－794.

但是，已有研究多从微观视角出发探讨并购对创新的影响，随着网络式发展模式的重要性提升，跨国并购如何驱动企业创新网络的发展尚不明朗。本章基于理论分析，探讨跨国并购在改变企业组织结构的同时，如何作用于创新网络，并从跨国并购对创新网络的作用阶段和作用机制等方面展开。

# 第一节

## 基于跨国并购的全球—地方创新网络发展过程

Liefner 和 Hennemann（2011）基于区域自身创新资源及在创新网络中的地位，将区域按照知识类型分为知识汇聚地、知识中心、创新活跃地区和边远地区四种。当被问及“什么样的企业更具创新性”这一问题的时候，网络和空间被认为是两个基本要素（Wang and Lin, 2013），不同空间、组织水平和形式的创新互动，使企业能够沿着现有轨迹进行调整、完善、探索或开发新技术的发展路径。对于企业而言，不管合作伙伴位于哪里——是本地的、国内的还是全球的，他们共同运作以实现企业创新能力的提升。因此，中国企业进行海外跨国并购的逻辑可以被认为是企业实现从知识外围区域（第三阶段和第四阶段）逐渐攀升至核心区域（第一阶段和第二阶段）并实现各个空间尺度的合作伙伴逐渐增多的过程（见图 3－4）。具体来说，结合 Haspeslagh 和 Jemison（1991）、Quah 和 Young（2005）对跨国并购后企业整合的研究，企业进行跨国并购存下以下四个阶段及主要特征。

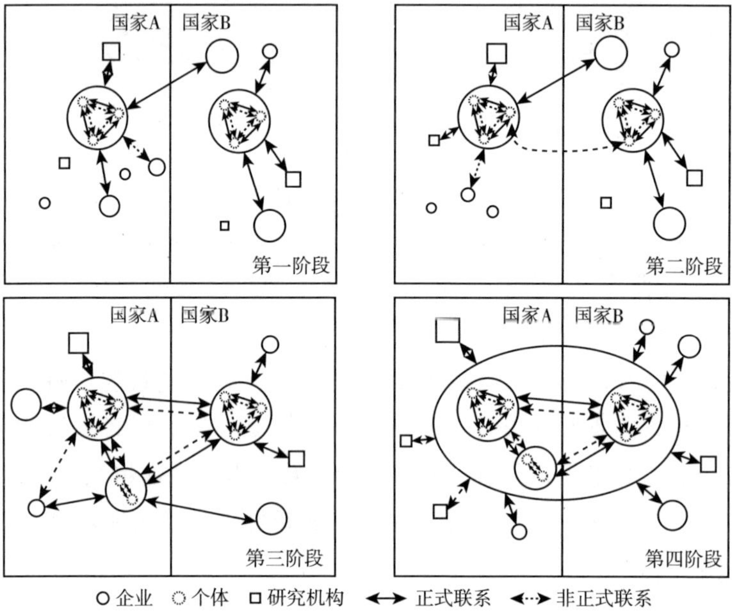


**图 4－2　跨国并购驱动企业创新网络演变的阶段示意图**

资料来源：Lyu G，Liefner I. The spatial configuration of innovation networks in China［J］. Geojournal，2018（12）：1－18.

## 一、阶段 1：并购目标寻找阶段

关于中国企业进行跨国并购的文献已经有一个基本结论：虽然中国企业具有较强的国家环境（country－specific）优势，例如较大的国内市场需求、政府激励措施等，但企业层面则存在“软实力”和“硬实力”两方面的差距，包括售后和运输等在内的产品、管理者水平、企业研发人员的能力和资源等方面（Öberg and Leminen，2017）。总体而言，由中国跨国企业发起的海外跨国并购的目标是：希望通过嵌入先进的知识库并对其进行重组（Puranam and Srikanth，2007），进而提升其创新知识传递和自主创新的能力，从而实现后发追赶。所以，从事海外跨国并购的中国企业一般具有以下几个特征：①至少是全国层面的销售冠军，控制本国的产品市场；频繁地涉足国外市场，但与其海外竞争对手相比，存在一定的劣势；②全球创新系统的创建处于初期阶段，存在后发追赶的强烈愿望；③政府政策及基金支持的可获得性较高（Liu and Woywode，2013；Spigarelli and Alon，2015；Zheng et al.，2016）。

与此相对，发达经济体的目标企业则拥有中国企业所需的战略财富、市场资源和研发厚度（Stiebale，2016），主要包括隐性知识（know－how）、管理技能、高素质人才、品牌优势、专利、具体市场的销售能力和营销网络等（Nocke and Yeaple，2007；Spigarelli，Alon and Mucelli，2015；Deng and Yang，2015）。对于并购目标选择的依据，现有文献形成了两个基本的分析方向，一方面，技术相似性是影响并购目标选择的主要要素；另一方面，部分学者提出资源互补性是企业关注的主要维度，并有利于海外并购后的创新整合（钟芳芳，2015）。然而，对于具体并购目标的选择，笔者认为可以抽取并总结为以下两个方面：①知识相关性。不管是资源的相似性还是互补性，抑或水平并购还是垂直并购，对二者之间的技术、具体产品、市场等信息进行比对，技术的相关性往往是企业进行跨国并购前首要考虑的因素（Han et al.，2016），它不仅与资源观和技术能力的概念对应（Miozzo et al. 2016），还可以整合上述研究的分歧。通过此举，中国企业可能推动跨组织和国家边界的学习过程，减少冗余信息的同时，分享其技术和研发的规模经济（Sears and Hoetker，2014；Orsi et al.，2015；Saboo et al.，2017）。②已有的合作关系。正如 Li 和 Wan（2016）的研究，文化、制度和经济体系之间的不同，可能成为后续知识和技术交流的制约因素，从而抑制海外并购后的创新整合和知识再造。一般而言，与被购方较好的社会和认知邻近，可以减少信息不对称和失败风险（Ariffin et al.，

2016），现有营销和价值链上的企业（Guadalupe et al.，2012）以及前期合作过的企业（Zaheer et al.，2010；Orsi et al.，2015），更容易成为并购目标的首选。

## 二、阶段2：资源弱整合阶段

和许多已有的实证案例和结论一致，被并购的海外企业通常更具创新性，中国企业在并购初期将面临许多制度、文化差异所带来的整合难题，如语言障碍、缺少巨型跨国企业管理的能力、面对全球市场的把控能力不足等（Orsi et al.，2015；Zheng et al.，2015）。鉴于这种不均衡性的存在，中国企业在海外并购初期多采取较低的弱整合（light - touch）战略（Liu and Woywode，2013），以实现二者的平稳过渡及对接。

采取上述弱整合战略的具体原因包括：①技术和人才的不对称性。尽管中国母公司会提供一些主要策略的指导，但是被并购企业将享有较大程度的完成性和独立的自主权，诸如：组织结构上的分离、独立的身份及品牌、市场决策的自主性（Liu and Woywode，2013）；②母公司与并购公司之间频繁地技术交流与互动。主要链接形式包括：技术人员的相互学习以及合作项目的实施。总体来说，中国母公司希冀通过嵌入企业的制度、规章和人员进而进入被并购企业的隐性知识库（Zheng et al.，2015）。

总体而言，中国企业所采取的弱整合措施是介于共生融合（symbiosis）与保留融合（preservation）的中间道路（Zheng et al.，2015）。通过这种方式，可以减少因为过度或过快整合所带来的不良后果（Zhu and Zhu，2016），并可以创造一个相互信任的良好环境（Kale et al.，2009）。此阶段网络的空间结构表现为从区域向全球的过渡，一方面正式联系独立运作，另一方面依靠组织邻近，潜在的非正式联系逐渐增多。

## 三、阶段3：合资实体建设阶段

新近越来越多的研究证明：结构洞或技术守门员在多空间尺度网络建构中具有重要作用，它是获取大量信息的较为集中的个体，更多直接联系的网络结构能够改善节点之间的交流，并稳定创新成本和风险。基于上述理论，为了协调自主并购后出现的困境（Zhu et al.，2015），中国母公司与被收购企业在延续第二阶段弱整合策略的基础之上，会建立潜在的中间机构来实现进一步的整合。Maskell（2014）认为企业外部联系方式的选择受问题意识和来源意识的影响，前者是指对于所需的特定知识，公司识别意识的高低，后者是指对于可提供期望知识的来源，公司识别意识的高低，以两种意识为标准，合作伙伴的寻找方式可分为管道、众包、监听站和展览会四种类型（见表4－1）。就跨国并购实际而言，较为常见的中间单位组织形式为：在主要客户地或类似集群所设立的研发中心、博士后流动工作站、办事处、销售处抑或并购地方企业、合作成立合资公司等实体机构。

**表4－1　　基于不同意识的外部联系类型**

| | | 来源意识 | |
| --- | --- | --- | --- |
| | | 高 | 低 |
| 问题意识 | 高 | 证实合同（管道） | 在线分配（众包） |
| | 低 | 技术监测单位（监听站） | 展览会 |

资料来源：Maskell P. Accessing remote knowledge：the roles of trade fairs，pipelines，crowdsourcing and listening posts［J］. Journal of Economic Geography，2014，14（5）.

合资公司形成的原因主要包括两个方面。一方面，发达经济体选择被并购的主要意图包括利用收购方的财务能力以及扩大产品市场（Spigarelli et al.，2015；Öberg and Leminen，2017），考虑到法律限制或投资风险，双方成立合资企业则顺其自然成为首选（Shimizu et al.，2004），在中国市场尤其如此。另一方面，合作公司可以为双方进一步提供合作和交流的平台，并通过获取当地先进实体的技术、知识，嵌入地方网络来实现创新（Rui and Yip，2008）。

此外，更为重要的是：中间组织的出现，可以将双方的交互作用以更加具体化的形式融入规则、惯例以及规范之中，从而激发更多的知识转移。创新活动的空间结构因此进一步全球化：公司将其主要生产及研发基地放在中国和合并国家，在全球主要市场和全球城市中布局附属机构，搜集和实现进一步创新。

## 四、阶段4：网络联结拓展阶段

随着技术的复杂性和不断变化驱使技术创新已步入战略合作网络模式（Paci and Usa，1999），多尺度的开放式创新的内涵不断丰富（Paci and Usai，1999；Boschma and Frenken，2009），而网络与情境的交互对于创新的乘数效应已经得以论证（Cooke et al.，1997；Morgan，1997；Etzkowitz and Leydesdorff，2000；Asheim and Isaksen，2002）。跨国并购之后，随着企业创新能力的提高以及创新环境的改善，企业基于STI和DUI的合作关系有所增加，而企业在网络中的地位也有所升级。

### 1. 合作关系

创新合作建立起来的网络联结关系为企业获取知识的访问路径、延伸产业链与创新链提供了支持，企业内部成员人际关系和企业组织间合作所产生的创新网络资本就成为企业创新资源的又一重要组成部分（Robert，Andrew and Piers，2012）。Asheim等（2005）、苗长虹等（2009）则基于不同类型知识的特征拓展了本地—全球的争论，认为创新网络本地化或全球化程度取决于产业所依靠的创新知识特性，即不同产业的知识基础各不相同，对应的创新模式、创新网络空间结构及学习场存在明显区别。基于创新来源的二分法，合作关系的拓展以STI和DUI为考量依据，分别存在以下特征：

STI模式的创新合作中，知识被认为是可编码的，由于该类型的合作一般更为正式，因此创新合作较少受到文化和地理的制约（Tracey and Clark，2003；Faulconbridge，2006；Hoekman et al.，2009），关系到合作质量的知识基础、资产厚度、声誉等则成为影响创新网络构建的首要因素（Boschma，2005；Hong and Su，2013）。因此，具有雄厚的科研实力、积极的政府支持、较强的管理能力等优势的学研机构，不仅在承担国家重大科研专项和技术研发过程中发挥主力军作用，在企业开放式创新过程中也会成为优先合作对象。基于此，STI模式的创新网络往往在空间上形成以城市为基本单元的核心—边缘结构，如图3－2所示，企业在选择合作伙伴时往往会被位于城市中的顶级学研机构所吸引，大学和研究院所集中分布的知识汇聚地往往成为创新关系建立的重点地区（曾刚等，2006；李丹丹等，2015），因为充裕的资源禀赋而导致本地化合作成为主要合作方式（王秋玉等，2015）。由于被并购企业的本土环境一般拥有高质量的高校、研究所、行业协会、中介机构等科技研究组织，跨国并购之后，基于地理邻近和STI合作联系更容易建立。

另外，在DUI模式中，产业链内与供应商和消费者的互动以正式合作为主，旨在提高产品交付率来保证市场竞争力；产业链与竞争者的交流以非正式合作为主，由于企业尽量避免与竞争者的直接传输却又无法控制间接传输，因此最后实现的知识溢出更像是合作关系所带来的无意识结果（Porter，1986）。由于知识溢出只在具有共同语言、面对相似或相关问题、能够使用相似或相关技术的机构之间才能实现，DUI创新模式需要与具有相同实践问题和相同经验的伙伴进行合作。因此，产业链内部的合作关系更容易产生知识溢出，而外部的DUI合作关系将更有益于创新的多样化，知识将会仅仅因为存在（being there）以及与其他社会经济机构以缄默和非正式方式交流而得以扩散和传播（Gertler，2003；Jacobs，1969）。这也意味着，在DUI创新模式中传播的知识会更加具有缄默性，在具有综合性或象征性知识基础的企业里尤其如此，这些企业重视本地氛围和文化环境，很有可能受到地理距离的限制（Asheim and Gertler，2005；Moodysson et al.，2008）。在产业链内，根据供应商和消费者的区位，合作关系可以分为两种：当消费者和供应商不在附近时所产生的远距离合作，意味着缺乏地理邻近，但有较强的认知邻近、组织邻近以及社会和制度邻近（Boschma，2005）；当生产链中的机构具有相同的区位时，与附近区域的合作，在其他所有邻近性基础上又增加了地理邻近。

在STI模式中，创新环境的改善有助于创新资源的获得以及合作关系的建立；DUI模式中，与竞争者的合作关系的独特性和非正式性，信息在不断传播的氛围（Gertler，2003），意味着企业为了获得供应链之外与DUI合作有关的缄默知识，不得不处于特定区位（Gertler，1995）。这也自然证明了面对面交流和地理邻近有助于获得知识溢出，以及通过本地蜂鸣获得缄默知识（Storper and Venables，2004）。总体来说，企业的吸收能力、创新环境存在差异时，创新机会以及创新合作的空间结构也将有所不同，如图 4 -3 所示。在跨国并购之后，企业在全生产网络中的地位有所提升，将拥有更多的创新机会和产业合作。

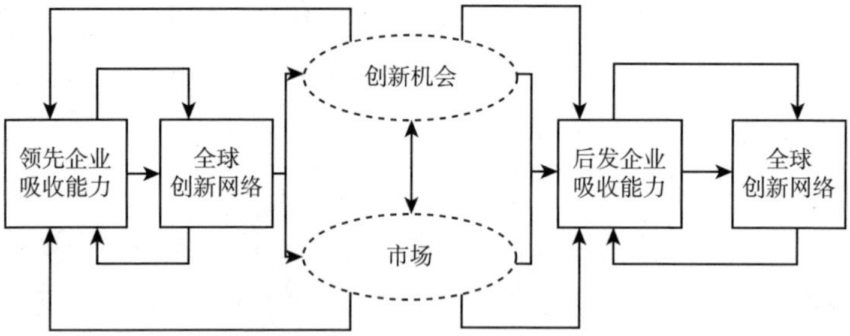


**图 4 -3　不同吸收能力的企业创新空间尺度的差异**

资料来源：吕国庆. 中国装备工业创新网络研究［D］. 华东师范大学，2016.

## 2. 网络地位

区域资源禀赋的差异会影响本地的创新活动，而同一区域不同主体之间因技术地位的不同也会呈现独特的创新地理特征。近年来的研究表明，企业间的平等关系已不再是集群内部企业结网的前提（Poter，1990），全球化背景下，集群规模的扩大及主体多样性的增加驱使集群内部的权力，尤其是技术权力呈现等级式特征，加强了技术创新的纵向一体化（林兰，曾刚，2010）。Caves（1971）认为，技术优势所导致的产品异质化是跨国公司垄断优势的主要来源。

随着开放式创新的不断推进，全球化背景下，跨国公司凭借国际化的组织布局、雄厚的经济和技术实力，在不均衡的网络结构内部占据着关键的网络位置（Ernst and Kim，2002；林兰，曾刚，2010）。随着创新网络的网络资本、网络位置等重要性逐渐提升，曾刚于 2008 年首次提出技术权力的概念，张云逸（2009）对其加以系统解释，来衡量不同创新主体在网络中所处的位置等级。在全球创新网络中，主体均处于一定的网络基础位置中，基础位置因其在网络中的整合程度及中心程度而异，处于网络中心位置的主体一般控制着关键的知识等创新资源，而网络中合作关系的建立会驱动网络位置由劣势到优势位置的转变（Dieter and Linsu，2002；Glückler and Panitz，2016）。Burt（1992）提出占据网络结构洞位置的主体不仅有助于联结不同团体之间的合作，更有机会接触到更高质量的创新资源与合作伙伴，因为当两个网络之间存在断裂或排他性的关系时，两者之间无直接联系的现象从网络总体结构看恰似形成了一个空洞，空洞的填充有助于两个网络间商业机会、独特资源以及信息等的共享，而填充空洞的节点就扮演了“桥”的身份（Burt，1992）。因此，作为全球网络联系的代理人，每当企业创立一条新的国际联系时，该联系也打开了新的分销渠道与联结路径，进一步影响劳动分工和价值链的延伸（Glückler and Panitz，2016）。跨国并购作为新建国际联系、延伸全球联结的重要手段，将提高企业的网络地位。

# 第二节

## 跨国并购对全球—地方创新网络发展的影响

企业作为行为载体，网络作为结构载体，情境作为地域载体，都会直接影响企业的创新和结网行为，各因素之间的互动作用于企业不同空间尺度的创新行为，进一步推进企业创新网络的演进。企业作为创新网络构建的核心主体（Giuliani，2007；Wang and Lin，2013），当创新能力无法突破或本地创新环境资源禀赋无法满足需求时，通过跨国并购，企业所拥有的创新资源和吸收能力将有所改变，直接决定了企业作为行为载体的创造能力以及对合作伙伴的需求，跨区域寻求高质量的创新伙伴将进一步促进创新网络的演进（Cohen and Levinthal，1990）。

随着跨国并购已经成为企业进行技术追赶、拓展创新网络的重要手段，虽然学术界对此已经进行了大量研究，但是对于网络演化动态及其作用机制的探讨相对匮乏（Balland et al.，2015）。基于此，本书提出：跨国并购通过驱动企业创新资源整合、创新环境改善和技术权力升级促进企业全球—地方创新网络的演化（见图4－4）。总体来说，跨国并购后，双方企业通过整合关键性的知识、核心技术和研发人才等创新资源，有助于提高企业的创新水平和研发能力；跨国并购带来的第二国际本土区域使企业与国际行业领先者在地理、文化和认知方面具有邻近性，有助于企业获得更多、更高质量的创新联结；企业通过跨国并购将不同的创新网络连接起来，在技术水平提升的同时占据了网络的结构洞位置，技术权力的提升使企业能够更容易在更大的空间范围内接触最先进的网络资源和创新伙伴，实现创新网络在空间范围上的拓展。

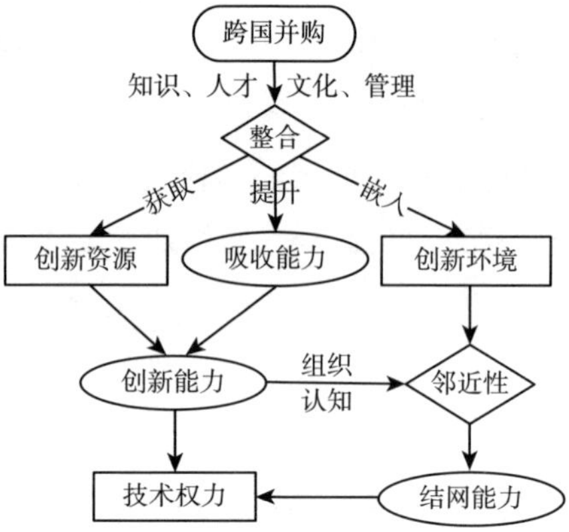


**图 4-4 跨国并购对创新网络的作用机制**

资料来源：作者自绘。

## 一、创新资源整合

当后发企业不满足当前的发展状态，从“价格优势”向“技术领先”进行战略转型、进军新业务或对接国际一线品牌的标杆企业时，如果已有技术能力不足以支撑既定目标或适应技术的快速变化，就必须针对存在的关键技术缺口去了解行业顶尖技术及发展趋势，明确自身技术发展的方向与要求。全球化时代背景下，企业获取资产的途径更多，这就为企业选择匹配自身关键技术缺口的并购目标提供了契机（吴先明，苏志文，2014）。因此，在跨国并购过程中，互补的目标方资源往往成为并购整合的关键。

创新资源的有效整合受到双方企业在产业、文化上的相关性以及企业并购经验的影响。首先，较高的产业和文化相关性有利于知识的顺利迁移。当并购双方在产品、技术和市场上具有较强的相似性，或在生产链、技术链的垂直整合中具有较强的互补性时，较高的创新资源相关性有利于彼此间的沟通与交流以及并购后资源的流通与整合；尤其是当双方技术水平有一定差距时，创新资源的相关性越高，企业则越有可能借此机会从目标企业获取弥补自身短板的新技术以及开发新技术（AI－Laham，2009；Hagedoorn and Duysters，2002；Teece，2007）。其次，双方企业的文化差异往往被视为并购成败的关键影响因素。企业之间的文化差异可以提供多样化的、嵌入到国家文化中的惯例，文化整合直接关系到双方企业对彼此的认同和支持，尤其是基于组织优势差异化的文化协同效应，通过作用于资源转移程度和交易成本提高资源整合程度（Zhao，Luo et al. 2004；Bjorkman，Stahl et al. 2007）。最后，企业积累的并购经验有助于准确识别关键资源并实现顺利整合。组织经验使企业能够将过去的经验编码为系统化的知识或惯例，引导企业有效地使用这些惯例在未来进行正确的行为和决策（Nelson and Winter，1982），此类反复的"干中学"经验的积累有助于企业不断升级已有知识和惯例，在实践中更高效的捕捉有用信息，快速识别和抓住关键资源（Dutton and Thomas，1984）。

创新资源整合的重点在于关键的知识和人才资源，整合程度受到企业吸收能力和整合能力的影响。一方面，后发企业由于历史原因进入行业较晚，从而缺少技术和市场准入等资源（Hobday，1995；Mathews，2002），核心技术的缺失严重制约了企业的发展，因此，通过跨国并购吸收关键知识和技术来弥补自身的技术短板成为企业技术追赶的重要方式。同时，组件、产品、设备和专利是技术的显性表达形式，但是最关键的隐性知识往往以诀窍（Know－how）的形式存在于技术人员的脑中（Ranft and Lord，2002），因此，获得原创性团队并保障其完整性，以期不只是获得已有的专利和资产，更重要的是获得研发团队脑袋里的技术才是实现技术追赶的关键。另一方面，为了实现技术追赶，企业需要拥有消化、吸收、开发和应用知识的吸收能力，主要源于企业在相关领域的技术研发经验和积累以及研发投入（Cohen and Levinthal，1990）；并且，挽留住原创团队并不意味着知识在组织内能够共享和转移，这需要组织内部各机构之间能够用共通的语言沟通，企业文化整合成为技术交流成功的关键（Porter，1989）。

在当今知识经济时代，科技的发展推动着技术的快速进步，知识的更新日新月异，企业通过跨国并购进行创新资源的整合，不只是为了提高技术水平、缩小与发达国家之间的差距，更重要的目的在于提升企业的创新能力以及应对外界环境变化的能力。通过资源整合，企业的知识基础、研发人才等创新资源更加丰富，成为稳定的、可持续的竞争优势来源，有助于企业准确预测外界环境的变化并快速做出反应（Hitt Harrison et al.，2002）、识别和开拓新机会（Cohen and Levmthal，1990）以及获取、转移、整合和运用新知识（Barney 1986），最终实现企业创新能力的提升。

## 二、创新环境改善

对于城市等具有高创新能级的区域而言，具有本地特色的经济活动的集中、创新型公司以及学研机构的集聚有助于丰富本地知识库、加强本地专业化水平（Malecki，1979）。作为创新要素的辐射源，该类区域是组织高效率生产、流通、消费和管理的重要纽带，往往也是创新人才和研发总部的集中地，有利于企业在此建立知识链接与合作关系（Hall，2000），凭借优越的创新环境成为创新最重要的发生地（Feldman，1994），对高土地产出率的要求客观上需要其占据产业价值链分工体系中附加值较高的创新环节，突破式创新多发生于此（Alfred and Tom，1992；Hall，2000）。对于后发企业而言，当技术的多样性、综合性与复杂性导致本地区域难以完全实现技术的供给时，有需要、有能力的企业不得不向区域外部寻求支持（林兰，2016）。后发企业一般位于发展中国家，与发达国家相比，周边的创新主体和创新资源等级较低，难以满足尖端企业对高等级合作伙伴的需求（吕国庆，2015）。但是，当后发企业试图进军国际市场时，常因产品技术含量低、品牌不被认可等原因进退维谷（Zhu and Zhu，2016），在试图建立合作关系时常受到文化风俗、社会制度等差异的阻碍。因此，企业不仅需要“走出去”，还需要真正“走进去”，嵌入国际技术中心之中，才能真正利用当地优越的创新资源。

创新主体不可能脱离所处的社会背景做出决策并采取行动，主体行为在一定的区域环境中、在社会互动中产生，而企业在多大程度上会受到创新环境的影响与企业在环境中的嵌入性有关（Granovetter，1985）。嵌入性可以从两个视角分析，一是企业嵌入于所在的关系网络中，创新行为受合作关系的影响；二是企业所构成的关系网络嵌入于由其构成的社会结构之中，受到来自社会结构的文化、信息等的影响（文婷等，2007）。前者的地域嵌入程度较低，对本地经济的贡献以及从本地获益的可能性也较低，例如，作为“飞地经济”的FDI强调简单的全球性联系，此类“移动性”投资将投资地标的为劳动力源泉和新兴市场，很难融入当地社会、文化环境之中，从本地获取有用信息、攫取有力资源、结交高质量伙伴的可能性也较低（王缉慈，2001）。嵌入性与本地空间尺度密不可分，但又不仅限于此。经济全球化背景下，基于全球价值链、全球生产网络跨区域建立的合作关系也有可能受到跨越“地方”尺度的制度文化影响（Hess，2004）。中国企业通过跨国并购将目标企业转化为自身组织机构的一部分，通过目标企业结构性嵌入当地创新环境之中的同时，也使母国企业基于组织合作关系跨越性的嵌入全球市场之中，为在更宽阔的全球化平台寻求知识与合作关系创造了良好条件。

中国企业基于技术寻求的目的进行跨国并购时，目标企业通常位于国际技术中心之中，跨国并购使企业在国外获得第二本土区域，企业与国际上处于高端位置的创新主体的邻近性有所改变。Boschma（2005）从节点间关系的内容或者功能的角度提出认知、组织、社会、制度和地理邻近性；认知邻近是指主体间拥有的知识基础相当，有能力向对方学习，并有所收获，有助于提高沟通的有效性；组织邻近是指同处于一个组织环境之中，组织内或组织间合作关系的共享程度，有利于降低合作的不确定性和机会主义行为；社会邻近是指微观角度上来看嵌入于社会之中的机构间关系，基于社会关系的高度信任有利于缄默知识的交流；制度邻近从宏观的制度框架出发，为合作与学习提供稳定环境；地理邻近是指主体间的空间集聚，基于制度厚度和根植性，合作的信任风险将降低，为知识尤其是隐性知识的流动提供了良好环境。跨国并购之后，双方企业同处于一定的制度或组织架构之中时，即使地理距离相距甚远，也可以借助短期旅行或网络视频低成本实现“暂时性邻近”（Torre and Ralle，2005）或“虚拟邻近”（Jönsson，2014），共同的认知能力、组织领导、社会联系和制度共识有助于知识的共享和合作的发生。同时，企业在第二国际本土区域与当地创新主体在区位上处于绝对邻近状态，他们在社会认知、人文历史、法律规范和要素成本上更容易达成一致，而基于目标企业的地缘、友缘和业缘关系更容易产生，主体间的信任成本、沟通成本更低，创新合作关系更容易建立。因此，邻近性虽无先决的区域边界，但是当主体通过并购与其他主体在知识认知、创新环境、组织架构等方面共享相似点时，“全球管道”就得以建立，创新合作行为更容易发生。因此，跨国并购通过改变与发达企业的邻近性，有力地解释了从地方到全球各种空间尺度创新联结的实现（Lorentzen，2010）。

## 三、技术权力升级

全球化背景下，以跨国公司为代表的领先企业，凭借雄厚的创新资源、经济实力和产业竞争力，在创新链条中拥有绝对的技术控制力，造成了网络结构的不均衡发展（Bathelt and Taylor，2002）。当企业之间、区域之间所拥有的技术在量和质上都存在显著差异时，不同企业的技术势能、技术影响力就各有不同，具有高价值、难以模仿等技术特征的企业在网络中的影响力变大，占据网络关键位置，具有技术领导、网络控制作用，其网络位置由网络关系中的技术权力来表征（景秀艳，2007；张云逸，2009）。

对于后发企业而言，由于起步较晚、技术积累较少的劣势，往往在网络中处于边缘地带，跨国并购是企业实行技术追赶、提升权力等级的捷径。网络权力由企业权力理论演变而来，技术权力反映了企业对网络权力结构的控制力（曾刚，2008）。张云逸（2009）对技术权力进行了系统分析（见图 4－5），指出当企业具有知识、技术等资源优势时，在网络中的核心领导地位有助于企业发生并维持强有力的网络联系，这种不对称的权力关系具有稀缺性、控制性、依赖性、等级性和动态性等特征（Dicken，2007；Yeung，2005）。跨国并购有助于企业实现技术权力的升级，对于企业保持技术优势、建立合作关系具有重要意义。

在技术作为核心生产要素的时代，在创新网络中，企业因网络位置的不同占据价值链的不同位置，边缘企业一般占据价值链低端环节，而核心企业以生产附加值较高的产品为主，占据价值链高端环节，对合作伙伴的创新能级要求很高并享有高度选择权。并购双方企业往往位于不同的区域环境和创新网络之中，通过跨国并购，主并企业成为双方创新网络的连接点，占据了网络之间的“结构洞”位置，并往往在本地产业集群中扮演技术守门员的作用，对于知识和技术在网络内的流通和扩散起到非常重要的作用（Martin and Sunley，2011）。如图 4－6 所示，相比于区域内部其他企业，技术守门员凭借自身资源和地位优势，拥有直接或间接获得外部知识的机会（张云伟，2013），进而在本地进行扩散和传播，成为影响网络拓张的关键节点（赵建吉，2011）。

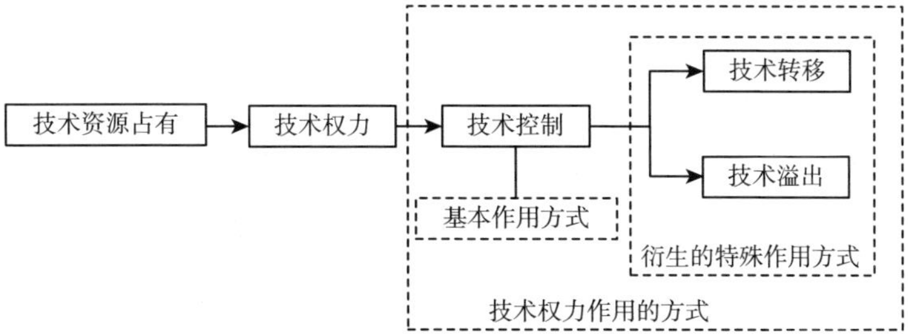


**图 4－5　技术权力作用的分析机制**

资料来源：张云逸．基于技术权力的地方企业网络演化研究［D］．华东师范大学，2009.

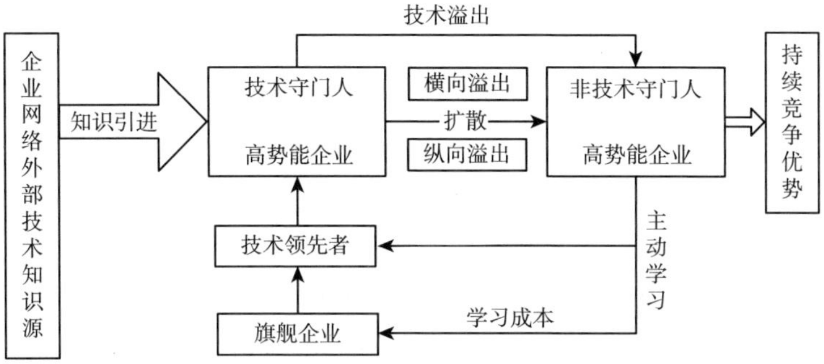


**图 4－6　技术守门员及其创新网络的构建**

资料来源：赵建吉．全球技术网络及其对地方企业网络演化的影响［D］．华东师范大学，2011.

# 第三节 基于跨国并购的全球—地方创新网络理论研究意义

基于全球—地方视角的相关研究多从创新主体互动的角度，探讨创新网络的主体构成、网络结构、空间格局及其演化，忽视了企业内部组织结构的变化对于企业获取信息、建立跨区域联系的重要作用。本书以中国工程机械产业为实证案例，关注企业跨国并购这一国际直接投资事件，从微观视角出发，探讨跨国并购对企业全球—地方创新网络的作用，旨在探索跨国并购对企业创新主体造成了什么影响？哪种类型的伙伴和创新空间更为重要？中国工程机械产业创新网络的基本形态和空间结构有何改变？跨国并购的作用阶段各有何特征？跨国并购驱动创新网络演化的实现路径是什么？通过实证研究充实经济地理学关于创新网络的理论体系，主要表现在以下三个方面。

## 一、论证企业组织结构变动对创新网络演进的作用

已有关于创新网络演化的研究中，多从企业等创新主体之间的关系出发，将基于地理距离、组织结构和认知水平等的多种邻近性视为建立创新联结、拓展创新网络的关键驱动力。但是，现有创新网络的研究在一定程度上忽略了企业内部创新能力的突变所造成的影响，尤其是企业组织结构的变动对于创新网络演进的重要意义。

跨国并购通过将被并购企业化身为自身子公司，直接造成企业组织结构的变动，本书结合合作专利数据与调研数据的深度分析，剖离出跨国并购这一关键要素，从微观视角探讨组织结构的扩张在创新网络的重要作用。期望通过研究来验证，跨国并购在改变企业组织结构的同时，对企业的创新资源、创新环境和网络地位有所影响，组织结构的扩张是创新网络演进的重要驱动因子。

## 二、拓展创新经济地理学的理论视角

国内外有关创新与跨国并购的研究多基于企业资源基础观和制度理论展开（陈珧，2016）。相对而言，国外有关跨国并购的研究起步较早，创新相关研究聚焦于跨国并购与创新绩效之间的关系、企业如何通过提高吸收能力来提升并购绩效以及后发国家、新兴经济体的跨国并购三个方面。而国内学者的研究主要聚焦在跨国并购后的企业整合、以吸收能力为特征的企业属性与并购绩效之间关系的探讨。

伴随企业创新迈向战略网络发展模式，网络已然成为企业创新的重要资源和实现路径，而创新网络的全球与地方之争进一步强化了空间视角对于企业创新研究的重要性。本书致力于对现有研究成果进行集成创新，在跨国并购的研究中注入经济地理学视角，从网络和空间的尺度探讨跨国并购对于企业创新网络的作用效果及实现路径，补充对经济地理学创新网络的理论研究的同时，以期在一定程度上也为跨国并购的管理学研究提供了新的思考方向。

## 三、分析跨国并购对中国工程机械行业创新网络的影响

在现有关于全球—地方创新网络的研究中，对不同创新主体之间的互动及对网络结构的作用尚不清晰，对不同空间尺度之间的关联及其内部作用机制的解释过于碎片化。与此同时，对于“走出去”的中国制造企业来说，探讨企业跨国并购这一国际直接投资行为，对企业创新网络的作用及实现路径，在战略合作创新模式成为企业升级关键的当代具有特别的意义。

基于此，本书希望通过多维度刻画与比对跨国并购前后中国工程机械制造业全球—地方创新网络的结构及空间特征，并发现创新网络家中实施创新、建立全球创新联结中最重要的主体，寻找创新合作中最重要的空间载体，挖掘沿海城市、省会城市等不同区域在全球与地方的互动中所起的作用，分析中国企业通过跨国并购是否实现了技术权力的升级、最终是否促进了全球—地方创新网络的升级。

## 第四节 本章小结

创新的实现是多尺度创新活动共同作用的结果，Rutten（2003）将创新活动在空间上进行分工，提出不同的任务由不同的企业在地方到全球的不同空间尺度上完成，网络的空间结构取决于创新在不同阶段的特征，基础研究在全球尺度实现，产品创新在本地尺度进行，设计创新则通过与区域尺度的主体合作完成，生产则是全球尺度的任务。同时，对于不同的产业而言，企业创新的空间尺度选择又有一定区别，外生型产业关键的创新知识多来源于国外跨国公司总部，而内生型产业在拓展全球市场的同时一般仍将本地区作为创新实施的重点区域。

在网络式的创新模式中，多尺度融合的创新活动共同促进了创新的实现，但是，全球—地方创新网络不同空间尺度的创新活动有何特征，如何相互作用，在经济全球化时代，企业内部决策与外部刺激如何促进网络结构与空间结构的演化，尚有待进一步探究。尤其是对处于不同发展阶段的国家而言，不同空间尺度的作用有所不同：对于发达国家而言，位处全球科技中心的当地创新网络是建立合作关系、实现创新的主要阵地，虽然也会通过输出 FDI 与发展中国家建立经济联系，但主要用于降低生产成本并拓展国际影响力；对于发展中国家而言，吸引外资是与发达经济体建立合作联系的重要途径，随着外来技术的引进以及自主学习能力的提高，开始逐渐通过绿地投资、跨国并购等方式“走出去”，在国际市场建立研发基地，但是出于文化、信任等问题，国内地区仍是实施创新最重要的地区。

基于以上不足，笔者将跨国并购这一企业发展战略引入经济地理学范畴，聚焦于“全球—地方创新网络的演化”这一问题，基于区域创新系统和全球创新网络等理论，以及实地调研、专利数据库两种实证形式，用鲜活的数据直观的探讨创新网络的主体结构、网络结构和空间结构，通过跨国前后的对比反映网络的演化情况；并结合案例分析，从多尺度融合的角度对创新网络演化的背景、作用路径进行理论剖析，用数据的可控性与调研的深入性相结合，避免与现实状况的偏差，以期准确的展示出创新网络演化的真实状况（王灏，2009；吕国庆，2015）。

工程机械产业属于技术密集、资本密集的组织型产业，产业链条长，技术设计领域广，产品朝智能化、多元化、低碳化趋势发展。中国工程机械产业为弥补技术差距、扩大国际市场份额，通过跨国并购等方式以期实现技术赶超。本书以 1985 ~2017 年中国工程机械产业合作专利数据，以及第十七、第十八、第十九、第二十届中国国际工业博览会、第六届中国国际机器人展（CIROS）以及 2016 年、2018 年上海宝马（bauma）展调研问卷和深度访谈为素材，探究跨国并购对中国工程机械产业全球—地方创新网络的主体、网络结构和空间结构造成的影响，以及创新网络演化的实现路径。

# 第五章

# 中国工程机械产业的跨国并购与创新网络

为了深入并准确地刻画跨国并购对中国工程机械产业创新网络的作用及实现机制，在进行规范的理论论证之外，还需要对研究对象——中国工程机械产业展开分析。本书试图超越创新网络的地方与全球之争，基于多空间尺度融合的视角，探讨跨国并购对企业创新联结的作用、演变规律以及实现机制，从而丰富经济地理学领域关于跨国并购与创新网络的相关研究。为了探索上述问题，为下文的实证分析奠定基础，本章节试图回答以下问题：中国工程机械产业的发展状况如何？工程机械企业进行跨国并购的动因是什么？

企业创新网络创建和拓展的过程就是在一定环境下寻找合作伙伴、建立合作联结的过程，同时受到企业属性、产业特性和区域根植性的影响（吕国庆，2015）。中国工程机械产业的跨国并购有其独有的特征，而跨国并购企业创新网络影响的研究受产业本身创新特征的影响。在对中国工程机械产业的发展特征和并购情况进行深入分析的基础上，本章节结合来自中国知识产权局和欧洲知识产权局的相关数据，对创新网络的整体特征进一步剖析，通过合作专利刻画并购企业的创新网络，来探索中国工程机械产业并购主体的创新网络呈现出怎样的网络格局和空间格局？跨国并购目标企业所在地又有哪些共同特征？

## 第一节

## 中国工程机械产业的发展概况

中国工程机械工业协会在2011年发布的《工程机械定义及类组划分》

中，对工程机械进行如下定义：概括地说，凡土石方施工工程、路面建设与养护、流动式起重装卸作业和各种建筑工程所需的综合性机械化施工工程所必需的机械装备，称为工程机械。作为装备工业的重要组成部分，工程机械的应用极为广泛，从农林水利建设、工业与民用建筑到国防建设，被视为与人类生活共存的“日不落”产业（邱洪华等，2012）。在中国，该行业主要包括建筑、交通机械与设备，主要产品有混凝土机械、起重机械、挖掘机、装载机等，产品特点是多品种、小批量，致力于解决两个基本问题：改善操作者的劳动条件；同时提高机器的生产率并降低工作损耗。

工程机械行业在国家经济中具有战略性的基础地位，作为工业领域的集大成者，完整的上下游配套工业线的支持对于产业发展至关重要。从产业链角度来看，工程机械作为一个综合水平很高的行业，产业链条很长，行业上游包括钢材制造（如钢铁、轴承、特种钢等）和零部件制造（如发动机、底盘）等，下游是建筑、房地产开发商、公路铁路等基础工程建设公司和矿产采掘公司，具有资本密集、组装生产、传统销售、投资拉动的产业特征。①工程机械产业发展与固定资产投资力度呈明显正相关关系，无论是建筑业还是交通类工程机械装备，企业在厂房、设备、材料、研发、人力等方面的成本都相当巨大，2006～2017年，中国工程机械产业主要企业固定资产投资超过1000亿元。②产品链条较长，属于组装型工业，有强烈的合作需求。由于产品结构复杂，对零部件要求较高，单个企业很难拥有整个生产环节，专业化分工的需求使得该产业经常进行对外合作（赵建华等，2007）。③工程机械的销售仍以传统的厂家直销和代理为主，电商等新型销售方式对于重工业产品尚不适用，因此，产业链合作关系对于企业的选择至关重要。④工程机械产业是典型的投资拉动型产业，直接受到全球经济发展、政府财政政策和基础建设投资等宏观经济的影响。

工程机械行业虽是一个传统行业，但从技术链角度看，工程机械产品作为生产工具，对于产品性能、人机互动要求较高，产品的技术含量高、生产工艺精密、组织过程复杂，属于技术密集型产业。工程机械以技术和功能为主导，与办公设备、家用电器和交通工具等产品相比拥有较为复杂的结构、更为裸露的产品构建、较为特殊的制作工艺和作业环境，对产品性能、造型设计均有较高的要求（李江泳，2014）。对于工程机械而言，定制性质的产品导致产业知识展现出复杂的综合性特征，经验学习（DUI）成为最重要的创新来源，近距离合作成为创新实现的主要方式（Jensen et al.，2007；Huenteler et al.，2016；林兰等，2017）。由于技术具有复杂、不易复制等特征，产业技术权力的等级性分明，企业更容易独享其创新成果，核心企业在选择合作对象、进行技术交易时具有较高的选择权，技术保密性较强，技术扩散渠道比较规范（Gereffi，1999）。

在基础建设中，新材料、新结构和新问题的不断涌现对工程机械产品提出新的要求，促使工程机械行业新技术不断涌现，技术变革不断升级。现代工程技术不仅需要具备集成化条件，更需要一定的智能条件，而从未来发展趋势来看，受益于信息化时代的技术变革和进步，智能化、机电信一体化产品是大势所趋，将对产品的技术含量提出更高的要求。

# 第二节 中国工程机械产业的跨国并购特征

随着“一带一路”倡议与“中国制造 2025”等的提出和实施，我国企业在全球化征程上不断推进，后金融危机时代背景下，全球经济的低迷催生了并购潮；同时，中国经济的稳步发展为中国工程机械产业提供了良好的成长环境，也催生了企业对更高端技术、更宽阔市场的需求，事实上，中国工程机械企业在跨国并购中的“弄潮”成果显著（曹晓东，2014）。

## 一、并购动因

经过几十年的发展，中国工程机械行业已初具规模，能够满足国内需求，并不断进军国际市场。2007 年，行业产品产销量远超美日，2009 年，行业销售收入居世界首位，已成为工程机械制造大国（周成成，2015）。伴随着中国经济的迅速发展，中国广阔的市场空间为工程机械产业的崛起提供了强大助推力。与此同时，国内市场的竞争愈发激烈，越来越多的公司在竞争中不断成长和超越，有能力追求更广阔的市场空间、更高端的核心技术以及更具有竞争力的产品和品牌。由于中国工程机械行业产品在欧美和日本的占有率非常低，行业领先企业率先开始国际化进程，从早期的绿地投资到后期的跨国并购，中国工程机械产业更偏好通过并购发达国家技术领先企业的股权或资产以实现国际扩张，以期通过并购实现技术升级，增强自身的核心竞争力，打开国际市场（王璐，2012）。

2008年以来，金融危机对欧美经济造成了严重打击，工程机械产业直接受到宏观经济环境的影响，国际市场的疲软使部分知名企业的运营举步维艰。例如，意大利CIFA公司、德国普茨迈斯特公司等，均拥有百年的深厚积淀、领导型的行业地位和极为宝贵的核心技术，但是，在金融危机的波及下，面临资金链断裂、后继乏人的困局，造成企业转手意愿强烈。与之形成鲜明对比的是，中国企业已经积累了一定的技术和市场优势，在一些领域拥有良好的知识基础，管理模式也日趋成熟；中国未来庞大的城镇化建设为工程机械业构建了强劲的潜在市场，创造出“中国机会”的概念；中国政府“四万亿计划”助力中国工程机械产业保持实力坚挺的状态，有能力支付巨额的并购成本。在全球经济一体化背景下，作为一种企业资源重新配置的方式，跨国并购契合了双方的需要。近些年来，中国工程机械企业的跨国并购在数量和规模上不断突破，例如，我国最大的工程机械制造商三一重工在2012年斥资3.24亿欧元收购德国著名工程机械公司普茨迈斯特（Putzmeister）90%的股权，创下新高（周成成，2015）。

## 二、产业并购现状

从国内外跨国并购来看，国外发达企业对跨国并购着手更早，动机也有所不同。例如，全球第一工程机械企业卡特彼勒20世纪80年代参与3次收购或持股，20世纪90年代高达18次，2010年第一季度完成5次收购，而中国的跨国并购多发生于21世纪，并购数量也相较甚少。发达国家对中国企业进行跨国并购时，垄断型行业、优质型行业和高开放度行业的龙头企业是其主要目标，部分企业甚至以必须控股、必须是行业龙头企业、未来预期年收益率必须高于15%的“三必须原则”为企业选择标准，并购行为伴随着行业垄断的可能性以及国有资产和民族品牌流失等问题。中国企业如三一重工和中联重科在实施跨国并购战略时，通常采取保留双品牌、细分市场划分、维持组织架构等措施实现双赢，以项目合作和建立合资公司等方式进行深入合作，具有极强的代表性。

首先，笔者以跨国并购、海外并购、对外并购为主题词，在中国知网平台搜索相关论文；在百度新闻查询工程机械产业进行跨国并购的有关新闻，寻找中国工程机械产业参与过跨国并购的企业；在中华人民共和国商务部网站上，交叉参考《境外投资企业（机构）名录》和《中国工程机械工业统计年鉴》，综上得到16家参与过跨国并购的中国工程机械企业。

其次，16家企业均属于中国工程机械产业的佼佼者，但是由于跨国并购有可能由企业的母公司或子公司主导，对于此种情况，根据并购实施主体以及并购后目标企业主要合作对象进行选择。例如，振华重工隶属于中国交通建设集团有限公司，在2010年并购美国F&G以及2016年并购荷兰Verspanen事件中，振华重工与中国交建均参与了具体并购细节，但是在并购之后，两个目标企业的主要合作行为由振华重工对接，因此，将这两个并购事件认定为由振华重工主导；而中联重科的若干次并购中，直接的并购实施由旗下子公司负责，但是后期合作均由中联重科母公司主导，因此，以母公司为主要研究对象；在此基础上，对于16家企业的跨国并购案例进行筛选，如表5-1所示，共发生41次跨国并购事件。

由于笔者未得到官方统计数据，仅根据网络信息进行查询，有可能在对工程机械行业的整体情况进行分析时产生一定偏差；但是，鉴于跨国并购对企业资本实力、品牌影响力等有较高要求，所获得的样本均通过排查2010~2017年排名前100的工程企业名录得到，因此，所得案例样本能够体现中国工程机械产业发展的概况。

表 5－1　中国工程机械产业跨国并购概况（1985～2017）

| 序号 | 并购企业名称（企业缩写） | 成立时间 | 所有制 | 城市 | 并购年份 | 被并购企业名称 | 被并购企业所在国家 |
|---|---|---|---|---|---|---|---|
| 1 | 中联重科股份有限公司（中联重科） | 1992 | 合资 | 长沙 | 2001 | Powermole | 英国 |
| 2 | | | | | 2008 | CIFA | 意大利 |
| 3 | | | | | 2013 | M－TEC | 德国 |
| 4 | | | | | 2014 | Raxtar | 荷兰 |
| 5 | | | | | 2015 | LADURNER | 意大利 |
| 6 | 三一集团有限公司（三一集团） | 1989 | 民营 | 长沙 | 2012 | Putzmeister | 德国 |
| 7 | 广西柳工集团有限公司（柳工集团） | 1958 | 国有 | 柳州 | 2012 | HSW | 波兰 |
| 8 | 徐州工程机械集团有限公司（徐工集团） | 1989 | 国有 | 徐州 | 2010 | AMAC | 荷兰 |
| 9 | | | | | 2011 | FT | 德国 |
| 10 | | | | | 2012 | Schwing | 德国 |
| 11 | 山河智能装备集团（山河智能） | 1999 | 民营 | 长沙 | 2016 | AVMAX | 加拿大 |
| 12 | 株洲南车时代电气股份有限公司（南车时代） | 2005 | 合资 | 长沙 | 2008 | Dynex | 英国 |
| 13 | | | | | 2011 | Delkor | 澳大利亚 |
| 14 | | | | | 2013 | E＋M | 德国 |
| 15 | | | | | 2015 | SMD | 英国 |

续表

| 序号 | 并购企业名称（企业缩写） | 成立时间 | 所有制 | 城市 | 并购年份 | 被并购企业名称 | 被并购企业所在国家 |
|---|---|---|---|---|---|---|---|
| 16 | 中国国际海运集装箱（集团）股份有限公司（中集集团） | 1980 | 合资 | 深圳 | 2016 | Briggs | 英国 |
| 17 | | | | | 2013 | Ziegler | 德国 |
| 18 | | | | | 2012 | Ziemann | 德国 |
| 19 | | | | | 2003 | Hpa Monon | 美国 |
| 20 | | | | | 2007 | BURG | 荷兰 |
| 21 | | | | | 2016 | Retlan | 英国 |
| 22 | 福建泉工股份有限公司（泉工集团） | 1979 | 民营 | 泉州 | 2014 | ZENITH | 德国 |
| 23 | | | | | 2016 | Zenith | 奥地利 |
| 24 | 雷沃重工股份有限公司（雷沃重工） | 1998 | 民营 | 潍坊 | 2014 | ARBOS | 意大利 |
| 25 | | | | | 2014 | MaterMacc | 意大利 |
| 26 | | | | | 2015 | Goldoni | 意大利 |
| 27 | 太重煤机有限公司（太重煤机） | 1950 | 国有 | 太原 | 2011 | Valley Longwall | 澳大利亚 |
| 28 | | | | | 2012 | REI | 美国 |

续表

| 序号 | 并购企业名称（企业缩写） | 成立时间 | 所有制 | 城市 | 并购年份 | 被并购企业名称 | 被并购企业所在国家 |
|---|---|---|---|---|---|---|---|
| 29 | 潍柴控股集团有限公司（潍柴集团） | 1946 | 国有 | 潍坊 | 2009 | Moteurs Baudouin | 法国 |
| 30 | | | | | 2012 | Ferretti | 意大利 |
| 31 | | | | | 2012 | Linde Hydraulics | 德国 |
| 32 | | | | | 2012 | Kion Group | 德国 |
| 33 | | | | | 2016 | Dematic Corp | 美国 |
| 34 | 北方重工业集团有限公司（北方重工） | 2007 | 国有 | 沈阳 | 2007 | NFM | 法国 |
| 35 | | | | | 2016 | The Robbins Company | 美国 |
| 36 | 上海振华重工（集团）股份有限公司（振华重工） | 1992 | 国有 | 上海 | 2010 | F&G | 美国 |
| 37 | | | | | 2016 | Verspanen | 荷兰 |
| 38 | 中国交通建设集团有限公司（中国交建） | 2006 | 国有 | 北京 | 2015 | John Holland | 澳大利亚 |
| 39 | | | | | 2017 | Concremat | 巴西 |
| 40 | 中信重工机械股份有限公司（中信重工） | 1993 | 民营 | 洛阳 | 2011 | GandaraCensa | 西班牙 |
| 41 | 浙江鼎力机械股份有限公司（浙江鼎力） | 2005 | 民营 | 湖州 | 2017 | CMEC | 美国 |

## 三、并购企业特征

基于以上分析，可以发现中国工程机械产业的跨国并购呈现以下三个特征：

1. 从企业类型看，如图 5－1 所示，国有企业是中国工程机械产业最重要的主体，有 7 个国有企业参与 18 次跨国并购，企业数量和并购次数均占比最高；民营企业逐渐崛起，企业规模逐渐变大，企业数量与国企相仿，但是企业竞争实力仍有待加强，并购数量相差国企一倍之多，足显企业竞争实力的不足；合资企业在数量上不占优势，但竞争实力很强，三个企业共进行了 17 次国际扩张。

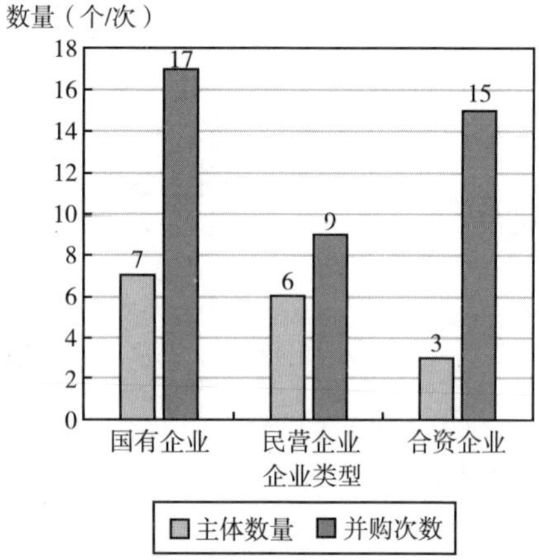


**图 5－1　中国工程机械产业不同类型企业的跨国并购**

资料来源：作者自绘。

2. 从跨国并购发生的时间演变来看，中国工程机械产业的发展波动直接影响跨国并购的趋势，跨国并购滞后于产业变动。从图 5－2 中可以发现，在 2006 年之前，该产业无论是工业总产值还是跨国并购数量都较少；2007 年起，国际金融危机与国内政策刺激扰乱了所处区域工程机械行业的正常发展节奏，2011 年，中国工程机械行业的工业总产值在经济投资推动下达到顶峰，跨国并购随之在 2012 年也达到高峰；之后，中国工程机械产业进入冷静期，产业发展趋于平缓甚至有所下降，跨国并购的数量稳定性也相对较差，该产业的国际化进程趋于理性，但是仍在2016年达到高峰，也反映了中国工程机械产业竞争实力的实质性提升。

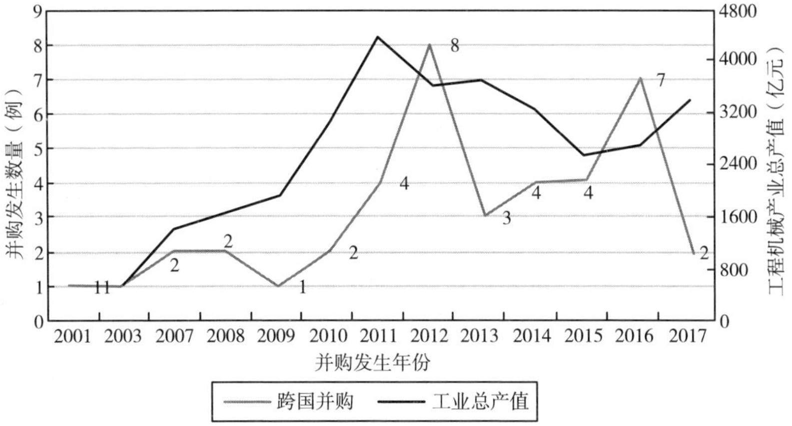


**图5-2　中国工程机械产业的跨国并购与产业发展演变**

资料来源：中国机械工业年鉴编辑委员会；中国工程机械工业协会. 中国工程机械工业统计年鉴［J］. 北京：机械工业出版社，2004~2018.

3. 从跨国并购主体所在城市的角度来看，拥有跨国并购需求和能力的企业主要来自中国工程机械产业集中地区、中国创新资源富集地区以及中国沿海地区。一方面，如表5-2所示，跨国并购活动较为频繁的长沙、潍坊、深圳和徐州地区分别拥有中联重科和三一集团、山东重工、中集集团和徐州重工等大型工程机械产业，拥有悠久的工程机械产业发展历史和深厚的工业积淀。这些地区作为中国工程机械产业的领导地区，对全球工程机械产业发展趋势有非常灵敏的嗅觉，在国际化战略上展现出更高的热情，跨国并购成为其进行国际直接投资的重要方式。另一方面，北京和上海地区是中国经济最发达的地区，虽然第三产业是经济的主体，但是两地均拥有充足的人才资源以及丰富的高校、研究所等优质研发组织，成为中国最重要的创新源泉（方创琳，2015），是中国交建及其旗下振华重工所在地，对创新更高的需求促进了企业跨国并购的推进。

表 5－2　　中国城市在工程机械领域的跨国并购企业数量及并购次数（1985～2017）

| 序号 | 城市 | 企业数量 | 并购次数 |
|---|---|---|---|
| 1 | 长沙 | 4 | 11 |
| 2 | 潍坊 | 2 | 8 |
| 3 | 深圳 | 1 | 6 |
| 4 | 徐州 | 1 | 3 |
| 5 | 北京 | 1 | 2 |
| 6 | 泉州 | 1 | 2 |
| 7 | 上海 | 1 | 2 |
| 8 | 沈阳 | 1 | 2 |
| 9 | 太原 | 1 | 2 |
| 10 | 湖州 | 1 | 1 |
| 11 | 柳州 | 1 | 1 |
| 12 | 洛阳 | 1 | 1 |

由表 5－2 可知，并购企业的空间分布集中在东部地区，尤其是长株潭、柳州和徐州等老工业基地，以及沿海的山东、长三角、珠三角地区，已成为中国工程机械产业跨国并购的重要实践地区。

## 四、并购对象特征

中国工程机械产业的企业在进行跨国并购时，所选择的并购对象均具有历史悠久、在细分领域拥有极高地位和独有技术的特征。基于技术型跨国并购的国际直接投资行为中，被并企业所在地区展现出一定的规律。如表 5－3 所示，德国、美国和意大利等国，均拥有经济实力强大、工程机械发展历史悠久、专业技术水平高、国际品牌认可度极高等共同特征，也因此成为发展中国家寻求技术支持和技术超越的重要对象。

表 5-3　　中国工程机械产业跨国并购目的国的空间分布（1985~2017）

| 排序 | 并购目标所在国 | 并购发生次数 |
|---|---|---|
| 1 | 德国 | 10 |
| 2 | 美国 | 6 |
| 3 | 意大利 | 6 |
| 4 | 英国 | 5 |
| 5 | 荷兰 | 4 |
| 6 | 澳大利亚 | 3 |
| 7 | 法国 | 2 |
| 8 | 奥地利 | 1 |
| 9 | 巴西 | 1 |
| 10 | 波兰 | 1 |
| 11 | 加拿大 | 1 |
| 12 | 西班牙 | 1 |

根据跨国并购发生的变化趋势，可以将工程机械产业的跨国并购分为三个阶段：2006 年之前的萌发阶段，2007~2013 年的动荡阶段，以及 2014 年至今的调整阶段。如表 5-4 所示，在发展初期，中国工程机械产业竞争力尚低，跨国并购属于领先企业国际化战略的试水行为，美国和英国等开放度较高的企业成为首要选择伙伴；在动荡阶段，金融危机带来全球经济的萧条，具有极佳口碑、高端品质与全球顶尖技术的德国企业成为中国同行的首要目标。同时，西班牙等经济快速发展地区也成为中国企业拓展国际市场的重要目的地；在调整阶段，中国工程机械行业从“四万亿”的刺激中冷静下来，进一步稳定实施国际化战略，而随着德国等国家对中国企业的跨国并购逐渐产生警惕并加以排斥，意大利、美国和英国等开放度和发展水平较高国家成为并购的主要对象。

表 5-4　　中国工程机械产业不同阶段的目标国家选择

| 国家＼阶段 | 2006 年之前 | 2007～2013 年 | 2014～2017 年 |
|---|---|---|---|
| 英国 | 1 | 1 | 3 |
| 美国 | 1 | 2 | 3 |
| 荷兰 | | 1 | 1 |
| 法国 | | 2 | |
| 意大利 | | 2 | 4 |
| 德国 | | 9 | 1 |
| 澳大利亚 | | 2 | 1 |
| 西班牙 | | 1 | |
| 波兰 | | 1 | |
| 加拿大 | | | 1 |
| 奥地利 | | | 1 |
| 巴西 | | | 1 |

# 第三节

## 中国工程机械产业的创新网络

### 一、数据获取与处理

Yin（2009）对研究方法进行总结后指出，当所研究的问题需要从全新视角切入并深入探讨“怎么样”和“为什么”的问题时，进行案例研究的目的在于归纳理论，而非寻求大样本统计规律，这对于深入探讨某一现象、归纳理论具有重要价值。由于案例研究属于非抽样的研究，因此在进行案例选择时，应将判断抽样方法和理论抽样结合使用，不需要遵守抽样归类和法则，具有足够特殊性和典型性的案例即符合要求（Robert K. Yin，1994；何志毅，柯银斌，2010）。基于选定样本与研究主题高度相关的原则，已经获得中国工程机械产业 16 个企业所完成的 41 个并购案例事件。

专利作为企业专属的战略性成果，是度量企业科技创新水平的可靠指标（Acs，2001），而合作发明专利成为企业进行创新合作最直接、最有效的方式。本书选取专利联合申请授权量这一指标来衡量企业创新网络（Kim and Park，2013；吕国庆，2014）。鉴于浙江鼎力在 2017 年进行了第一次并购，因并购时间距研究时间节点较近而无法准确判断并购对企业的影响，将此并购案例删除。因此，在实证研究中，研究对象为 15 个企业所进行的 40 次并购事件。

通过跨国并购，企业有机会获取知识技术、优化资源配置以及减少市场竞争等路径实现企业整体创新能力的提升，而不只限于企业的某个部门（应郭丽，2013）。因此，本书以工程机械产业为例来探索企业的创新网络时，在中国知识产权局官网（SIPO），对 15 家中国工程企业及其子公司的所有中文专利进行了查询；同时，以中国企业的英文名称为搜索词，在 SIPO 和欧洲知识产权局（EPO）分别进行搜索；针对被并购的外国企业，直接在 EPO 进行搜索。本书数据处理的工作始于 2018 年 3 月，并于 2019 年 8 月份进行再次补充；由于中国专利从申请到授权最多需要 18 个月的时间，截至 2019 年 8 月，2018 年及之后的数据并不完整，基于此，本书将研究时间范围划定为 1985 年至 2017 年。针对获得的数据，处理步骤如下：

首先，获得合作申请专利。①由于创新网络的主体是企业、高校、研究所等组织单位，而实际申请专利的主体有可能是工程师等个人主体，因此，需要对已有数据库中的申请人进行筛选，只保留含有组织单位的专利；②由于研究主题是创新网络，需要筛选出具有合作关系的专利，因此，以申请人为筛选标准，筛选出至少含有两个申请人的专利数据；③将中英专利加以整合，删除只存在语言表达差异、但专利内容全相同的重复数据，以及文字相似而非目标搜索企业的数据；④针对被合并的国外企业，以并购时间为准，将并购之后所产生的专利数据归类为并购企业的专利之中。最终得到符合条件的合作专利数据共 12890 条。

其次，获得主体信息。①通过查询企业、高校、研究所等官方网站以及各搜索平台获得各主体所有权、属性、成立年份、所处城市等基本信息；②通过查询企业、学校和研究所的官方网站或政府官方注册信息对主体数据进行二次确认，其中，企业属性包括国有企业、民营企业、中外合资企业、位于中国的外资企业以及位于外国的外企五种；③根据每一个合作专利中产生的合作关系，通过对比各主体所处的城市、省份和国别，将每一对合作关系在空间上进行划分，将发生于本市之内的合作视为市内合作，发生于本市之外、本省之内的视为省内合作，发生于本省之外、本国之内的视为国内合作，发生于本国之外的视为海外合作。

对于有跨国并购活动的中国工程机械企业，通过用合作专利衡量其创新网络，发现15个企业所组成的创新网络中，含有1130个创新主体，其中包括海外主体56个。15个企业的创新能力与合作情况各有不同，具体如表5－5所示。可以发现，专利是中国工程机械产业创新成果的重要实现形式，其中，北方重工、雷沃重工和福建泉工的专利联合研发能力较弱，中集集团、中国交建和南车集团的创新能力最为突出。

**表5－5　中国工程机械产业并购企业的创新合作情况（1985～2017）**

| 企业名称 | 所有制 | 首次并购时间（年） | 合作专利数量（个） | 合作主体数量（个） | 合作关系数量（对） | 城市/国家数量（个） |
|---|---|---|---|---|---|---|
| 中集集团 | 合资 | 2003 | 4398 | 172 | 10637 | 58 |
| 中国交建 | 国有 | 2015 | 2607 | 387 | 5678 | 80 |
| 南车集团 | 国有 | 2008 | 1973 | 307 | 3922 | 77 |
| 中联重科 | 合资 | 2001 | 1375 | 42 | 2728 | 22 |
| 三一集团 | 民营 | 2012 | 620 | 49 | 1220 | 22 |
| 柳工集团 | 国有 | 2012 | 577 | 21 | 1383 | 16 |
| 振华重工 | 国有 | 2010 | 362 | 68 | 691 | 29 |
| 中信重工 | 民营 | 2011 | 354 | 15 | 715 | 8 |
| 潍柴集团 | 国有 | 2009 | 189 | 34 | 341 | 15 |
| 山河智能 | 民营 | 2016 | 157 | 16 | 310 | 11 |
| 太重集团 | 国有 | 2011 | 137 | 18 | 224 | 8 |
| 徐工集团 | 国有 | 2010 | 120 | 41 | 228 | 17 |
| 北方重工 | 国有 | 2007 | 9 | 16 | 22 | 7 |
| 雷沃重工 | 民营 | 2014 | 8 | 7 | 16 | 6 |
| 福建泉工 | 民营 | 2014 | 4 | 10 | 8 | 2 |

## 二、创新网络的主体

中国工程机械产业起步较晚，从创新网络的视角可以略窥一斑。中国知识产权局对专利的系统统计始于 1985 年，如图 5-3 所示，中国工程机械产业中有跨国并购行为的企业所组成的创新网络中，1998 年起专利合作研发行为才开始出现，2005 年起才开始出现稳步增长，2011 年起才呈现迅速提升态势。合作专利代表的创新网络规模逐步扩张，与此同时，合作关系衡量的网络联结增长速度稍缓，网络联结发生次数则上升迅速，在创新网络不断扩张的同时，网络的整体联系强度相对下降，但已有合作关系的发生频率更高。

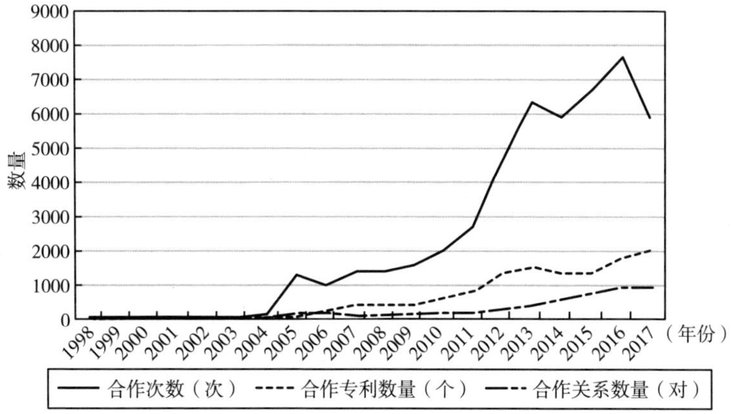


**图 5-3　中国工程机械产业并购企业创新网络演化趋势（1985～2017）**

资料来源：作者自绘。

从创新网络的主体结构来看，不同主体属性在网络中的重要程度有所差异。如图 5-4 所示，在中国工程机械产业中有跨国并购行为的企业所组成的创新网络中，国有企业，凭借较强的政策优势、深厚的创新累积和较大的市场份额，成为最重要的创新主体，民营企业其次，两者分别占总数的 40.88% 和 25.40%；创新网络中其他主体占据了 1/3 的体量，其中，合资企业数量超过 1/10，高校和研究所其次，学研机构在工程机械产业的研发活动中合计占据了 14.69% 的主体比例，而外资和外企合计比例不足

10%。工程机械产业具有资本密集、技术密集的特征，产业的发展直接受到国家宏观经济的影响，企业作为创新最重要的实现主体（Lin et al.，2011；Wang and Lin，2013），拥有政府政策和基金优势的国有企业作为最重要的产业主体成为必然，而所有制改革促进了民营经济的蓬勃发展，合资企业作为中外知识交流的重要中介组织，三者共同构成了中国工程机械产业创新网络最重要的主体。

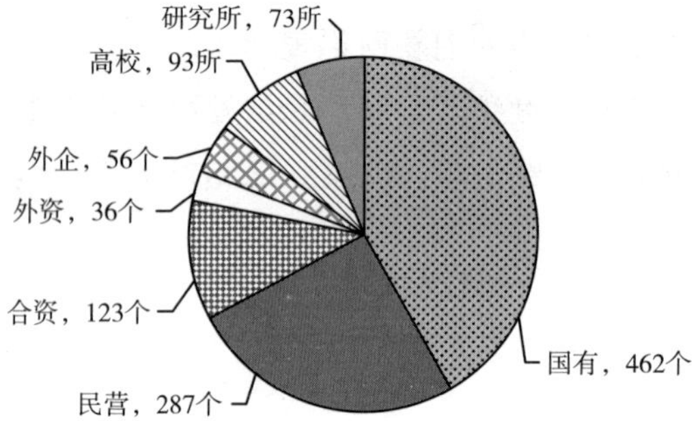


**图 5－4　中国工程机械产业并购企业创新网络主体结构（1985～2017）**

资料来源：作者自绘。

从创新网络主体不同侧面的创新表现来看，创新主体的数量优势并不总与创新绩效和创新能力成正比。如表 5－6 所示，国有企业虽然以 462 个企业数量在网络主体中占据最大比例，民营企业在企业数量上比合资企业多 165 个，但是两者在合作专利发明以及合作频次方面却明显弱于合资企业；合资企业凭借 10.88% 的数量参与了将近 40% 的专利合作，平均每一个主体拥有 3.39 个合作伙伴、参与研制了 51.15 个专利、对外合作将近 160 次；而国有企业平均拥有的伙伴数量为 2.66 个、发明专利数量只有 12.89 个、对外合作行为只有 39.99 次，民营企业表现更差，平均拥有的伙伴数量为 2.07 个、平均发明专利数量为 7.99 个、对外合作次数仅为 16.93。因此可以判断，国有和民营企业虽然规模较大，但创新能力相对合资企业较弱，合资企业已经成为工程机械产业创新网络中创新能力最强、创新产出最高、网络联系最强的主体。

在创新网络中，不同创新主体在选择合作伙伴时的倾向有所差异，会受到多方面的影响，具有共同所有制结构、相似发展环境和成长历史的主体更容易建立合作关系。如图 5－5 所示，首先，所有制相同的主体因共同的发展源起更容易基于社会和组织邻近建立合作关系（曾德明等，2014），对于所有制属于中国的国有和民营企业而言，他们之间的合作成为创新主要的实现方式；而合资与外资企业都具有海外背景，将合资企业视为最重要的合作对象，对创新伙伴有相仿的选择；外企也将外企与合资视为最重要的合作对象。其次，国有和民营企业在选择产学研合作伙伴时，会受到经济体制、基金导向和伙伴创新能力的影响，国有企业与研究所具有天然

表 5－6　　中国工程机械产业并购企业创新网络主体平均创新能力对比（1985～2017）

| 主体类型 | 主体数量 | 合作专利数量 | 合作关系数量 | 合作次数 |
|---|---|---|---|---|
| 国有 | 462 | 12.89 | 2.66 | 39.99 |
| 民营 | 287 | 7.99 | 2.07 | 16.93 |
| 合资 | 123 | 51.15 | 3.39 | 159.13 |
| 外资 | 36 | 27.83 | 2.22 | 51.33 |
| 外企 | 56 | 3.57 | 1.32 | 6.71 |
| 高校 | 93 | 7.09 | 2.75 | 9.46 |
| 研究所 | 73 | 14.15 | 2.70 | 24.53 |

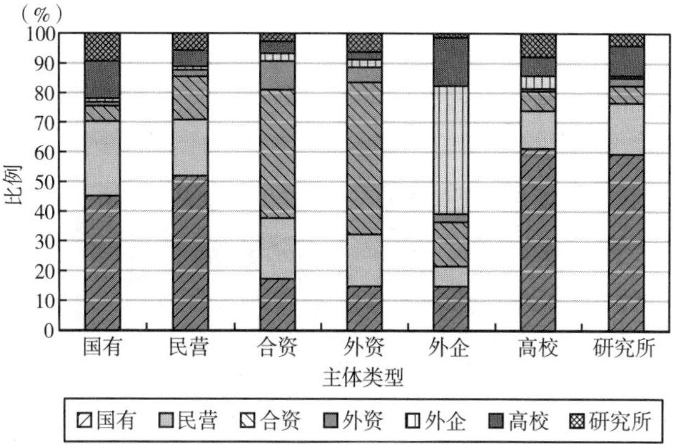


图 5－5　中国工程机械产业并购企业创新网络主体合作伙伴选择偏好（1985～2017）

资料来源：作者自绘。

的政府背景，而民营企业与高校的灵活性较高，有研究表明，相对于和研究所的合作，民营企业更偏好于高校的合作，国有企业则给予研究所更多的重视（王秋玉等，2016）。但是，本书研究发现，在中国工程机械产业创新网络中，对于国有和民营企业而言，两者相对于研究所对高校的选择指数依次是1.33和1.03，高校始终都是企业最重要的合作伙伴，证明了高校在国家创新系统中地位的升级以及国有经济灵活度的提高。

## 三、创新网络结构

### 1. 网络格局

中国工程机械产业中有并购行为的企业所形成的创新网络中，拥有1330个创新主体，如图5－6所示，在此利用Ucinet软件来展示中国工程机械产业并购企业创新网络主体之间的拓扑合作关系，其中，节点大小表示各主体的中间中心度，而线条的粗细和颜色均代表两节点之间合作数量的多少。从图中可以发现，该网络呈现出为非均匀的等级式结构，个别主体在网络中占据重要地位，成为其他主体合作关系争相选择的重要合作伙伴，有些主体则呈现明显的小团体现象，如中交集团及其集团内部的振华重工等企业。

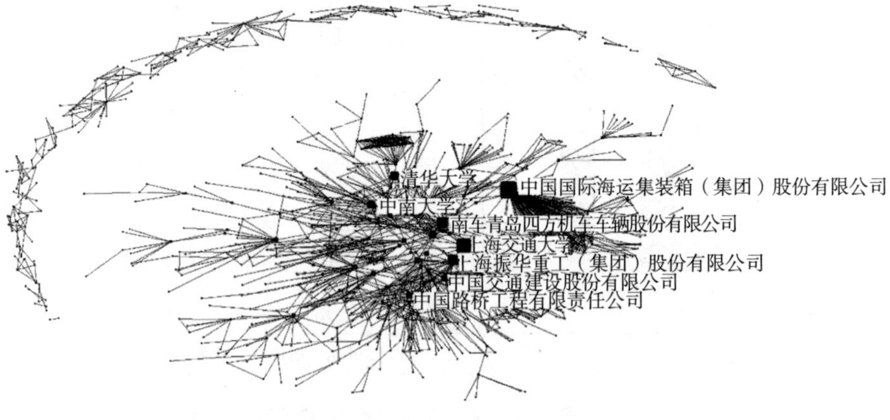


**图5－6　中国工程机械产业并购企业创新网络主体合作拓扑图（1985～2017）**

资料来源：作者自绘。

结合表中指标数据，发现中国工程机械产业并购企业的创新网络存在以下特征：①网络整体拥有较好的创新绩效，1330个创新主体中，平均每个主体参与合作了9.69个专利，合作研发专利总数高达12890个；②网络内部的平均联通水平较低，网络密度只有0.037，主体联结到其他任一主体平均需要经过5.506个主体进行传递，网络内部建立的合作关系较少；③网络呈现典型的中心边缘结构及集聚特征，基于距离的凝聚力指数仅有5.21，成员数量不少于3的派系高达344个，而核心边缘指数为0.5381。整体看来，在创新网络中，极少数的主体发明了大量专利、建立大量合作关系，他们的强强联合加强了网络的等级式结构和模块化特征，而很多企业因参与专利合作数量较少，稀释了网络整体密度的同时，进一步降低了网络的平均连通水平。在此，基于中心度指标，对处于核心地位的相关主体进一步加以辨识并进行分析，如表5-7和表5-8所示。

**表5-7　中国工程机械产业并购企业创新网络结构指标**

| 指标 | 网络规模 | 平均度 | 平均距离 | 网络密度 | 凝聚力指数 | 派系 | 核心—边缘指数 |
|---|---|---|---|---|---|---|---|
| 数值 | 1330 | 3.297 | 5.506 | 0.037 | 5.21 | 344 | 0.5381 |

**表5-8　中国工程机械产业并购企业创新网络核心主体的点度中心度**

| 序号 | 主体名称 | 绝对点度中心度（Degree） | 相对点度中心度（NrmDegree） |
|---|---|---|---|
| 1 | 中国国际海运集装箱（集团）股份有限公司 | 6406 | 0.008 |
| 2 | 中集集团集装箱控股有限公司 | 1578 | 0.002 |
| 3 | 中联重科股份有限公司 | 1349 | 0.002 |
| 4 | 中集安瑞科投资控股（深圳）有限公司 | 997 | 0.001 |
| 5 | 广西柳工机械股份有限公司 | 841 | 0.001 |
| 6 | 烟台中集来福士海洋工程有限公司 | 811 | 0.001 |
| 7 | 中集车辆（集团）有限公司 | 756 | 0.001 |
| 8 | 中交第一航务工程局有限公司 | 669 | 0.001 |

续表

| 序号 | 主体名称 | 绝对点度中心度（Degree） | 相对点度中心度（NrmDegree） |
|---|---|---|---|
| 9 | 中交天津航道局有限公司 | 648 | 0.001 |
| 10 | 南通中集特种运输设备制造有限公司 | 646 | 0.001 |
| 11 | 中交第二航务工程局有限公司 | 644 | 0.001 |
| 12 | 中交天航港湾建设工程有限公司 | 550 | 0.001 |
| 13 | 中交天航环保工程有限公司 | 547 | 0.001 |
| 14 | 中交天航滨海环保浚航工程有限公司 | 547 | 0.001 |
| 15 | 南通中集罐式储运设备制造有限公司 | 526 | 0.001 |
| 16 | 湖南三一智能控制设备有限公司 | 508 | 0.001 |
| 17 | 柳工常州机械有限公司 | 491 | 0.001 |
| 18 | 中交天津港航勘察设计研究院有限公司 | 491 | 0.001 |
| 19 | 柳州柳工挖掘机有限公司 | 481 | 0.001 |
| 20 | 中交天航南方交通建设有限公司 | 472 | 0.001 |

首先，在创新网络中，主体拥有的直接联系反映了主体在局部环境内的网络权力，用绝对点度中心度表示，而 Freeman（1979）提出了用主体的实际度数与网络中主体最大可能度数之比来消除网络规模对中心度的影响，用相对点度中心度表示。如表 5－8 所示，点度中心度较高的主体拥有以下特征：①企业在网络中占据核心地位，拥有最多的直接联系，排名前 20 的核心主体全部为企业主体；②以中集集团为代表的合资企业、以中国交建为代表的国有企业在网络中占据关键位置，其中，以中国国际海运集装箱（集团）股份有限公司的地位最为突出，拥有近万个直接联系，占据绝对的核心位置。

其次，在创新网络中，如果主体处于多个网络路径之上，说明“处于这个位置的个体可以通过控制或者曲解信息的传递而影响群体”（Freeman，1979），体现了主体对资源控制的程度，用中间中心度表示。Burt（1992）曾指出，如果两个主体之间没有直接联结，必须通过其他主体实现联系，就说这两个主体之间存在“结构洞”，而结构洞的存在使得联系两者的第三者扮演了中间人的角色，因此，中间中心度反映了企业作为结构洞的重要程度。如表 5 –9 所示，桥接能力较强的主体具有以下特征：①企业对资源仍有较强的控制能力，以中集集团为代表的合资企业、以中国交建为代表的国有企业在桥接能力上表现突出；②高校虽然在主体数量、创新能力和资源控制方面都表现欠佳，但是，合作伙伴多样化水平极高，为主体之间的联系建立了桥梁作用，占据重要的结构洞位置，有 8 个高校位列前 20 名。

**表 5 –9　　中国工程机械产业并购企业创新网络核心主体的中间中心度**

| 序号 | 主体名称 | 绝对中间中心度（betweenness） | 相对中间中心度（nbetweenness） |
|---|---|---|---|
| 1 | 中国国际海运集装箱（集团）股份有限公司 | 124216. 188 | 19. 473 |
| 2 | 上海交通大学 | 106460 | 16. 69 |
| 3 | 南车青岛四方机车车辆股份有限公司 | 72423. 086 | 11. 354 |
| 4 | 上海振华重工（集团）股份有限公司 | 68134. 477 | 10. 681 |
| 5 | 清华大学 | 55977. 684 | 8. 776 |
| 6 | 中南大学 | 47480. 75 | 7. 443 |
| 7 | 中车青岛四方机车车辆股份有限公司 | 45026. 328 | 7. 059 |
| 8 | 中国路桥工程有限责任公司 | 36476. 324 | 5. 718 |
| 9 | 中国交通建设股份有限公司 | 35051. 988 | 5. 495 |
| 10 | 同济大学 | 29865. 697 | 4. 682 |
| 11 | 西南交通大学 | 27543. 742 | 4. 318 |
| 12 | 中交第一公路勘察设计研究院有限公司 | 27165. 082 | 4. 259 |
| 13 | 中国铁路总公司 | 27068. 879 | 4. 244 |
| 14 | 浙江大学 | 26576. 148 | 4. 166 |
| 15 | 中交第一公路工程局有限公司 | 25012. 809 | 3. 921 |
| 16 | 中交隧道工程局有限公司 | 24689. 914 | 3. 871 |

续表

| 序号 | 主体名称 | 绝对中间中心度（betweenness） | 相对中间中心度（nbetweenness） |
|---|---|---|---|
| 17 | 中交第一航务工程局有限公司 | 23943.857 | 3.754 |
| 18 | 中交四航工程研究院有限公司 | 23134.623 | 3.627 |
| 19 | 哈尔滨工业大学 | 22688.598 | 3.557 |
| 20 | 中交第四公路工程局有限公司 | 20701.436 | 3.245 |

点度中心度刻画了局部的中心指数，测量网络中行动者自身的联结能力，中间中心度则考察了主体控制资源的能力。综合以上分析可知，中集集团和中国交建在创新网络中占据最重要的位置，而高校的结构洞地位也不可忽视。

### 2. 空间结构

创新主体均位于一定的城市区域中，不同的区域创新环境有所差异，从创新主体的空间分布来看，如表 5－10 所示，有以下三个特征：①并购企业所在地是最重要的创新区域，其中，拥有中集集团总部的深圳处于城市创新层级的顶级，29 个创新主体参与了 4016 个专利研发，与 37 个城市建立了合作关系；拥有三一重工、中联重科、山河智能的长沙居次，而北京、上海、天津地区的创新表现也较为突出；②并购企业所在城市群的其他区域也呈现较高的创新绩效，例如，珠三角的东莞地区、京津冀的天津地区、长三角的常州和南通地区、长株潭的株洲地区、青岛城市群的青岛和烟台地区等，也位于城市创新能级的第二等级；③沿海地区创新密度相对更高。总体来看，中国工程机械产业并购企业所形成的创新网络空间分布极不均匀，整体呈现从沿海到内陆逐步递减的趋势，而深厚的产业基础、丰富的创新资源和开放的创新环境成为企业创新的重要外部驱动力。

创新主体在不同空间尺度选择合作伙伴时会受到多种因素影响：对于创新资源富集地区的主体，基于地理邻近即可寻找到合适的创新伙伴，而对伙伴有较高需求的主体，则有可能跨越地域，在更远的全国甚至全球尺度寻找创新资源（司月芳，2017；吕国庆，2016）。在中国工程机械产业并购企业的创新网络中，如图5－7所示，空间尺度按照重要性排序依次是国家尺度、市级尺度、省级尺度和海外尺度。Sternberg（2000）也曾指出，在相似的政策、文化和制度环境下，随着交通和通信成本的下降，较宽广范围的国家尺度已成为创新合作最重要的空间载体。与此同时，地理邻近的重要性在寻找合作伙伴的过程中仍不可忽视（赵炎等，2016）。

**表5－10　中国工程机械产业并购企业创新合作前10城市的空间分布（1985～2017）**

| 排序 | 城市名称 | 主体数量 | 合作专利数量 | 合作城市数量 |
|---|---|---|---|---|
| 1 | 深圳 | 29 | 4016 | 37 |
| 2 | 长沙 | 28 | 2059 | 20 |
| 3 | 北京 | 153 | 1549 | 47 |
| 4 | 上海 | 98 | 1238 | 31 |
| 5 | 天津 | 48 | 966 | 23 |
| 6 | 常州 | 15 | 925 | 11 |
| 7 | 南通 | 11 | 812 | 9 |
| 8 | 东莞 | 5 | 784 | 16 |
| 9 | 株洲 | 32 | 609 | 18 |
| 10 | 青岛 | 24 | 585 | 21 |

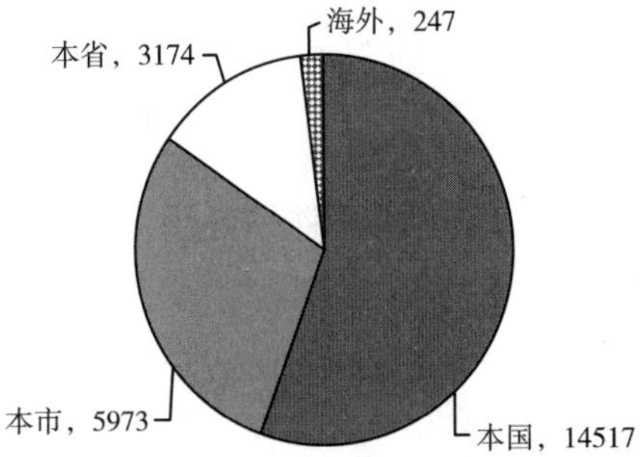


**图5－7　中国工程机械产业创新网络的空间尺度分布（1985～2017）**

资料来源：作者自绘。

企业对创新伙伴的选择受创新环境、企业创新需求和地理邻近性等多方面的影响，创新网络在地理空间上呈现明显的层级式特征，如图 5 - 8 所示。从创新网络的空间合作来看，合作主要发生在并购企业所在城市群内部及城市群之间，以深圳为中心的珠三角城市群成为最受青睐的合作对象，与京津地区、长三角地区和青岛城市群之间存在大量的研发合作，长三角地区作为次重要的创新区域，与京津地区、柳州地区也合作紧密；从创新网络的空间联通来看，以深圳为中心的珠三角地区仍是最重要的创新区域，其与青岛城市群、长三角城市群和京津地区之间形成了有力的合作通道且重要性依次下降，沿海地区相对于内陆拥有明显优势。

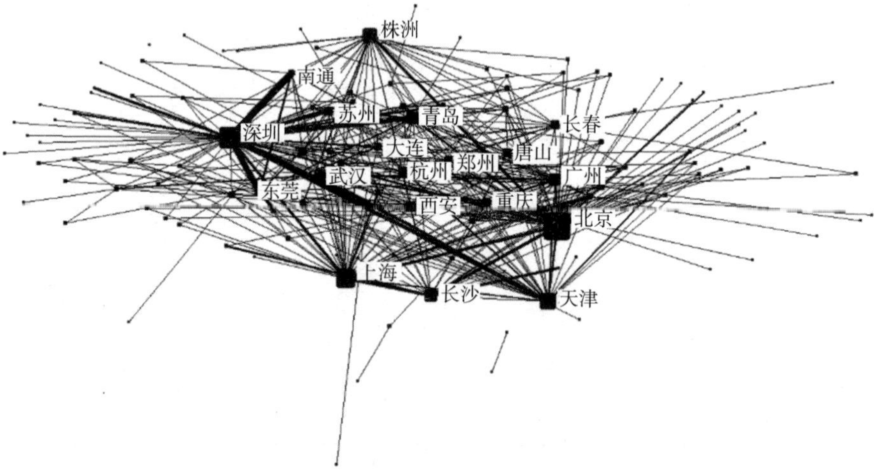


**图 5 - 8　中国工程机械产业创新网络的城市合作网络（1985 ~ 2017）**

资料来源：作者自绘。

事实上，长三角地区以及烟台和深圳这些沿海城市区域，不仅在国内创新网络中成为重要的创新基地，在全球与地方的互动中也起到关键的联结作用，如表 5 - 11 所示。同时可以发现，以德国、瑞典、英国为代表的工程机械行业发达国家不仅成为我国企业海外并购的目标寻找地，也已成为中国参与全球创新合作的重要基地。

表 5-11　中国工程机械产业跨国并购的空间分布（中国和全球）

| 外国国家名称 | 合作对象（城市/国家） | 合作次数 |
|---|---|---|
| 德国 | 德国 | 70 |
| 德国 | 沙特阿拉伯 | 44 |
| 瑞典 | 烟台 | 16 |
| 英国 | 株洲 | 16 |
| 日本 | 日本 | 15 |
| 澳大利亚 | 北京 | 13 |
| 法国 | 法国 | 10 |
| 英国 | 深圳 | 8 |
| 瑞典 | 深圳 | 8 |
| 德国 | 深圳 | 7 |
| 意大利 | 长沙 | 7 |
| 美国 | 天津 | 5 |
| 德国 | 上海 | 5 |
| 德国 | 英国 | 2 |
| 澳大利亚 | 德国 | 2 |
| 伦敦 | 株洲 | 2 |
| 德国 | 株洲 | 2 |
| 美国 | 深圳 | 2 |
| 日本 | 上海 | 1 |
| 德国 | 长沙 | 1 |
| 日本 | 扬州 | 1 |
| 英国 | 扬州 | 1 |
| 日本 | 英国 | 1 |
| 澳大利亚 | 烟台 | 1 |
| 新加坡 | 烟台 | 1 |
| 美国 | 美国 | 1 |
| 德国 | 美国 | 1 |

续表

| 外国国家名称 | 合作对象（城市/国家） | 合作次数 |
|---|---|---|
| 德国 | 日本 | 1 |
| 意大利 | 意大利 | 1 |
| 美国 | 株洲 | 1 |
| 日本 | 重庆 | 1 |

# 第四节 本章小结

本章节针对中国工程机械的产业发展、跨国并购进行分析，发现工程机械产业具有独特的产业特征，具有极强的跨国并购案例代表性，其对于并购对象及投资空间的选择体现了中国独特的市场经济背景以及国际机械工业发展的态势。本章节得到的主要结论如下：

①工程机械产业具有资本密集和技术密集的产业属性，易受宏观经济环境和技术发展水平的影响。中国工程机械产业虽起步较晚，但受益于中国城镇化的快速发展，产业实力增长明显、技术进步迅速，21 世纪初的金融危机使欧洲等老牌工程机械企业陷入资金危机，而中国政府的经济刺激政策为企业并购提供了大力支持，技术型跨国并购已成为中国制造企业实现技术赶超和国际化扩张的重要途径。

②中国工程机械产业的跨国并购中，产业发展会直接影响并购行为的选择，跨国并购滞后于产业变动；在所有产业主体中，国有企业是中国工程机械最重要的产业并购主体，而合资企业的并购能力最强；拥有跨国并购需求和能力的企业主要来自中国工程机械产业集中地区、中国创新资源富集地区以及中国沿海地区。

③在中国工程机械产业的跨国并购中，并购企业主要位于中国的工程机械老工业基地以及沿海发达地区，其中，国有企业的参与度最高，而合资企业的并购能力最强；同时，德国、美国、意大利等工程机械极为发达的国家成为中国企业寻找跨国并购目标的重点搜索区域。

中国工程机械产业进行跨国并购的企业均属于中国该产业的领头企业，其所组成的创新网络反映了中国机械行业创新的整体情况。本章节基于合作专利数据，对中国工程机械产业跨国并购企业的创新网络进行探究，主要得到以下三个方面的结论：

①从创新主体来看，企业是创新网络中最重要的主体，高校和研究所起辅助作用，其中国有企业的数量最多，但合资企业的创新能力和创新绩效最高，这与并购主体的情况相一致。

②从网络结构看，呈现典型的层级式结构，核心主体参与发明了绝大部分的专利，处于边缘区域的主体创新能力极弱，高校创新能力虽然较低，但是占据了网络中关键的结构洞位置。

③从网络的空间格局来看，并购主体所在区域是创新实现最重要的地区，这些区域之间存在大量的研发合作，以深圳、长三角和青岛城市群区域的创新绩效最为显著，国外的欧美地区之间的合作、国外与沿海地区的合作是全球创新合作的主要实现方式。

# 第六章

# 跨国并购对中国工程机械产业创新网络的影响

工程机械产业的创新需要大量的人员、设备、资金支持，涉及一定的基础知识、共性知识以及基于产品适用环境的知识整合。学术论文和专利同为学术研究中创新网络的重要衡量指标，但发明专利作为探讨知识共享以及研发合作最为直接和有效的方式，更适用于装备工业类创新合作网络的度量（Hagedoorn and Cloodt，2003；李丹丹，2012；陈伟等，2012；吕国庆等，2014）。本章节以中国工程机械产业联合申请的发明专利为数据源，通过对比并购前后的专利合作网络特征，旨在探究跨国并购的作用效果，来分析跨国并购如何影响企业创新网络的主体构成和企业创新源有何改变，不同空间尺度的重要性是否变化，网络结构以及空间结构如何变动。

## 第一节 数据与方法

### 一、数据获取与处理

针对15个企业的合作专利数据，为了探索跨国并购对企业创新合作的作用，在此将专利数据进行阶段划分。对于15个企业，以企业第一次并购发生年份为划分标志，将第一次并购发生之前的合作专利作为并购前专利，将该年份及之后的合作专利作为并购后专利。如表 6－1 所示，在 15 个样本企业中，企业的属性和并购时间不同，以专利数量、合作主体、合作关系为衡量标准的创新网络规模差异很大：例如，同为国有企业，中国交通建设股份有限公司所参与的创新网络专利数量高达 2607 个，而北方重工只有 9 个；中信重工和太重集团同在 2011 年进行第一次跨国并购，但是在并购前的专利数量相差甚多，前者是后者的十倍有余。

**表 6－1　　　跨国并购前后各样本企业的专利合作信息**

| 企业名称 | 首次并购年份 | 合作专利数量 | | 合作主体数量 | | 合作关系数量 | | 城市数量 | |
|---|---|---|---|---|---|---|---|---|---|
| | | 并购前 | 并购后 | 并购前 | 并购后 | 并购前 | 并购后 | 并购前 | 并购后 |
| 中集集团 | 2003 | 6 | 4392 | 3 | 169 | 2 | 10635 | 2 | 56 |
| 中国交建 | 2015 | 187 | 2420 | 82 | 305 | 104 | 5574 | 24 | 56 |
| 南车集团 | 2008 | 108 | 1865 | 54 | 253 | 163 | 3759 | 16 | 61 |
| 中联重科 | 2001 | 0 | 1375 | 0 | 42 | 0 | 2728 | 0 | 22 |
| 三一集团 | 2012 | 184 | 436 | 19 | 30 | 17 | 1203 | 7 | 15 |
| 柳工集团 | 2012 | 165 | 412 | 11 | 10 | 12 | 1371 | 9 | 7 |
| 振华重工 | 2010 | 6 | 356 | 6 | 62 | 6 | 685 | 3 | 26 |
| 潍柴集团 | 2009 | 3 | 186 | 3 | 31 | 2 | 339 | 3 | 12 |
| 中信重工 | 2011 | 193 | 161 | 9 | 6 | 15 | 700 | 3 | 5 |
| 太重集团 | 2011 | 18 | 119 | 2 | 16 | 1 | 223 | 1 | 7 |
| 徐工集团 | 2010 | 7 | 113 | 7 | 34 | 5 | 223 | 3 | 14 |
| 山河智能 | 2016 | 145 | 12 | 6 | 10 | 7 | 303 | 3 | 8 |
| 北方重工 | 2007 | 1 | 8 | 2 | 14 | 1 | 21 | 2 | 5 |
| 福建泉工 | 2014 | 0 | 4 | 0 | 10 | 0 | 8 | 0 | 2 |
| 雷沃重工 | 2014 | 6 | 2 | 4 | 3 | 2 | 14 | 4 | 2 |

为了避免企业个体差异所造成的巨大差异，本书以 15 个企业所发生的共同事件——第一次跨国并购——为界限，将所有企业并购前的专利进行合并，获得中国工程机械产业并购企业在并购前的创新网络数据，并对并购后的专利做同样处理。通过对比并购前后两个阶段的创新网络数据，来探究跨国并购对创新网络的作用；统计获得中国工程机械产业并购前后的

专利数量、参与专利合作的主体数量、不同空间尺度的创新合作等数据，如表 6－2 所示。

**表 6－2　　跨国并购前后中国工程机械产业的专利合作信息**

| | 专利数量 | 主体数量 | 合作关系数量 | 合作次数 | 本市合作 | 本省合作 | 本国合作 | 海外合作 |
|---|---|---|---|---|---|---|---|---|
| 并购前 | 1219 | 227 | 346 | 2490 | 676 | 52 | 1416 | 346 |
| 并购后 | 11650 | 1043 | 1633 | 21421 | 4795 | 3115 | 7497 | 6014 |
| 整体 | 12867 | 1131 | 1877 | 23911 | 5471 | 3167 | 8913 | 6360 |

在工程机械产业的发展历程中，本书获得进行过跨国并购的 15 个样本企业。对数据的筛选、整合和进一步处理均采用 python 编程语言在 visual studio code 编辑器中完成，具体操作流程均遵循标准的编程步骤和准则，图 6－1 展现了编程过程中的一个操作截面。

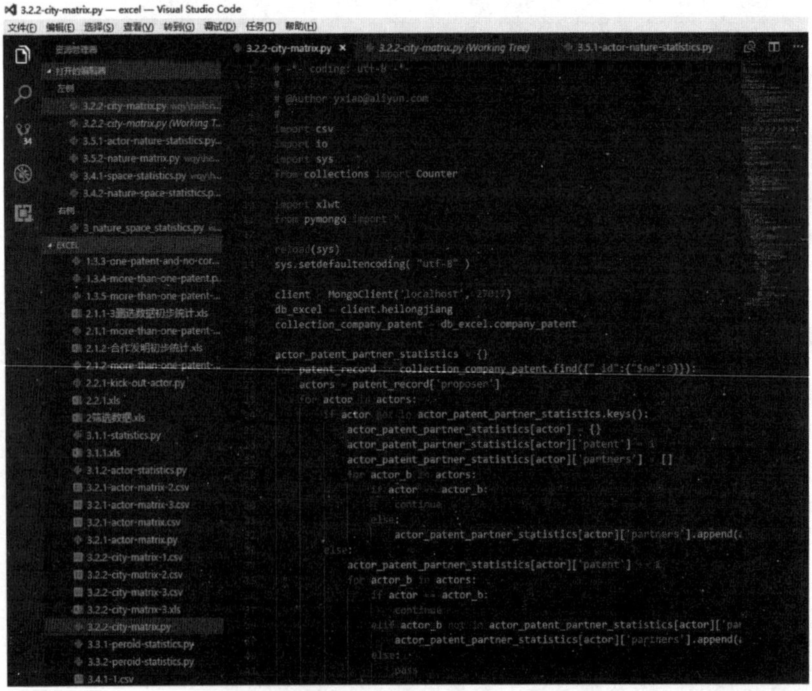


图 6－1　Python 编程语言在 visual studio code 编辑器的操作示意图

## 二、研究方法

本书采用静态和动态分析相结合的研究方法：静态分析方面，笔者系统总结和归纳了不同类型工程机械产业创新网络的行为主体、网络结构，基于来自 SIPO 的专利合作数据，运用社会网络软件 UCINET、Gephi 和空间分析软件 ArcGIS 的网络可视化分析，对创新网络进行具体表征，基本步骤包括获取数据、确定节点、网络边界、节点联系方式、获取合作信息和分析网络链接等方面（王灏，2009），刻画创新网络的拓扑结构；在动态分析方面，针对跨国并购前后中国工程机械产业在创新主体、网络结构、空间结构的差异，总结和提炼创新网络不同阶段的网络和空间特征等，对复杂数据集进行深入分析。

### 1. 社会网络分析法

社会学理论将社会视为网络的几何体，社会网络中包含节点及节点之间的关系，在此选择常用的软件 UCINET 和 Gephi 软件。借助该方法，将创新网络中的主体当作节点，将创新合作联结当作节点关系，将创新合作的拓扑结构利用 UCINET 软件进行可视化表达，对节点属性和网络属性进行探讨，来反映节点自身的创新能级、对外合作能力和在网络中的桥接作用以及网络的整体绩效和网络结构。

在社会网络分析中，将网络主体数量用 $n$ 表示，将网络中联结关系数量用 $m$ 表示，将第 $i$ 个主体的实际对外联结数量用$k_i$表示；那么网络中有可能存在的最大联结关系数量，即 $m$ 可能的最大值为$\frac{n(n-1)}{2}$，任一主体有可能存在的最大对外联结数量，即$k_i$可能的最大值为（$n-1$）。

（1）中心性分析。

Ucinet 软件可以从局部视角对创新个体进行分析。作为网络分析的重要指标之一，中心性可以分析网络个体在网络中处于怎样的中心地位。Freeman 总结的有关中心性的量度指标中，点度中心性（Degree Centrality：DC）和中间中心性（Betweenness Centrality：BC）对于衡量个体的网络地位具有重要意义。

①点度中心度（DC）：点度中心度是指与节点有直接关系的网络绩效，节点度的大小反映了度中心性，直观反映该节点在网络中与其他节点直接联系的可能性大小，刻量的是局部中心指数。节点的度中心值越大，与其他主体发生创新合作关系的可能性越高，创新更为活跃。其中，绝对点度中心性，即是节点的度数$k_i$；相对点度中心度，是点的绝对中心度与网络中所有节点最大可能的度数之比，即

$$DC = \frac{1}{n-1}k_i \tag{6-1}$$

②中间中心度（BC）：中间中心度是指一个主体通过其他主体之间相连的最短路径上占据中间人位置，用所有合作联结中的最短路径经过节点的次数来衡量，体现了主体为网络中其他主体充当“中介”角色的程度，中间中心度值越高，主体的控制、中转和衔接功能就越强。用节点$j$和$k$之间存在的捷径数目用$g_{jk}$表示，其中经过点$i$的捷径数目用$g_{jk}(i)$表示，第三个点$i$对$j$、$k$之间交往能力的控制用$b_{jk}(i)$表示，则可以得到$b_{jk}(i) = \frac{g_{jk}(i)}{g_{jk}}$。

对于点$i$而言，其绝对中间中心性即是该点相应于网络中所有点对的中间度之和，即

$$BC_i = \sum_{j}^{n}\sum_{k}^{n} b_{jk}(i), \quad j \neq k = i, 且 j < k \tag{6-2}$$

由于对创新网络的衡量以直接联系为主要研究对象，而不是点之间的捷径，在此不考虑接近中心度。

（2）网络结构分析。

首先，当从整体角度对创新网络进行衡量时，网络规模反映了网络节点数量、合作关系数量的多少，网络密度是网络中各节点间关系的紧密程度，对网络整体进行最直观的衡量；核心—边缘结构体现了网络的等级性或扁平化程度，拟合优度越高，表示网络的核心—边缘结构越加明显，反之，则说明网络呈现扁平化状态。其次，深入分析网络结构的内部因素，主要有平均路径长度和模块化系数，前者反映了网络中任意两个节点实现联结需要通过几个主体方能实现，后者反映了网络的派系及模块化特征。

①网络规模：反映了企业所处的创新网络在专利和参与主体各方面的

扩张水平，网络节点即是参与创新的主体，而网络节点之间的联系即是创新主体之间的合作联结，分别用 $n$ 和 $m$ 来表示。

②网络密度（$d(G)$）：描述了一个图中各个点之间关联的紧密程度，指的是一个网络的凝聚力的总体水平。这个概念试图对线的总分布进行汇总，以便测量网络图完备性程度，是指在图形中实际存在的线与可能数量的线的比例，密度值介于 0 和 1 之间，值越接近 1 则代表彼此间关系越紧密；

$$d(G) = 2m/n(n-1) \tag{6-3}$$

其中，$m$ 为协同创新网络中的合作联结数量，$n$ 为参与协同创新合作的主体数量。网络密度是实际存在的关系总数除以理论上最多可能存在的关系总数

③核心—边缘结构拟合优度（$R^2$）：网络中各个节点的创新能力和合作强度有所差异，创新能力较强、合作联系较多的主体更容易在网络中占据中心位置。当网络的核心—边缘结构非常明显时，拟合优度较高，更接近于1；当网络处于扁平化状态时，拟合优度趋近于0。

$$R^2 = \frac{1 - RSS}{TSS} \tag{6-4}$$

④平均路径长度（$L$）：反映了网络的小世界特征，是指任意两个节点之间的距离的平均值，直观反映了网络整体的可达性强弱。即

$$L = \frac{\sum_{i \neq j} d_{ij}}{N(N-1)} \tag{6-5}$$

⑤凝聚子群：凝聚子群是一种社会结构研究，反映网络中不同个体之间的一致性和同质性。Collins（1988）强调凝聚性在社会网络分析中的重要性，孤立的和紧密关联的群体构成了派系。在派系中，一般至少包括三个节点，任何两个节点都存在合作关系。

### 2. 空间网络分析法

网络是由点、线二元关系构成的系统，依据网络拓扑关系，通过考察网络元素的空间及属性数据，将网络中的社会合作关系在地理空间上表现出来，可以反映人类活动如何按一定目标选择达到最佳效果的空间位置。

在专利合作创新网络中，参与专利合作研发的创新主体落址于一定的地理位置，将主体的研发合作关系在地图上进行展示，可以分析创新网络的空间特征。经济地理学界对创新网络的研究多从主体构成、空间格局及网络结构等方面展开（李丹丹等，2015；汪涛等，2011），分析单元多以省级层面为主，较为粗糙。基于此，作者在此将创新主体、合作关系及空间尺度等信息进行深化，从更微观的视角深入探讨创新网络的演化（王秋玉等，2017）。

本书利用来自中国知识产权局（SIPO）和欧洲知识产权局（EPO）的专利合作数据，将创新主体之间的合作关系在表格中用主体所在城市（或国家）之间的联系表示出来，将创新合作的社会关系用地理空间信息加以展示，用以描绘跨国并购前后中国工程机械产业创新网络的空间结构。

## 第二节

## 跨国并购对中国工程机械产业创新网络主体的影响

对于进行过跨国并购的企业而言，跨国并购之后，由其组成的中国工程机械产业创新网络规模明显扩张，主体数量从227个增加到1043个，创新合作关系数量从346对增加到1633对。跨国并购改变网络规模的同时，对主体结构也造成了显著影响。

### 一、主体结构

在跨国并购之前，各企业的国际化程度较低，国家的对外开放程度有限，“走出去”和“引进来”战略都处于起步阶段，合资和外资企业所起的作用很小；民营企业由于其本身创新决策的灵活性、国内市场的带动性以及自身的资本积累，国有企业因受国家采购的便利性、创新转型的需求以及强大的资本支撑，都有需求也有能力参与创新合作，国有企业是最重要的创新主体，民营企业紧接其后，两者合计参与了超过65%的合作专利。在跨国并购之后，伴随着创新主体数量的激增，主体的构成也有所差异，如表6-3所示，并购后，中国工程机械产业的创新网络主体，无论是科研机构与企业对比、中外对比还是各类企业的对比，都存在明显变化。

表6-3 跨国并购前后中国工程机械产业创新主体构成

| 指标 | 阶段 | 国有 | 民营 | 合资 | 外资 | 外企 | 高校 | 研究所 | 合计 |
|---|---|---|---|---|---|---|---|---|---|
| 主体数量 | 并购前 | 110 | 48 | 21 | 6 | 8 | 25 | 9 | 227 |
| | 并购后 | 427 | 254 | 122 | 35 | 55 | 82 | 67 | 1042 |
| 专利数量 | 并购前 | 657 | 530 | 133 | 24 | 23 | 222 | 237 | 1826 |
| | 并购后 | 5302 | 1764 | 6158 | 978 | 177 | 439 | 796 | 15614 |
| 关系数量 | 并购前 | 220 | 165 | 32 | 9 | 7 | 49 | 32 | 514 |
| | 并购后 | 1073 | 448 | 412 | 78 | 73 | 215 | 170 | 2469 |
| 合作次数 | 并购前 | 1871 | 2147 | 256 | 25 | 30 | 276 | 375 | 4980 |
| | 并购后 | 16605 | 2711 | 19317 | 1823 | 346 | 604 | 1416 | 42822 |

首先，企业和科研机构作为创新的两大主体，前者是创新的实践者和主要推动者，后者为前者提供基础支撑和创新人才。从表6-3可以发现，并购前后的企业和研究机构分布比例悬殊，企业始终是最重要的创新主体，产业链合作是最重要的创新合作选择，而高校和研究所等学研机构在中国工程机械产业创新网络中一直处于较弱的地位，只起辅助作用。在跨国并购之后，学研机构的地位进一步下降，在主体数量、合作研发的主体、所建立的对外合作关系与合作发生次数等各方面的指标都有所下降，主体数量占比从14.98%下降至14.30%，所参与的合作专利比例从25.14%下降至7.91%，相比之下，企业在跨国并购之后参与的专利合作次数超过90%。因此，企业作为创新网络构建的核心主体（Giuliani，2007；Wang et al.，2012；Wang and Lin，2013），跨国并购强化了企业的国际化地位，而工程机械行业知识的综合性特征决定了工艺创新相对于产品创新的重要性，并且产品定制是该产业生产的重要内容，基于“干中学”的生产实践和产业链合作起主导作用，跨国并购扩展了产业链的长度，增加了国内企业与更多产业链内外合作伙伴进行创新互动的机会，强化了产业合作伙伴的重要性（Asheim，2005；叶琴，2015）。

其次，从企业所有制类型来看，不同企业的重要性有所差异。强大的经济实力及政府支持为国有企业进行跨国并购减少了障碍，如表 5-1 和图 6-2 所示，有能力进行跨国并购的企业中，国有企业的数量最多，在跨国并购之前，国有企业凭借 48.46% 的企业数量、35.98% 的专利数量在创新网络中占据绝对主导地位，参与的合作次数略逊于民营企业，所建立的合作关系占比却高达 42.80%，在网络中建立起较为广泛的合作联结；跨国并购之后，国有企业虽在主体数量上仍拥有一定优势，但是重要性明显下降，在合作关系建立、合作次数两方面均弱于合资企业，专利数量占比下降至 33.96%。企业并购活动是双方企业基于市场自由化原则所达成的契约（Fuller，2002；Masulis，2007），而在中国，国有企业的并购会受到地方政府的影响（潘红波，2008），当"政府掠夺之手"为了实现政治目标对企业加以干预时，将产生"并购绩效悖论"，不利于企业在国际环境中充分利用市场资源（Shleifer and Vishny，1994；1998），虽然所有企业在跨国并购之后均有不同程度的提升，但是国有企业提升的速度相对较慢，这从创新地位的下降略见一斑。

民营企业的重要性在跨国并购之后显著下降，企业数量占比虽变化不大，创新绩效却迅速下滑，所参与的专利数量从并购前的 29.03% 下降至 11.30%，而合作次数占比从 43.11% 下降至 6.33%。改革开放 40 多年来，随着国企改革不断深入，民营企业已经成为国民经济的重要组成部分，"国退民进"的发展形势下，具有自由市场属性的民营企业迅速崛起，但是在企业经营发展过程中，相对于国有企业仍然面临融资困难、经济实力不足、政策管制等劣势（赵伟等，2004；刘寅龙等，2013），企业数量提升的同时，创新能力未能实现同步的增长。

值得注意的是，跨国并购加速了企业的国际化进程，由外国资本参与投资的合资企业创新重要性显著提升。跨国并购之后，合资企业的主体数量从 9.25% 上升至 11.71%，而合作专利数量比例从 7.28% 飙升至 39.44%，合作次数占比则从 5.14% 激增至 45.11%，以合作专利数量为指标的创新绩效来看，合资企业在并购后已成为最重要的创新主体。一方面，这得益于一些企业在诞生时即存在的国际化基因，中集集团就是典型案例。中集集团于 1980 年 1 月创立于深圳，由招商局与丹麦宝隆洋行合资成立，初期由宝隆洋行派员管理，目前由国有控股的中远集团和招商局集团管理，其与生俱来的国际化和国有基因为其近些年跨国并购行为及创新能级的提升提供了深厚基础。另一方面，国际工程机械产业已将成立合资公司这一方式作为其进入中国市场的主要战略，是中国企业被动选择的结果。不同类型的企业进入中国时所采用的策略有所差异，而国际工程机械产业的发达企业瞅准了中国市场高端工程机械产品的缺失，为深入控制中国市场，未简单的采取出口和全球采购、项目制投入等常规方式，而是普遍选择通过成立合资公司来实施控制战略（左传鸿，2011）。同时，中国在市场空间、人力成本、政策扶持、税收优惠等方面的吸引力也助推了合资公司的崛起和发展。

最后，由外国企业在中国和海外独资建立的外资企业和外国企业，在跨国并购之后的创新重要性也有一定提升。首先，外资企业的主体数量提升了6倍，所参与的合作专利从47个增长至1155个，专利数量占比从2.57%上升至7.40%。外国企业在创新网络中的重要性最弱，但是在跨国并购之后有所改善，外企数量从8个增长至55个，参与专利数量从23个增长至177个，所建立的合作关系占比则从1.36%增长至2.96%，与创新网络主体的联结能力也显著提升。

总的来说，跨国并购之后，合资企业成为最重要的创新网络主体，国有和民营企业的重要性均有所下降，而建立于中国的外资企业和位于海外的外企的重要性则显著提升。创新主体重要性的改变是国家政策和经济环境与并购后更开放的国际环境相互作用的结果。

## 二、主体创新能力

跨国并购之后，中国工程机械产业创新网络的主体结构发生了显著变化，而决定因素在于主体创新能力的改变。对于同一类型的创新主体而言，平均专利数量反映主体的一般创新能力，平均关系数量反映主体的关系构建能力，平均合作次数则代表主体的对外联结能力。如表6-4所示，通过对比主体数量与三个指标，可以综合判断跨国并购对企业创新能力的作用。

首先，从参与创新合作的主体数量来看，跨国并购之后，所有主体的数量都出现明显的增加，企业中合资与外资企业数量的增加最为显著，科研机构中研究所参与度明显提升，而合资、国有与民营企业依次成为最重要的创新主体，研究所与高校其次，外资和外企最后。但是，主体的创新产出能力在并购前后变化很大，与主体数量也形成显著对比，跨国并购之后，合资企业、外资企业、国有企业和研究所的平均创新能力都显著提升，合资企业增长最为显著，企业平均的合作专利产出从6.33个上升至50.48个，一跃成为网络中创新能力最强的主体；外资企业的平均创新产出从4个增加至27.94个，单位企业的专利创新能力位列第二；主体数量排名第一的国有企业，平均发明专利数量虽有所增加，但在并购后只有12.42个。在并购之后，平均创新水平下降的主体有民营企业、高校以及外国企业，其中，民营企业是所有企业中下降最为明显的主体，平均创新水平从11.04个减少至6.94个，甚至弱于研究所11.88的平均数量，而外国企业的创新产出最低，只有3.22个。由此可以得出：合资企业的参与数量显著提升，虽然总数少于国有和民营企业，但是合资企业的平均创新能力非常强，创新产出无论是整体的合作专利创新还是单位产出都名列前茅，并且远高于其他企业，而民营企业出现了明显下滑。

**表6-4　跨国并购前后中国工程机械产业创新网络主体创新能力**

| 指标 | 阶段 | 国有 | 民营 | 合资 | 外资 | 外企 | 高校 | 研究所 | 合计 |
|---|---|---|---|---|---|---|---|---|---|
| 主体数量 | 并购前 | 110 | 48 | 21 | 6 | 8 | 25 | 9 | 227 |
| | 并购后 | 427 | 254 | 122 | 35 | 55 | 82 | 67 | 1042 |
| 平均专利数量 | 并购前 | 5.97 | 11.04 | 6.33 | 4.00 | 2.88 | 8.88 | 26.33 | 8.04 |
| | 并购后 | 12.42 | 6.94 | 50.48 | 27.94 | 3.22 | 5.35 | 11.88 | 14.98 |
| 平均关系数量 | 并购前 | 2.00 | 3.44 | 1.52 | 1.50 | 0.88 | 1.96 | 3.56 | 2.26 |
| | 并购后 | 2.51 | 1.76 | 3.38 | 2.23 | 1.33 | 2.62 | 2.54 | 2.37 |
| 平均合作次数 | 并购前 | 17.01 | 44.73 | 12.19 | 4.17 | 3.75 | 11.04 | 41.67 | 21.94 |
| | 并购后 | 38.89 | 10.67 | 158.34 | 52.09 | 6.29 | 7.37 | 21.13 | 41.10 |

其次，从合作关系构建能力来看，不同主体所拥有的合作伙伴数量在跨国并购前后有显著变化，不同主体之间也有所差异。跨国并购之后，合资企业、高校、国有企业、外资企业、外国企业的对外合作次数均产生不同幅度

的提升，研究所和民营企业则出现不同程度的下降。其中，中外合资企业的增长最为显著，从每个企业平均拥有 1.52 个合作伙伴增加至 3.38 个，位居第一；而民营企业的下降最为显著，平均拥有的合作伙伴从 3.44 个下降到 1.76 个；研究所略有下降，平均拥有 2.54 个合作伙伴，而国有企业略有上升，平均每个企业有 2.51 个；外企获取合作伙伴的能力最差，平均每个外企只有 1.33 个合作伙伴。由此可以得出：合资企业的专利产出最多、关系构建能力最强，成为其他主体最重要的合作对象，外资企业其次；学研机构虽然在数量上不占优势，但产学研合作，尤其是研究院所，仍是专利研发重要的合作对象；至于国有企业和民营企业，与较高的主体数量相比，合作关系的构建能力较差；外国企业的合作伙伴相对较为单一。

最后，从企业对外合作频度上来看，不同主体的对外联结水平差异悬殊。首先，除了民营企业的平均活跃程度由并购前的 44.73 次下降到 10.67 次，其他创新主体的活跃程度都显著提升。其中，中外合资企业的创新活动最为活跃，相比于并购前的 12.19 次，跨国并购之后，平均每个企业进行了 158.34 次对外合作；外资企业在并购后也表现出更为积极的对外合作需求，从并购前的 4.17 次增长到 52.09 次；国有企业的平均对外合作次数从 17.01 次上升至 38.89 次，高校、研究所以及外资企业也有不同程度的轻微提升。

总的来说，跨国并购之后，所有创新主体的数量均有不同程度的增加，但是从主体的一般创新能力来看，不同属性的主体创新能力差异很大，最显著的变化是合资企业，在专利发明、合作关系建立以及对外合作次数各方面，相比于并购前都出现大幅度的提升，相较其他企业显示出极高的创新水平，而民营企业相比于并购前在各方面的平均水平显著下降，在各主体中也仅强于外国企业。一方面，合资企业已成为发达国家向中国共享知识、转移技术的重要载体，这也使合资企业成为其他主体竞相选择的合作伙伴（左传鸿，2011）；另一方面，民营企业的跨国并购有时候就是为了消除政策和制度环境所带来的不利影响（吴周利，2011），民营企业的数量虽然很多，但规模一般较小，在融资、政策和国际化进程的弱势，以及企业自主性所导致的管理集权、中外文化融合等问题也不利于并购后资源的充分利用。

## 三、主体合作倾向

基于上述分析可知，在中国工程机械产业，企业始终是创新网络中最重要的创新主体；跨国并购之后，创新网络中不同类型的主体数量均显著增加，网络主体的结构、不同主体的创新能力均有所改变且互不相同。在创新网络之中，不同主体的联结能力受其自身影响，而企业的合作活跃程度与合作伙伴有关。在此，对创新网络的核心主体，也即是企业进行考察，来探讨不同类型的企业在选择合作伙伴时有何不同。

跨国并购改变了创新主体对合作伙伴的选择。如图6－2所示，分别展示了企业合作伙伴的属性结构以及与合作伙伴的合作次数。对于国有和民营企业而言，国有企业一直都是最重要的合作伙伴，超过40%的合作对象都是国有企业，跨国并购之后，重要性进一步提升，国有企业47.23%的专利合作、民营企业54.24%的合作均发生在与国有企业的合作中；作为合作伙伴的民营企业则正好相反，无论是伙伴数量以及与合作次数都显著下降；与此同时，合资企业的重要性显著提升。

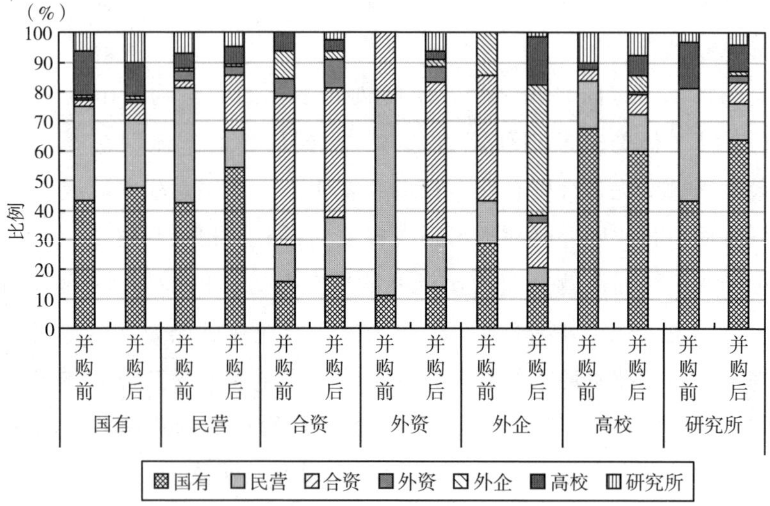


**图6－2　跨国并购前后创新主体合作伙伴结构对比**

资料来源：作者自绘。

对于合资和外资企业而言，并购之后，合资企业是两类主体研发合作的主要选择对象，在合作伙伴中占据一半左右的比例，国有与民营企业的重要性迅速下降。对于合资企业而言，与合资企业的合作占据对外合作总数的43.48%，对于外资企业而言，与合资企业的合作比例高达52.56%。

外企是所有企业中唯一一类位于国外的主体，对于外企而言，在并购之前的40个专利通过与企业合作实现，并购之后的合作则呈现多样化状态，具体如图6-3所示，43.84%的合作发生在海外市场上的外企之间，来自国内的合作伙伴中，国有企业与合资企业同为最重要的合作对象分别参与了15.07%的研发合作，外企与中国高校的合作也明显增加，从无增加至16.44%。

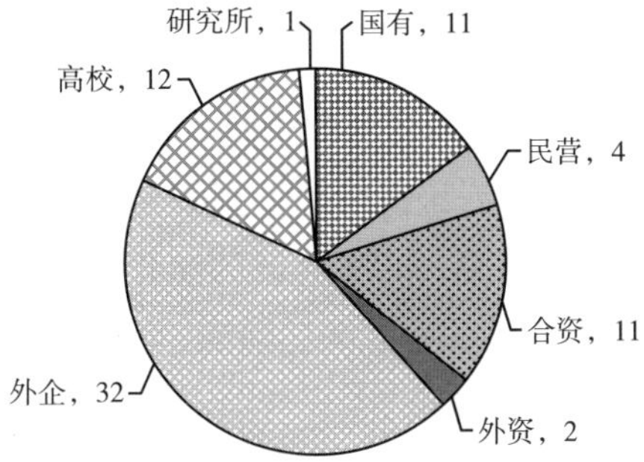


**图6-3 跨国并购之后外企创新合作的伙伴选择**

资料来源：作者自绘。

对于学研机构而言，企业始终是最重要的创新主体，与企业之间的合作占据其研发创新的90%以上。具体来看，跨国并购之后，对于高校而言，国有和民营企业的重要性均稍有下降，但仍参与了70%以上的创新合作，其中，国有企业从并购前的67.35%下降至59.53%，民营企业并购前的地位则有所下降，从16.33%下降至12.56%；对于研究所而言，国有企业的地位显著提升，从并购前的43.75%上升至63.53%，一直稳居主导地位，而民营企业的地位均显著下降，合作次数占比从37.50%下降至12.35%。

综上可知，跨国并购之后，中国工程机械产业的创新网络出现明显扩张，创新主体结构变化明显，合资企业代替国有企业成为最重要的网络核心主体，合资企业的创新能力、创新产出都显著提升，其他主体的创新水平也有所改善，唯有民营企业显著下降，合资企业的重要性值得进一步探索（左勇华等，2017）

## 第三节 跨国并购对中国工程机械产业创新网络构成的影响

### 一、网络规模

跨国并购之后，样本企业所拥有的创新网络出现明显变化，在此利用 Ucinet 软件来展示并购前后主体之间的拓扑合作关系。从图 6 - 4 中可以直观地看出，跨国并购之后，创新网络的节点数量、创新产出以及合作强度都明显提升，在跨国并购之前，网络形态的演化直接反映了网络规模的扩张。跨国并购之前，创新网络由 204 个创新主体创建的 311 对合作关系、1219 个合作专利组成；跨国并购之后，创新网络拓展到由 1043 个创新主体构建的 1614 对合作关系，共形成 11650 个合作专利。

在跨国并购之前，由表 6 - 3 可知，最重要的创新主体依次是国有企业、民营企业、高校、合资、研究所、外企和外资，从图 6 - 4 可知，中国交建及其集团内部的振华重工、南车集团等国有企业以及清华大学、中南大学等高校在创新网络中成为核心主体，民营与合资企业的重要性相对较弱。在中国改革开放初期，计划经济体制改革并未完全实现，国有企业掌握着国家经济的命脉；1987 年，中央政府采取了一系列科技企业改革计划，例如，北大方正集团从北京大学脱离，而紫光集团从清华大学脱离，壮大了国有企业的经济实力，部分国有企业与高校之间的天然联系提升了高校在企业创新中的参与度（Hu and Jefferson，2002）；在 20 世纪 90 年代，政府下达文件，对国务院批准的国家经贸委管理的 10 个国家局所属 242 个科研机构进行改革，将其通过转制直接划入部分国有企业之中，极大地提升了企业的科研实力（Tian，1999）。

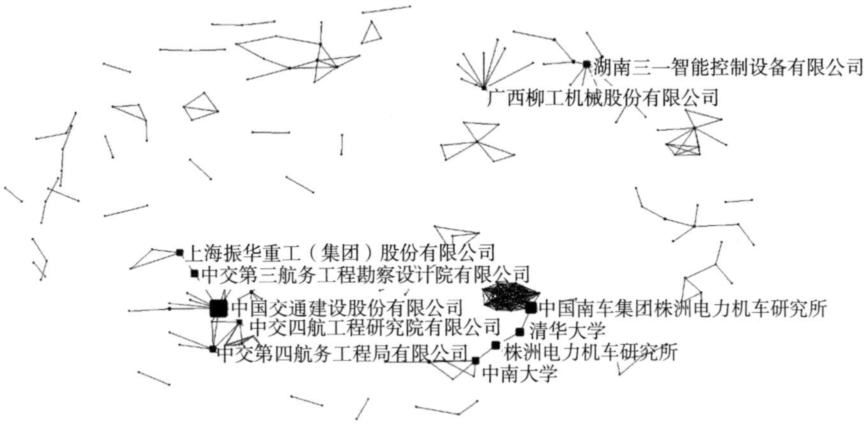


**图 6－4　跨国并购前中国工程机械产业创新网络合作拓扑图**

资料来源：作者自绘。

跨国并购之后，创新网络中主体数量增长了3.6倍，专利产出增长了将近10倍，除了中国交建及其集团下属的振华重工等企业之外，以中集集团、中联重科和中国南车为代表的相关合资企业在网络中也居于核心地位，如图6－5所示。一方面，随着中国对外开放的不断深化，中国企业"走出去"的步伐加快，"引进来"的程度提升，外国企业在面对文化距离、政府管制以及基础设施约束等问题时，倾向于选择建立合资企业的方

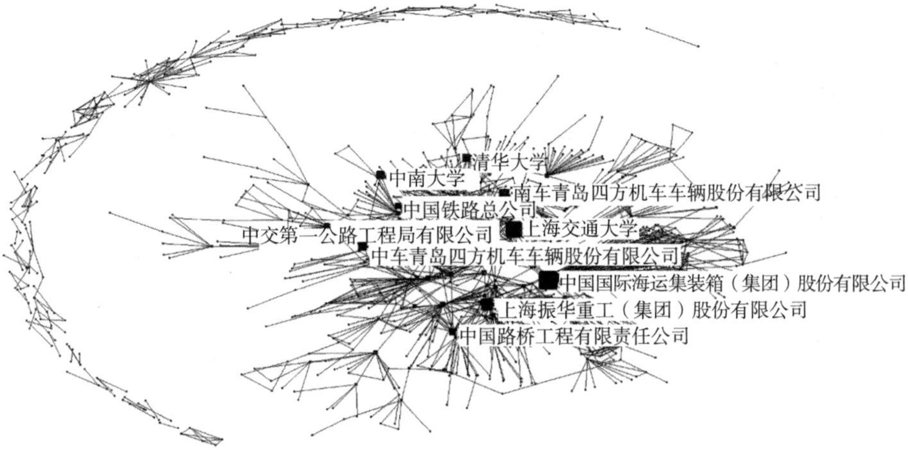


**图 6－5　跨国并购后中国工程机械产业创新网络合作拓扑图**

资料来源：作者自绘。

式提高运营效率；另一方面，当企业以技术引进为目的进行跨国并购时，为了充分吸收和学习被并企业的知识和技术，建立合资企业成为员工之间平等交流的重要平台，也为双方的知识共享创造了更多的合作契机（王秋玉，2018）。跨国并购这一行为在提升中国企业国际化程度的同时，也提升了国内经济主体的多样化程度和创新能力。

## 二、网络中心性

网络中不均匀的合作关系导致网络权利的产生，处于网络中心位置的行动者成为社会学中最有地位和影响力的人（Wasserman and Faust，1994）。从网络整体的角度来看，网络中心势反映了网络整体的权利分化程度，是对群体权利的量化指标；从网络节点的角度来看，节点中心度反映了个体在网络中的地位，是对个体权利的量化指标。在由专利合作构成的创新网络中，因无法判断合作关系中双方的主动与被动情况，因此该合作网络是无向网络，中心性没有出度与入度的区分。该节借助创新网络的中心势以及核心成员的中心度，来探讨跨国并购对中国工程机械产业创新网络权利结构的作用。

首先，点度中心性包含节点的点度中心度和网络的点度中心势两个指标。对于节点而言，中心度是指节点直接参与的合作联系数量，如表6-5列示了并购前后节点中心度排列前十的主体。跨国并购前后，企业始终是最核心的创新主体，并购前以三一集团、中信重工、柳工等代表的国有和民营企业为主，并购后则以中集集团代表的合资企业为主；核心主体的绝对中心度明显提升，但相对中心度整体呈现下降趋势。除了排名第一的创新主体核心地位提升明显，发明专利数量从并购前的292次提升至6318次，相对中心度从0.007提升至0.008，其他主体的相对中心度在跨国并购之后均呈现明显的下降趋势，说明并购之后，中国国际海运集装箱（集团）股份有限公司占据了创新网络最核心的位置，与此同时，其他创新主体的相对权力等级有所下降。

从网络中心势来看，中心势越接近1，说明网络越具有集中趋势，跨国并购之后，创新网络的点度中心势从0.67%上升至0.87%，网络集中程度虽有所上升但仍处于较低水平。结合核心主体的节点中心度可知，除了中集集团总公司在网络中具有强大的号召力，与相当一部分主体拥有紧密的合作联系之外，网络整体处于较为疏松的状态，平均互动程度较小。

**表6－5　　　跨国并购前后中国工程机械产业核心创新主体点度中心度**

| 序号 | 跨国并购前 | | | 跨国并购后 | | |
|---|---|---|---|---|---|---|
| | 主体名称 | 绝对点度中心度 | 相对点度中心度 | 主体名称 | 绝对点度中心度 | 相对点度中心度 |
| 1 | 湖南三一智能控制设备有限公司 | 292 | 0.007 | 中国国际海运集装箱（集团）股份有限公司 | 6318 | 0.008 |
| 2 | 中信重工机械股份有限公司 | 206 | 0.005 | 中集集团集装箱控股有限公司 | 1558 | 0.002 |
| 3 | 三一重工股份有限公司 | 200 | 0.005 | 中联重科股份有限公司 | 1345 | 0.002 |
| 4 | 洛阳矿山机械工程设计研究院有限责任公司 | 198 | 0.005 | 中集安瑞科投资控股（深圳）有限公司 | 991 | 0.001 |
| 5 | 广西柳工机械股份有限公司 | 189 | 0.005 | 烟台中集来福士海洋工程有限公司 | 811 | 0.001 |
| 6 | 北京中瑞特通讯科技有限公司 | 150 | 0.004 | 中集车辆（集团）有限公司 | 750 | 0.001 |
| 7 | 北京和利时通讯设备有限责任公司 | 150 | 0.004 | 中交第一航务工程局有限公司 | 657 | 0.001 |
| 8 | 深圳市思科泰技术有限公司 | 150 | 0.004 | 广西柳工机械股份有限公司 | 652 | 0.001 |
| 9 | 天津通信广播集团有限公司 | 150 | 0.004 | 中交第二航务工程局有限公司 | 625 | 0.001 |
| 10 | 杭州创联电子技术有限公司 | 150 | 0.004 | 南通中集特种运输设备制造有限公司 | 607 | 0.001 |

其次，中间中心度是为了衡量某一节点在多大程度上位于网络中其他节点的“中间”，相对中间中心度是对绝对中间中心度的标准化，两者从不同侧面反映主体在网络中的桥接能力及资源掌控情况；中间中心势则反映了网络中节点的相互依赖程度。表6-6展示了跨国并购前后，在创新网络中起桥接作用的重要主体。并购之后，高校作为桥接主体的重要性进一步增加，清华大学和中南大学始终拥有较多的合作伙伴，上海交通大学和同济大学等理工科学校在创新合作中也占据重要地位；创新主体的绝对和相对联结能力都显著提升，核心主体合作联系的绝对能力有所提高，在已升级的创新网络中，核心主体与网络其他主体的相互依赖关系也更为紧密。

**表6-6　跨国并购前后中国工程机械产业创新主体核心主体中间中心度**

| 序号 | 跨国并购前 | | | 跨国并购后 | | |
|---|---|---|---|---|---|---|
| | 主体名称 | 绝对中间中心度 | 相对中间中心度 | 主体名称 | 绝对中间中心度 | 相对中间中心度 |
| 1 | 中国交通建设股份有限公司 | 335 | 1.634 | 中国国际海运集装箱（集团）股份有限公司 | 109401.461 | 20.171 |
| 2 | 中国南车集团株洲电力机车研究所 | 202 | 0.985 | 上海交通大学 | 92332.633 | 17.024 |
| 3 | 清华大学 | 140 | 0.683 | 上海振华重工（集团）股份有限公司 | 65782.922 | 12.129 |
| 4 | 株洲电力机车研究所 | 126 | 0.615 | 南车青岛四方机车车辆股份有限公司 | 54734.527 | 10.092 |
| 5 | 中交第三航务工程勘察设计院有限公司 | 120 | 0.585 | 中车青岛四方机车车辆股份有限公司 | 43431.211 | 8.008 |
| 6 | 中南大学 | 116 | 0.566 | 中南大学 | 41028.777 | 7.565 |

续表

| 序号 | 跨国并购前 | | | 跨国并购后 | | |
|---|---|---|---|---|---|---|
| | 主体名称 | 绝对中间中心度 | 相对中间中心度 | 主体名称 | 绝对中间中心度 | 相对中间中心度 |
| 7 | 上海振华重工（集团）股份有限公司 | 105 | 0.512 | 清华大学 | 36094.672 | 6.655 |
| 8 | 中交第四航务工程局有限公司 | 97 | 0.473 | 中国路桥工程有限责任公司 | 33341.832 | 6.148 |
| 9 | 湖南三一智能控制设备有限公司 | 95 | 0.463 | 中国铁路总公司 | 25980.295 | 4.79 |
| 10 | 中交四航工程研究院有限公司 | 64 | 0.312 | 同济大学 | 23111.553 | 6.003 |

网络的中间中心势较小时，说明网络中大部分节点的自由度较高，不需要其他节点作为桥接点即可实现联系。跨国并购之后，呈现网络的中间中心势从并购前的0.87%跃升至22.07%，说明网络中节点的相互依赖程度提升，少数核心节点成为其他节点争相选择的合作对象。

## 三、网络结构

基于上述分析，跨国并购之后，创新网络的主体结构、网络规模等都发生了显著变化，在此，通过对比网络规模、网络密度、平均距离等基本信息，凝聚力指数、派系、K－丛等结构等凝聚子群信息，以及核心边缘结构进行分析，来探讨跨国并购对创新网络结构的作用。

跨国并购之后，创新网络的规模显著提升，创新主体从227个增加至1043个，主体参与专利发明的数量变化不大，但是，任意主体之间相互联系所需要经历的中转次数增加了一倍之多，网络密度也显著下降，网络规模的提升伴随着联结难度的提高，如表6－7所示。

表6-7　　跨国并购前后中国工程机械产业创新网络基本信息

| 阶段 | 网络规模 | 平均度 | 平均距离 | 网络密度 |
|---|---|---|---|---|
| 并购前 | 204 | 3.304 | 2.477 | 0.129 |
| 并购后 | 1043 | 3.106 | 5.478 | 0.039 |

Collins（1988）在创新网络分析中强调了凝聚性的重要性，孤立的主体通过紧密关联形成派系，使网络中出现了具有高度凝聚力的群体。跨国并购之后，如表6-8所示，创新网络的凝聚力有所提升，与此同时，至少包含三个主体、两两之间存在直接联系的完备派系从32个增加至317个，基于互惠性的小团体迅速增多。派系概念要求各个点之间都存在关联，K-丛要求小团体中每个主体至少与除了K个点之外的其他主体直接相连，跨国并购之后有所下降，再次证明了创新网络凝聚性的提升以及网络的模块化特征，而对社区的主体进行细分后发现，同一集团内部的企业更容易结成社区，组织邻近对于企业创新合作有重要影响。

表6-8　　跨国并购前后中国工程机械产业创新网络结构信息

| 阶段 | 凝聚力指数 | 派系 | k　丛指数 | 核心—边缘指数 |
|---|---|---|---|---|
| 并购前 | 7.23 | 32 | 15 | 0.6623 |
| 并购后 | 5.214 | 317 | 7 | 0.5761 |

核心—边缘指标衡量的是矩阵与理想矩阵之间的相关系数，数值的大小与对理想模型的模拟程度成正比。跨国并购之后，创新网络的核心—边缘结构更为明显。在跨国并购之前，处于核心区域的主体数量更多，整个网络呈现出较均匀的状态，核心边缘指数较小；跨国并购之后，核心边缘指数有所下降，再次证明由极少数主体具有极高的创新能级，占据了结构洞位置，与一定的合作伙伴集中发明了大量的专利，稀释了网络的平均创新绩效和可达性水平。

综上所述，跨国并购之后，创新网络的规模扩张的同时，网络结构发生变化，具体表现为，创新网络的规模有所提升，创新主体及主体间合作联结的数量都明显增多，网络集中程度有所提升，节点之间相互依赖程度提高；但是网络绩效有所下降，节点平均创新能力的提高伴随着获取合作伙伴能力的下降和联结难度的提高，网络结构呈现出不均匀的等级性特征；与此同时，创新网络呈现出明显的模块化特征，处于结构洞位置的高能级创新主体在创新网络中起主导作用，占据了核心位置，核心—边缘结构愈发明显，网络的层级结构和模块化现象明显（王秋玉，2018）。

# 第四节 跨国并购对中国工程机械产业创新网络空间结构的影响

## 一、空间尺度演化

创新环境学派指出，区域创新资源会直接影响当地创新主体的创新决策（张宗益等，2008），当创新主体无法从所在城市获得所需的创新资源或合作伙伴时，就会向创新资源富集的其他地区寻求研发合作。跨国并购前后，中国工程机械产业的创新主体在空间尺度的选择上有所改变，如图6－6所示。首先，国家尺度虽然在跨国并购之后的重要性有所下降，但是始终是最重要的空间载体，仍有35%以上的创新合作发生在国家尺度；这与Sternberg（2000）的研究结果一致，相同的政治和文化背景下，在更宽阔的空间范围内更容易寻找到满足需求的创新伙伴并建立合作关系。其次，省份和城市尺度在创新合作中的重要性在跨国并购之后有所提升，一方面，城市内部共同的经济、文化和政治背景有助于当地产业区氛

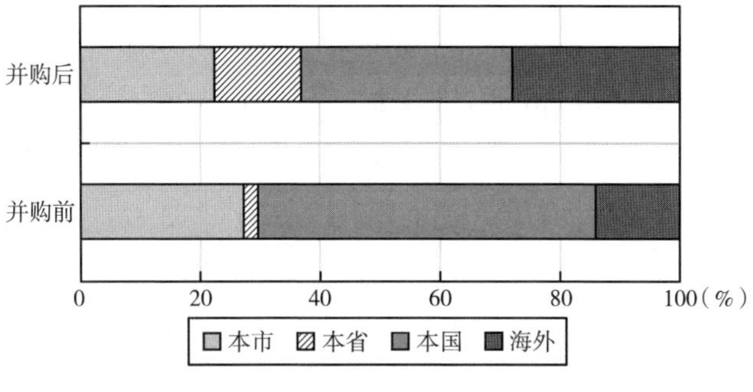


**图6－6 跨国并购对中国工程机械产业创新网络主体空间尺度选择的影响**

资料来源：作者自绘。

围的塑造，有利于同一城市内的创新主体间建立合作联系；另一方面，中国省级政府通过发布产业发展政策、进行产业投资及研发基金激励等手段，在中国国家创新系统中建立起行政壁垒，对行政区内经济主体的创新行为具有较强的引导作用（Scherngell，2011）。

由于国有、民营与合资企业是中国工程机械产业创新网络中最重要的创新主体，在跨国并购前，三者合计均参与了72.29%合作的专利研发，这一比例在并购之后上升至84.69%，其创新空间载体决定了创新网络中不同空间尺度的重要性。并购前后，不同创新主体创新实现的空间载体有所不同，如表6-9所示。首先，以国有、民营与合资企业为例，国家尺度一直都是三类企业主体最重要的合作空间载体，决定了国家尺度的主导地位；三类企业在跨国并购之后，在城市和省份尺度的合作比例也明显增加，城市内部和省域之内的创新合作依次成为次重要的实现方式。其次，对于外资企业，并购之前，在城市内部的合作达到75%，而并购后国家尺度的研发合作从25%上升至67.34%。此外，在跨国并购之前，高校59.6%的创新合作发生于城市之内，而研究所71.43%的合作发生于国家尺度，在跨国并购之后，国家尺度成为两者进行创新合作最重要的空间载体，但是研究所对本市合作的兴趣明显提升。

**表6-9　　不同创新主体跨国并购前后的合作空间尺度**

| | | 国有 | 民营 | 合资 | 外资 | 外企 | 高校 | 研究所 |
|---|---|---|---|---|---|---|---|---|
| 本市 | 并购前 | 20.00 | 23.04 | 46.03 | 75.00 | 0.00 | 59.60 | 24.14 |
| | 并购后 | 28.71 | 41.14 | 19.16 | 26.88 | 0.88 | 20.14 | 43.89 |
| 本省 | 并购前 | 2.41 | 0.36 | 1.59 | 0.00 | 0.00 | 7.07 | 4.43 |
| | 并购后 | 15.96 | 10.69 | 13.31 | 5.56 | 0.44 | 16.70 | 14.87 |
| 本国 | 并购前 | 76.74 | 76.60 | 52.38 | 25.00 | 0.00 | 33.33 | 71.43 |
| | 并购后 | 55.02 | 47.90 | 67.20 | 67.34 | 3.54 | 59.38 | 40.67 |
| 海外 | 并购前 | 0.85 | 0.00 | 0.00 | 0.00 | 100.00 | 0.00 | 0.00 |
| | 并购后 | 0.30 | 0.27 | 0.32 | 0.23 | 95.13 | 3.79 | 0.57 |

随着跨国并购的进行，中国的对外开放程度不断深化，行政壁垒对产业经济活动的影响变弱，通信和交通工具的迅速发展降低了跨区域合作的

成本，同时，工程机械产业具有市场化导向，国家整体发展战略的实施使得企业将产业链遍布全国，寻找创新伙伴；企业在全国范围内寻求合作伙伴、获取创新资源（王秋玉，2016）；城市尺度作为次重要的创新空间载体得益于产业集聚所造就的学习型区域；而省域这一行政界线对于并购前的工程机械产业的创新活动并未发生作用，随着跨国并购的实现，工程机械产业的崛起以及对税收等的巨大支持，促进了省份有意识的引导企业在省域范围内寻找合作伙伴，政策引导提高了省级尺度这一创新载体的重要性。

对于外国企业而言，海外尺度是最重要的创新空间载体，外国企业在进行创新合作时，一半的创新合作发生在外企之间，跨国并购之后，中国直接在海外建立外企成为拓展海外市场的重要手段，因此，合作对象不仅包括国外建立的企业，也包括中国在跨国并购后建立的海外企业；外企合作的中国合作伙伴中，与合资企业的合作占据 15.07%，并购双方在中国建立合资企业成为双方共享知识的重要途径，进一步加大了合资企业的重要性。对于外企而言，一国之内的创新合作也时有发生，在跨国并购之后占到了 3.54% 的份额，以被并购的企业为基地为在当地进行研发合作创造了便利。

跨国并购前后，国家尺度一直都是最重要的合作空间载体，其次是城市尺度，中国城市的创新资源在空间分布上呈现出不均匀的层级式特征，对创新有强烈需求的企业更倾向于在全国范围内寻求符合创新需求的合作伙伴（方创琳等，2014）；嵌入全球网络之中对于区域网络的持续更新和升级至关重要，但是企业在没有区域网络的情况下更难获得全球知识资源，跨国并购前后，国家尺度始终是最重要的创新空间载体，在并购之后，城市和省级尺度的重要性有所提升；同时，除了国有企业，其他主体的海外合作比例都显著提升。

## 二、跨国并购对中国创新网络空间格局的影响

### 1. 跨国并购对中国城市创新绩效的影响

中国幅员辽阔，由于自然资源及发展路径的差异，不同地区的经济发展水平相差甚多，而基于地级市的城市创新资源分布更呈现出不均匀的地理格局，创新资源富集的地区往往成为其他地区创新主体寻找合作伙伴的

重要区域（方创琳等，2014）。对于中国工程机械产业而言也是如此，如表6－10所示，跨国并购之前，有43个城市在工程机械领域进行了研发合作，中国工程机械产业创新网络的空间结构呈现明显的层级特征：其中，长沙的创新主体共参与了443个专利合作研发，位居第二的北京合作研发了315个专利，相比之下，长沙占据了绝对的主导地位。整体来看，洛阳、柳州、镇江、上海等地依次成为最重要的创新区域，长株潭和柳州地区作为中国工程机械产业老工业基地，在全国同类地区具有很强的核心能力（唐绪兵等，2008），成为创新实现的重要基地；京津、长株潭和长三角地区作为中国经济水平最高、社会建设最完善、科创资源最集中的三大区域（张贵等，2017），已成为其他主体寻找合作伙伴的重要来源。

跨国并购极大地改变了中国工程机械产业创新网络的国内空间结构，但是创新网络的层级结构更为明显。如表6－10所示，在跨国并购之后，参与合作发明的中国城市数量从49个增加至81个，与之同时，深圳以3937次的专利合作数量位于创新网络顶级，长沙退而居次；北京与上海分别以1236次和1156次的合作专利数位居其后，天津和常州则以将近900次的合作专利数同时位于第三梯队；南通、东莞、青岛和株洲以500以上的合作次数位于第四梯队；烟台、柳州、扬州、常德等地居于其后；同时可以发现，其他大部分城市处于边缘状态，只参与了较少的研发合作。

表6－10　跨国并购前后中国工程机械产业创新网络空间结构演化

| 阶段 | 并购前 | | | | 并购后 | | | |
|---|---|---|---|---|---|---|---|---|
| 项目 | 城市 | 主体数量 | 专利数量 | 合作城市数量 | 城市 | 主体数量 | 专利数量 | 合作城市数量 |
| 1 | 长沙 | 11 | 443 | 7 | 潍坊 | 5 | 31 | 5 |
| 2 | 北京 | 35 | 315 | 18 | 温州 | 2 | 5 | 2 |
| 3 | 洛阳 | 3 | 191 | 3 | 北京 | 137 | 1236 | 44 |
| 4 | 柳州 | 3 | 165 | 9 | 天津 | 44 | 899 | 17 |
| 5 | 镇江 | 2 | 133 | 3 | 杭州 | 3 | 11 | 6 |
| 6 | 上海 | 28 | 84 | 13 | 长沙 | 25 | 1616 | 20 |
| 7 | 深圳 | 5 | 79 | 14 | 黄冈 | 1 | 1 | 1 |
| 8 | 株洲 | 18 | 75 | 11 | 武汉 | 21 | 281 | 11 |

续表

| 阶段 | 并购前 | | | | 并购后 | | | |
|---|---|---|---|---|---|---|---|---|
| 项目 | 城市 | 主体数量 | 专利数量 | 合作城市数量 | 城市 | 主体数量 | 专利数量 | 合作城市数量 |
| 9 | 天津 | 16 | 67 | 14 | 南京 | 12 | 40 | 10 |
| 10 | 常州 | 4 | 32 | 3 | 如皋 | 1 | 2 | 2 |
| 11 | 南通 | 2 | 30 | 3 | 南通 | 11 | 782 | 9 |
| 12 | 太原 | 4 | 28 | 2 | 柳州 | 6 | 392 | 9 |
| 13 | 苏州 | 2 | 20 | 2 | 常州 | 15 | 893 | 11 |
| 14 | 长春 | 2 | 14 | 2 | 临沂 | 1 | 12 | 1 |
| 15 | 广州 | 4 | 14 | 4 | 吉安 | 1 | 3 | 1 |
| 16 | 青岛 | 2 | 11 | 2 | 上海 | 90 | 1156 | 28 |
| 17 | 东莞 | 1 | 10 | 2 | 镇江 | 2 | 34 | 3 |
| 18 | 沈阳 | 2 | 8 | 2 | 无锡 | 4 | 53 | 3 |
| 19 | 宁波 | 1 | 8 | 1 | 蚌埠 | 2 | 21 | 2 |
| 20 | 泉州 | 1 | 8 | 7 | 重庆 | 12 | 237 | 13 |

资料来源：作者自绘。

综上可知，中国工程机械产业的创新网络在中国的空间分布密度显著提升，呈现出更为明显的等级式不均匀结构，同时，深圳取代北京成为最核心的创新区域，深圳与长三角之间形成强力而稳定的合作通道，除此之外，该产业在中国城市之间的创新合作呈现碎片化状态。

### 2. 跨国并购对中国城市创新合作的影响

跨国并购之后，中国城市之间的合作格局发生了明显改变，为了展示跨国并购前后中国工程机械产业在不同地区的创新绩效差异，在此，将中每一个创新主体落实到其所在地级市，在 Ucinet 中进行可视化分析，如图 6－7 所示。从空间密度来看，跨国并购之后，创新合作的密度明显提升，区域之间的交流更为频繁，例如，跨国并购之前，长沙和北京之间以 212 次合作居于城市之首，跨国并购之后，南通和深圳之间的合作次数最多，高达 1014 次，合作频次提升；从空间构型来看，跨国并购之前，整体看来，以北京、上海、厦门、深圳、柳州和兰州形成不规则的六边形结构，空间分布较为均匀，而在跨国并购之后，形成了以深圳为中心，分别向京津、长三角和青岛城市群辐射的开放式合作状态，除了北京和青岛城市群、长三角之间仍存在大量的合作之外，其他地区之间的合作较少，空间合作呈现碎片化状态。

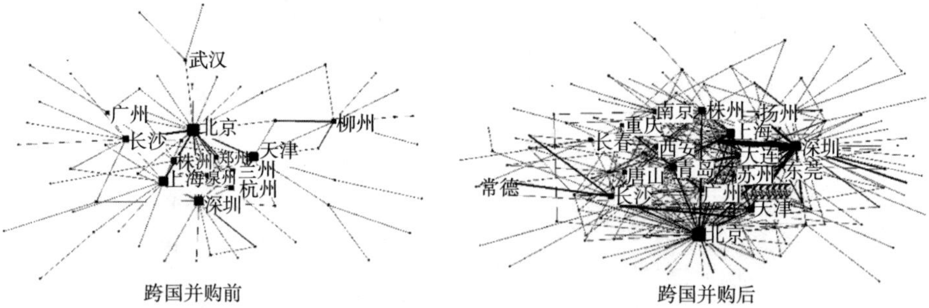


**图6-7　跨国并购前中国工程机械产业专利合作创新网络空间网络示意图**

资料来源：作者自绘。

进一步探索创新网络空间格局的变化发现，跨国并购之后，不同城市之间合作关系愈加紧密、合作次数愈发频繁，创新合作的空间密度有很大提高。其次，从空间格局上看，跨国并购之后，深圳取代北京成为最重要的合作伙伴所在地，而长三角取代长株潭成为次重要的合作区域；从合作通道来看，跨国并购之前，北京和长株潭地区、天津和郑州地区之间已就建立起稳定的创新联系，跨国并购之后，珠三角和长三角以及山东的烟台和青岛等地的联系则成为最为重要的创新通道。

基于上述分析可知，跨国并购改变了中国工程机械产业创新能力的空间分布格局和合作通道。空间格局的变化是不同地区创新主体演化的结果，具体来看，跨国并购之前，集中于北京的大型国有企业主导了产业领域的创新活动，跨国并购之后，总部位于深圳的中集集团占据了创新网络的结构洞位置，与此同时，区域间有力的合作通道已然消失，三一、中联重科、南车时代所在的长株潭地区以及青岛城市群、长三角城市群之间仍存在一定的合作联系，只是合作联结已经呈现碎片化状态。

## 三、跨国并购对全球创新网络空间格局的影响

从全球尺度看，中国工程机械产业的海外合作以被并企业为主要合作

对象，被并企业同时作为企业海外进一步延伸的重要触点，帮助企业进一步加强国际化水平，与此同时，深圳、长三角等中国创新资源丰富的地区不仅在中国创新网络中居于核心地位，在连接海外时也起主力作用，成为中国与海外合作的重要连接点。

跨国并购之后，中国工程机械产业在全球尺度的创新合作明显升级，参与的国家数量从 5 个增加至 11 个，海外合作实现的专利数量从 30 个增加至 218 个。具体来看，跨国并购之前，5 个国家均参与了较少的专利合作研发；跨国并购之后，有 11 个国家与中国建立了研发合作关系，其中，德国的参与度最强，有 20 个主体参与了 109 个专利的研发，创新绩效最高；沙特阿拉伯参与发明了 37 个专利，英国、澳大利亚、美国紧随其后（见表 6－11）。

**表 6－11　　　跨国并购前后海外国家创新合作信息统计**

| 阶段 | 国家 | 主体数量 | 专利数量 | 合作关系数量 | 合作次数 |
|---|---|---|---|---|---|
| 并购前 | 德国 | 3 | 14 | 3 | 14 |
| | 沙特阿拉伯 | 1 | 7 | 1 | 7 |
| | 澳大利亚 | 2 | 4 | 1 | 4 |
| | 英国 | 1 | 3 | 1 | 3 |
| | 意大利 | 1 | 2 | 1 | 2 |
| 并购后 | 德国 | 20 | 109 | 9 | 191 |
| | 沙特阿拉伯 | 2 | 37 | 1 | 37 |
| | 英国 | 7 | 24 | 5 | 25 |
| | 澳大利亚 | 5 | 12 | 3 | 12 |
| | 美国 | 6 | 10 | 5 | 11 |
| | 日本 | 14 | 8 | 6 | 35 |
| | 瑞典 | 1 | 8 | 2 | 24 |
| | 意大利 | 2 | 6 | 2 | 7 |
| | 伦敦 | 1 | 2 | 1 | 2 |
| | 法国 | 5 | 1 | 1 | 20 |
| | 新加坡 | 1 | 1 | 1 | 1 |

从海外合作的角度来考虑，全球合作的数量与合作类型多样化均显著增加。如表6－12示，跨国并购前的合作只发生在澳大利亚与北京之间；跨国并购之后的合作实现方式较为多样化，外国国家内部的合作专利有82个，德国内部的合作专利数量高达70个，法国内部也实现了10个合作专利的发明；外国国家之间的合作专利有49个，而外国与中国创新主体之间的合作专利有100个。具体而言，跨国并购之后，被并购企业成为中国企业的海外子公司，一方面，中国企业借助国外子公司这一平台，寻找位于当地以及其他国家的潜在创新资源，延伸其与海外伙伴的合作关系。其中，德国作为中国并购的重点区域，凭借雄厚的创新资源、悠久的产业发展历史，已经成为中国进一步对外合作的关键地区，沙特阿拉伯作为新开发区域成为产业链延伸的重要对象。另一方面，中国与海外企业有直接合作，中国企业包含已有的中国企业以及与被并购企业在中国联合建立的新企业，海外企业包含已被并购的企业及其合作伙伴等。这些不同形式的合作丰富了海外尺度的数量和内涵。

**表6－12　　并购前后海外国家创新合作联结信息统计**

| 并购前 | | | 并购后 | | |
|---|---|---|---|---|---|
| 海外国家名称 | 合作对象 | 合作次数 | 海外国家名称 | 合作对象 | 合作次数 |
| 德国 | 沙特阿拉伯 | 7 | 法国 | 法国 | 10 |
| 德国 | 深圳 | 6 | 日本 | 日本 | 15 |
| 澳大利亚 | 北京 | 4 | 日本 | 上海 | 1 |
| 英国 | 深圳 | 3 | 德国 | 英国 | 2 |
| 意大利 | 长沙 | 2 | 澳大利亚 | 德国 | 2 |
| 德国 | 长沙 | 1 | 日本 | 扬州 | 1 |
| | | | 英国 | 扬州 | 1 |
| | | | 日本 | 英国 | 1 |
| | | | 英国 | 深圳 | 5 |
| | | | 澳大利亚 | 烟台 | 1 |
| | | | 新加坡 | 烟台 | 1 |

续表

| 并购前 | | | 并购后 | | |
|---|---|---|---|---|---|
| 海外国家名称 | 合作对象 | 合作次数 | 海外国家名称 | 合作对象 | 合作次数 |
| | | | 美国 | 天津 | 5 |
| | | | 德国 | 德国 | 70 |
| | | | 德国 | 深圳 | 1 |
| | | | 瑞典 | 烟台 | 16 |
| | | | 瑞典 | 深圳 | 8 |
| | | | 美国 | 美国 | 1 |
| | | | 德国 | 沙特阿拉伯 | 37 |
| | | | 德国 | 上海 | 5 |
| | | | 德国 | 美国 | 1 |
| | | | 德国 | 日本 | 1 |
| | | | 意大利 | 长沙 | 5 |
| | | | 意大利 | 意大利 | 1 |
| | | | 美国 | 株洲 | 1 |
| | | | 伦敦 | 株洲 | 2 |
| | | | 德国 | 株洲 | 2 |
| | | | 澳大利亚 | 北京 | 9 |
| | | | 英国 | 株洲 | 16 |
| | | | 美国 | 深圳 | 2 |
| | | | 日本 | 重庆 | 1 |

表6－11展示了跨国并购后中国工程机械产业全球—地方创新网络的全球联结，仅显示了国家之间、外国与中国城市之间的合作。跨国并购之后，德国以132个合作专利成为中国全球创新网络中最重要的参与国，贡献了一半以上的合作专利，与五个国家有合作关系，已成为中国海外创新延伸的重要基地，与中国深圳、上海等4个城市有跨国联结，成为中国工程机械产业最重要的外国合作国家；沙特阿拉伯与德国合作发明了44个专

利，合作伙伴均来自德国，沙特阿拉伯的庞大市场对特定产品的需求吸引了产业链伙伴参与研制；英国和瑞典分别参与了28和24个专利，合作对象主要来自中国的城市；参与海外合作的中国城市中，深圳与德国、英国、瑞典和美国共合作了25次，株洲和德国、美国、泰国和英国共合作了20次，烟台与瑞典、美国、新加坡国共合作18次，这些城市凭借深厚的产业基础、丰富的创新资源禀赋以及对外开放优势，不仅在中国和全球创新网络中均占据重要地位，还成为全球和地方创新网络联系的关键区域。

综上所述，跨国并购之后，在全球范围内，中国工程机械产业的产业链和创新地位均有所提升。而在中国工程机械产业创新网络中，区域仍然是创新实现最重要的基地，国家尺度成为创新合作最重要的空间载体，研发经费来源、创新资源分布成为主体寻找合作伙伴的重要指标；全球创新联系不断拓展且重要性不断提升，德国作为全球工程机械产业巨头集中地，不仅成为中国企业跨国并购最青睐的地区，也成为建立合作联系、拓展合作伙伴的重要平台；深圳地区、长株潭地区、青岛城市群以及长三角地区不仅成为国内创新的重要基地，也成为全球和地方创新网络联结的重要中介，全球—地方创新网络得以不断拓展和进化。

## 第五节 本章小结

经济地理学领域中，以新区域主义学派和全球生产网络学派为代表的全球与地方之争忽视了多维空间尺度的相互作用；与此同时，企业进行创新合作时对STI和DUI的不同偏好会直接影响创新实现的空间尺度。创新网络的演化是企业因所拥有的创新资源、所根植的创新环境的变化对新的创新合作伙伴的搜寻过程（吕国庆，2016）。本节针对中国工程机械产业中进行过跨国并购的15个企业，利用中国国家知识产权局的专利检索与服务系统，以1985~2017年间中国工程机械产业合作发明专利为创新合作衡量指标，借助Ucinet社会网络分析工具，对比跨国并购前后产业创新网络的主体构成、网络结构等方面的变化，来分析跨国并购对该产业全球—地方创新网络的作用，得到以下结论：

首先，从创新主体构成看，跨国并购之后，通过学习和共享被并企业的知识和人才，收购外国企业的中国企业创新资源大幅度增加，创新能力大幅度提升，在创新网络中的地位和影响进一步上升。①企业在创新网络中始终都是最重要的创新主体，跨国并购之后，企业之间的合作重要性提升，产学研合作的辅助地位进一步下降。创新来源“二分法”的存在为分析不同形式的创新合作提供了新的视角（林兰等，2017），不同产业对科学学习（STI）和经验学习（DUI）的选择有所差异，跨国并购之后，中国工程机械产业的国际化水平进一步提升，更丰富的工艺创新需求驱动产业链合作成为合作创新最重要的实现方式，DUI 合作的重要性增加。②跨国并购之后，合资企业成为创新网络中最重要的创新主体，国有企业其次，民营企业的创新能力则显著下降。作为并购双方共同出资建立的实体，合资实体成为企业共享知识和资源、进行交流与合作的重要平台，在并购后的创新能力、创新产出增加明显，与此同时，建立于中国的外资企业和位于海外的外企的重要性则显著提升；国有企业在国家政策显性或隐性的支持下，在研发基金、税收政策和对外合作等方面均占有一定优势，企业的市场化改革也促使企业的创新能力进一步提升；民营企业中，除了三一重工等个别企业拥有较强的经济实力和竞争力外，大部分民营企业因规模较小、实力较弱、政策支持不足等原因，企业数量提升的同时，创新能力未能实现同步的增长。

其次，从网络结构看，跨国并购之后，创新网络的规模明显扩张，创新网络呈现出极不均匀的层级特征和明显的核心—边缘结构，处于核心的主体拥有较强的创新能力、多样化的研发伙伴，极少数主体占据了网络中最核心的位置，拥有极高的创新水平与联结能力，成为其他主体争相合作的对象，大量的创新主体处于边缘结构，稀释了网络的平均创新绩效和可达性水平；集团内合作数量的增加导致创新网络呈现出模块化特征；与此同时，由于工程机械产业所涉及的技术门类较多，具有多元集成和产品定制的特点，基于产业链的 DUI 合作成为最主要的创新实现方式。

最后，从创新网络的空间结构来看，科技资源不均匀空间分布驱使企业主体在更大尺度空间范围内寻找合作伙伴，企业垂直合作网络不断向全球延伸，获取国外创新资源的能力大幅度提升，德国成为中国企业最重要的海外创新平台。但水平创新合作却仍以国家尺度为主，省域尺度的重要性最低。珠三角、长三角和青岛城市群是我国创新实力最强、对外开放程度最高、收购国外企业最多的区域。具体而言，①跨国并购对中国区域创新网络的空间格局影响甚巨，一方面，国家尺度的重要性有所下降，但仍是最重要的空间尺度，在相似的政治和文化背景下，更宽广的空间中更容易找到符合需求的合作伙伴；城市尺度和省份尺度的重要性有所提升，产业集群的发展以及省级行政区研发政策的引导促进了城市及省份内部的研发合作。另一方面，创新合作的空间密度明显上升，国内最重要的空间据点从北京转移至深圳，与此同时，京津地区和长株潭地区的合作通道仍然存在，但珠三角与长三角地区之间形成了更为稳定的合作联系，除此之外，整体合作呈现碎片化状态。②跨国并购之后，中国工程机械产业在全球尺度的创新网络明显升级，参与的海外国家数量显著增加，创新合作主要通过外国主体之间的合作、外国主体与中国主体之间的合作两种方式实现。从创新主体上看，被并购企业成为中国企业对外合作的重要对象以及拓展海外联系的重要触手，而建立合资企业已然成为双方进行创新合作的重要方式；从创新空间上看，德国等创新资源丰厚、产业历史悠久的地区成为中国重要的海外创新基地，同时也成为中国企业建立海外据点、进一步拓展海外市场的重要中介，例如，沙特阿拉伯等市场潜力较大的地区因独特的产品需求催生出渐进式创新需求，中国建立于德国的企业与沙特阿拉伯进行了大量的研发合作。③跨国并购之后，全球和地方创新网络的交互过程中，从主体来看，被并购企业以及双方合作建立的中国合资企业成为最关键的创新主体；从空间来看，在中国，珠三角、长三角和青岛城市群因其较强的创新实力、较高的对外开放程度，不仅成为国内最重要的创新区域，也成为海外主体寻求合作伙伴的重点地区，在海外，被并购企业所在地成为海外合作的关键地区，而新兴市场也成为创新合作的重点对象。

# 第七章

# 跨国并购作用于中国工程机械产业创新网络的机制分析

一般来说，发达国家的企业虽然垂涎于发展中国家庞大的消费市场却因其地方保护主义及高性价比优势面临一定的进入壁垒（Zhu and Zhu，2016）。双方企业通过跨国并购可以共享品牌和营销网络，迅速进入新的市场。中国工程机械产业的跨国并购多以获取目标企业的技术优势和创新资源为主要目的。然而，跨国并购并购后如何有效整合来实现其技术获取的目标，是企业所需要解决的关键和重要难题。基于此，本章通过企业访谈，并搜寻其所涉及的海外并购的相关信息，结合访谈资料和其他辅助数据，基于多案例信息，采用内容分析法进行归纳和编码，通过深入的案例分析与对比，来探讨：跨国并购对创新网络的作用路径是什么？每一个阶段都受到哪些因素的影响？作用的机制又是什么？以期为本书所提出的理论做出更为有力的解释。

## 第一节 数据与方法

### 一、案例研究方法

现有创新网络的实证研究存在两种范式，以关系经济地理学派为代表，通过对小规模样本的深入访谈进行定性研究，以及乌得勒支学派基于大样本合作专利等数据进行复杂网络的定量分析。然而，现有研究并未意识到将面板数据与访谈数据结合使用的重要性，单一数据的运用难以避免结论有失偏颇。基于此，本书采用定性研究与定量研究相结合的方法，一方面，在第六章借助来自中国知识产权局的大样本专利数据，利用社会网络分析方法、空间网络分析方法，对创新网络进行量化研究，用多种绩效衡量指标来衡量跨国并购对创新网络的影响；另一方面，在第七章结合来自深度访谈、实地调研、新闻和网络等获得的质性数据，通过案例分析方法，探索跨国并购作用于创新网络的内在机理。

### 1. 案例研究的步骤

作为一种基本的研究方法，案例研究方法利用全面的、长期的案例研究，通过构造假设并结合相关理论，将对真实世界的了解与归纳式的思考进行整合，专注于没有明确答案但却非常重要的问题，可以深入理解某种情境下的动态过程。（李平等，2012）。

案例研究的相关文献已经探讨了案例研究方法的一些环节。Glasser 和 Strauss（1967）提出、Strauss（1987）加以发展的扎根理论强调要对数据进行不断地比较，根据证据进行分类并渐进式地进行案例选择和数据收集；Yin（1981，1984）将案例研究看成一种研究策略，强调多案例研究中复制逻辑的必要性；Miles 和 Huberman（1984）开发了定性数据分析时运用的具体技术，并提出多种工具的重要性，例如，通过图表来管理和展示定性数据，通过精细编码来避免破坏原始数据的本意。之后，一些案例学者对早期的案例研究方法进一步调整和扩展，例如，Sutton 和 Callahan（1987）率先启用了反面样本研究法，Pettigrew（1990）增加了三角调查方法，Bourgeois 和 Eisenhardt（1988）则开发了跨案例分析方法，Van（1988）的民族志方法、Jick（1979）的三角数据方法以及 Mintzberg（1979）的直接观察研究都为案例研究构建理论的框架贡献了丰富素材。

案例研究的数据获取方法很多，如文档资料、问卷调查、访谈和实地观察等，数据以定性的文字或定量的数字形式存在。在案例分析中，定量研究通过用数字说话，能够避免研究者的主观认知错误（Mintzberg and McHugh，1985），而定性研究则更能够揭示数据背后的原理（Sutton and

Callahan，1987），定量与定性数据的综合运用能够产生协同效应（Eisenhardt and Bourgeois，1988）。

案例研究可以是单案例也可以是多案例，还能运用嵌套研究设计，在一个案例研究中有多个分析层次（Yin，1984）。例如，Leonard（1988）跟踪研究了10个创新项目的发展过程，而华威小组在研究英国大型公司的竞争和战略变革时分析了两个层次（Pettigrew，1988）。

基于案例研究构建理论需要经历定性研究、案例研究设计、扎根理论、预先确定构想等多种方法，Eisenhardt（1989）概括了案例研究方法的实践步骤。

为了深入探讨跨国并购驱动中国工程机械产业创新网络演进的机制，在研究数据方面，该章节采用档案资料、访谈、问卷调查和实地观察的方式，获得第一手质性资料，并通过多案例交叉对比和单案例多层次分析，来探索案例背后的作用机理。本章节在研究过程中，力求资料详实、可靠，具体的研究步骤包括数据搜寻、整理和分析三个部分，具体如表7-1所示。

**表7-1　案例研究的一般步骤**

| 阶段 | 研究步骤 | 主要活动 | 研究目的 |
|---|---|---|---|
| 第一阶段 | 案例研究开始 | 定义所研究的问题<br>先验的理论构思 | 理论聚焦<br>为案例分析铺垫分析基础 |
| | 案例的选择 | 不受理论或假设的影响<br>选择特定的总体<br>进行理论而非随机的抽样 | 保持理论的柔性<br>限制外部变异，保持外部效度<br>聚焦在对理论构建有用的案例上 |
| | 设计测量工具与访谈提纲 | 采用多种数据收集方法<br>有多个观察者，收集定性和定量的数据 | 通过多种数据来源的证据相互印证，使理论更加合理<br>采用多视角协同进行数据观察 |
| | 进入案例现场 | 采用现场记录等方法<br>灵活收集并分析数据 | 及时分析，随时调整资料的搜集<br>帮助研究者掌握浮现的主体与案例性质 |

续表

| 阶段 | 研究步骤 | 主要活动 | 研究目的 |
|---|---|---|---|
| 第二阶段 | 数据分析 | 案例内分析<br>使用发散方式寻找跨案例的共享 | 熟悉数据，并进行初步的理论建构<br>使观察者挣脱先前印象，并通过各种角度来查看证据 |
| 第三阶段 | 形成理论假设 | 为每个理论构思寻求依据<br>案例间重复验证理论逻辑 | 完善构思定义、效度<br>确认、拓展、完善理论 |
|  | 文献展开 | 矛盾文献进行对比<br>与类似文献进行比较 | 建立内部效度、提高理论水准并完善构思定义，提高理论概化程度<br>改进构思定义，提高理论水平 |
|  | 研究结束 | 尽可能接近理论饱和 | 案例分析的边际效应很小时结束分析 |

资料来源：阳银娟．知识伙伴对企业创新绩效的影响研究［D］．浙江大学，2015.

第一阶段，借案例企业参加博览会和展览会的契机，争取面对面的方式，多次对企业进行深度访谈，受访对象包括企业内部高层、研发及市场部门的相关人员，主要问题包括企业选择跨国并购的动机、并购后的主要合作模式及其效果、创新网络的拓展和延伸等方面。每次访谈的时间在0.5～2小时，在征求被访者同意的情况下，每次访谈都进行录音，并在访谈结束之后，第一时间记录访谈要点、调研心得和现场感受。同时，灵活采用多种方法收集定性和定量数据，整理现场笔记，获得尽可能多的第一手信息。

第二阶段，首先，对访谈录音进行处理，除语气助词和无关话语舍弃，对访谈录音逐句摘录和整理，并进行初步的归纳和提炼；其次，充分利用多渠道资源搜集企业的相关信息，包括新闻报道、公司年报、学术文章、相关网站、行业报告等，对一手访谈资料进行补充和佐证，通过三角证据来多元化的审视、提炼和总结。

第三阶段，对所得的质性数据进行分类、归纳和编码。对每一个企业不同员工的访谈资料进行分析，通过归纳、对比和提炼，获得针对每一个企业的相关论点；再对多个企业的论点进行对比和判断，通过跨案例对比和单案例分析，借助多种视角验证证据，以避免论点重复（彭新敏等，2011）。之后，将归纳的结论与文献进行比较，基于相同或矛盾的结果进一步挖掘，提升结论的普适性。

### 2. 研究维度

在案例研究的过程中，如果只根据有限的数据就跳跃式的得出结论，很容易因受鲜明生动的数据或杰出的被访者过度影响，有可能在不经意间放弃反面证据，信息处理过程的偏差导致研究者过早下结论或者得出错误结论（Kahneman and Tversky，1973；Nisbett and Ross，1980；Miles and Huberman，1984）。因此，选择多个案例、从多种不同的途径来分析数据，对于克服偏差具有重要意义。基于此，为了探究跨国并购对创新网络的作用，本章节从三个维度进行跨案例分析：①在数据上，根据不同的数据源所得出的结果，判断论点的可信性或矛盾性。当某数据源得到的模式被来自其他数据源的证据加以证实，该结果就拥有更为坚实的事实基础，如果证据冲突，则可通过进一步探查冲突背后的含义化解证据间的矛盾（Bourgeois and Eisenhardt，1988）；②在研究对象上，将多案例研究与单案例研究同时进行。通过多案例进行交叉论证，寻找案例之间的相似性和不同之处，打破过于简化的思维框架，强制比较不同案例并获得共同点，有可能会产生所没预想到的新类别和概念（Eisenhardt and Bourgeois，1988）；同时，通过单案例进行深入剖析；③在分析过程中，交叉分析企业和城市两个维度，从主体和空间的角度对比论证，多层次分析内在作用机理。

### 3. 研究信度与效度

在案例分析过程中，为了保证论证过程的严谨性和结果的可靠性，本书对建构效度、外在效度和信度三个方面加以确认，以保证研究品质。

①建构效度。基于来自合作专利、实地访谈以及新闻报道、采访传记等二手资料的证据，通过将各方的资料相互佐证，来保证质性研究的建构效度（Yin，2010）；

②外在效度。本书在选择案例时，在同产业中，综合考虑了企业的所有制类型、企业规模、并购频次等多方面的因素，从具有差异性的企业并购案例之中，寻找跨国并购作用于企业创新网络升级的共同驱动力，保证外部效度的可靠性；

③信度。本书采用扎根理论的研究方法，从实际观察和实地调研出发，系统性收集资料，并加以归纳和概括，寻找反映企业创新本质的核心论点，通过论点之间的联系建构或验证相关理论（徐建中等，2014）。由于本书的研究对象时跨国并购与创新网络演进之间的关系，无须进一步检验内在效度（Yin，2010）。

## 二、案例选取

在选取研究对象时，本书采取多案例交叉印证、单案例深入分析的方法，来探讨跨国并购作用于创新网络的实现阶段和驱动机制：一方面，通过对比不同企业的跨国并购行为，将跨国并购的不同作用进行编码并进行归纳，通过多案例对比获得具有普适性的结论；另一方面，选取典型案例，综合分析新闻公开信息、出版信息和调研数据，通过特殊案例分析获得具有代表性的结论，综合探索跨国并购作用于创新网络的实现阶段及作用机制。

### 1. 多案例选择

多案例分析方法有助于通过交叉对比，对不同案例的共同点进行总结和提炼（Eisenhardt，1989；焦媛媛等，2009）。对多案例的选择和处理遵循以下步骤：

①考虑到 15 个并购主体中存在国有企业、民营企业与中外合资企业三种所有制形式，在选择研究对象时，保证每一种所有制形式都在考虑范围之内，寻找不同所有制之间的相似点，挖掘复杂现象下蕴含的规律；

②根据并购频次，决定选择 2 个国有企业、1 个民营企业、1 个合资企业。在 15 家并购企业中，有 7 家国有企业参与了 17 次跨国并购，有 3 家合资企业参与了 15 次跨国并购，另有 6 家民营企业参与了 9 次跨国并购；

因此，国有企业无论是并购主体数量还是并购积极性都占绝对优势，合资企业数量虽少却拥有较多的并购频次；由于多案例分析数量以不多于4个为最佳，在此基础上，选择2家国有企业、1家民营企业和1家合资企业；

③在选择具体案例过程中，基于调研深度、企业并购事件的影响程度等多方面原因，选择了四家企业进行多案例分析，具体如下表所示。在充分尊重企业隐私的前提下，在本书的相关分析中将企业名称进行匿名化处理，并将能够判别出企业身份的相关信息进行模糊化处理，如表7-2所示。

表7-2　　案例企业的基本特征

| 名称 | 所有制 | 2016年营业收入（亿元） | 并购企业所在国家 | 采访次数 | 受访对象 |
|---|---|---|---|---|---|
| A企业 | 国有 | >230 | 德国等 | 4 | 研发人员等 |
| B企业 | 民营 | >230 | 意大利等 | 3 | 副总经理等 |
| C企业 | 合资 | >120 | 意大利等 | 5 | 研发人员等 |
| D企业 | 国有 | >30 | 德国等 | 4 | 研发人员等 |

资料来源：作者整理所得。

四个案例企业中，从所有制类型来看，A企业和D企业属于国有企业，B企业是民营企业，C企业是合资企业；从企业规模来看，A企业和B企业均为大型企业，C企业规模中等，D企业规模最小；从跨国并购的情况来看，所有企业均在德国进行过至少一次并购。综上所示，四个案例企业之间，在所有制、企业规模和跨国并购等方面，既有相似之处，又各有不同，在案例分析中的交叉对比和深入论证奠定基础。

## 2. 单案例选择

在单案例研究中，选择中联重科及其并购CIFA的案件作为典型案例进行深度分析。CIFA是全球领先的企业，拥有相对的知识和技术优势，对应于中联重科产品的横向领域。此次收购，已被大多数研究所肯定，并认为它是中联重科国际化发展的重要一环，通过整合，中联重科获得了先进的技术和全球市场的关键知识，创新网络在广度和深度方面得以延展（Spigarelli et al.，2015；Lattemann et al.，2017），双方具体信息如表7－3所示。

表7－3　　　　中联重科及主要并购企业的特征比较

| 企业 | 企业层面 | 跨国并购的主要动机 |
| --- | --- | --- |
| 中联重科 | 国内市场排名第二并具有较强的技术创新能力<br>相对较弱的国际竞争力<br>受益于国有背景，较容易获得研发支持 | 国际化策略<br>获取技术以及关于市场的知识、专利、核心部件的研发和生产、先进的管理经验等 |
| CIFA | 具备先进的国际化经验，技术人才<br>成熟稳定的销售渠道和合作研发网络<br>资金链断裂；财团纷争 | 有意愿出售<br>可以获得进一步研发的资金 |

选择该案例的原因包括以下三点：①并购事件的选择与研究主题高度相关，能有效匹配研究问题。中联重科并购CIFA的主要目的就是拓展国际市场，获取顶尖的混凝土机械产品与制造技术，在产品的技术性能和制造工艺水平方面实现国际化跨越，同时提升制造效率，在企业管理、生产效率和制造水平上迅速提高（高鹤，2008）。从战略意图的角度看，技术因素在中联重科收购CIFA事件中占据重要地位，获取技术、实现进一步创新的战略目的使该事件成为绝佳的研究对象。②Siggelkow（2007）指出，只要案例具有“会说话的猪”的典型性就能满足研究需求。在中国工程机械行业，中联重科被誉为中国工程机械科技创新的灵魂，70%以上的行业标准由其制定，年销售收入的40%左右来自于新品开发，通过并购在各自领域享有盛誉的9家国内企业和5家海外企业丰富了其产品结构，行业技术覆盖率超过75%；目标方意大利CIFA股份公司拥有80余年专业研发、制造和销售经验，是全球第三的混凝土机械制造商、全球第二的泵送机械制造商，在欧洲混凝土泵送机械市场上是仅次于普茨迈斯特的第二大巨头，其产品和品牌在行业内均有良好声誉。中联重科并购CIFA是中国工程机械行业走出去的首次也是最大规模的一次并购，引发了全球建筑工程机械的重新布局，尤其是混凝土机械行业的全面整合与洗牌，对于中国工

程机械行业而言，在国际化进程中具有里程碑式的重大意义，并被载入哈佛教材经典成功案例中，具有极高的代表性和典型性（彭白水，2008）。③中联重科和 CIFA 同为全球工程机械行业的知名企业，此次并购意味着全球第三和第五大混凝土机械企业的整合，具有极强的行业影响力和学术研究价值，在新闻媒体、学术研究、行业咨询等领域均有丰富且翔实的资料可供查询。

### 3. 重点案例介绍

中联重科股份有限公司创建于 1992 年，从中国建设部长沙建设机械研究院科研体制改革过程中孵化而来，2000 年 10 月在深交所上市、2010 年 12 月在香港联交所上市，成为业内首家 A + H 股上市公司，作为全国首批创新型企业之一，已经成为中国工程机械装备制造业行业领军企业。目前，中联重科所涉及的产业领域有建筑工程、交通工程、环境工程、能源工程、农业机械等，20 多年高新技术装备的研发制造使中联重科成长为一家全球化企业，具有完全自主知识产权的 13 大类别、86 个产品系列，近 800 多个品种的主导产品，为全球产品链最齐备的工程机械企业。雄厚的经济实力和卓越的产业地位是企业在发展历程中不断探索的结果，总的来看，中联重科的发展经历三个阶段。

①科技产业化阶段（1992～1996 年）。1992 年，中联重科股份有限公司成立，隶属于建设部长沙建设机械研究院，詹纯新时为建设部长沙建设机械研究院副院长，带领 7 名工作人员、用 50 万元启动资金成立了中联建设机械产业公司；这也是研究院为了摆脱科研经费不足的困境、探索科技成果转化的新途径所创办的产业实体，混凝土输送设备为主要产品。因此，该企业建立之初就具有国有的基因，对创新极为重视。经过半年的努力，1993 年，中联重科成功开发生产了第一代混凝土输送泵，当年销售达 500 万元；1994 年，原长沙建机院混凝土机械研究室、机械厂成建制并入中联重科，企业拥有了自己的研发队伍和产生基地，成功研制出第二代混凝土输送泵，并为公司创造利税 1200 万元；1995 年，中联重科成为长沙高新技术产业化开发区六个产值过亿元企业之一，也成为长沙市公交企业排行第四的利税大户；1996 年，产品原有的泵系列产品得以丰富，同时开

发了塔式起重机、振动压路机、混凝土泵车等一批高科技产品，销售收入首次突破1亿元（梁柏泉，2014）。

值得一提的是，1994年，中联重科收到客户对第一代混凝土输送泵的负面反馈，鉴于当时有20台产品已交订金，每台售价近百万元，公司员工建议一边生产一代产品，一边开发二代产品，但詹纯新痛下决心，在市场销售良好的情况下毅然决定停产，集合技术人员集中开发第二代产品。董事长詹纯新对产品质量的执着得到了回报，第二代混凝土输送泵在同年7月问世，企业为已购客户免费置换的情况下，又收到了45台设备的订单。这个困难且冒险的抉择塑造了中联重科的品牌，对公司后来的发展起到了至关重要的推动作用。

②改革发展阶段（1997～2006年）。该阶段的重点在于体制机制的改革：随着长沙建机院的机构和人员逐步涌入中联重科，公司单一的产权结构和治理模式无法应对建机院在人事和分配等方面的旧体制缺陷。为了适应市场经济，建机院将中联重科从一个事业单位转制成具有现代企业制度的新型科技企业。1997年，为了完善企业治理结构，企业决定进行产权结构改革，通过股份制改造，建立中联混凝土机械有限责任公司和中联起重有限责任公司，并于1999年正式注册设立“长沙中联重工股份有限公司”，在2000年在深圳证券交易所挂牌上市；从2001年到2004年，中联重科依次收购了Powermole、湖南机床厂、浦沅集团和中标实业；2005年，中联重科面对发展趋缓的宏观经济环境，按照专业化分工将企业形成20来个相对独立的经营单元，通过“核裂变”保持企业经营指标的快速增长。

自1997年起，中联重科利用资本、技术、市场三个杠杆，通过联合兼并、参股、控股等方式整合行业资源。具体来说，在初期的企业投资中，2001年1月，中联重科收购了英国保路捷公司80%的股份，是企业在资本市场上与国际接轨的重要尝试，使我国非开挖领域的技术水平至少提前了20年；2002年至2004年，中联重科依次收购了湖南机床厂、浦沅工程机械有限公司和中标实业，他们均是各自细分领域中的佼佼者。对湖南机床厂、浦沅集团和中标实业的收购丰富了企业的产品结构，并获得良好的收购绩效，并通过将浦沅和中标的品牌统一更新为“中联”，中联重科的影响力进一步扩大。截至 2006 年，中联重科年总收入 86.5 亿元，创利税 12.6 亿元，在中国工程机械行业排名第二，在全球工程机械行业排名第 17 位。詹纯新指出，企业正在由创业型企业向创新型企业转变，正由国内市场向国际市场拓展。

③国际化拓展阶段（2007 年至今）。2000 年，中联重科在深交所上市，湖南省国资委仍凭借 25% 的股份担任最大股东；2007 年，中联重科整体收购母公司建机院的经营性资产，实现了整体上市。自 2007 年起，受国家宏观调控和全球金融危机影响，中联重科积极深化组织机构改革，于 2007 年与湖南嘉泰新材料科技有限公司建立合资企业，通过中外合资做大做强锯床锯带业务。2008 年，中联重科掀起新一轮重组并购高潮，3 月份并购山西新黄工以进军土方机械领域，6 月份收购湖南汽车车桥厂以打造汽车车桥的制造基地，7 月份收购华泰中国 82% 的华泰重工以进军矿用机械、特种机械，9 月份联合弘毅投、高盛、曼达林基金对意大利 CIFA 进行全额收购，标志着全球最大规模的混凝土机械制造企业的诞生；之后，中联重科仍积极对海内外市场的优秀企业进行并购，2013 年，中联重科收购了全球干混砂浆设备第一品牌—德国 M－TEC 公司，于 2014 年并购全球著名升降机企业—荷兰 Raxtar 公司，于 2015 年收购意大利 Ladurner 公司，具体如表 7－4 所示。

**表 7－4　　中联重科股份有限公司国内外并购事件一览表**

| 序号 | 并购时间 | 目标企业信息 | | | |
|---|---|---|---|---|---|
| | | 企业名称 | 地址 | 成立时间 | 领先产品 |
| 1 | 2001 | Powermole | 英国 | 1972 | 非开挖机械 |
| 2 | 2002 | 湖南机床厂 | 长沙 | 1951 | 机床 |
| 3 | 2003 | 浦沅集团 | 长沙 | 1968 | 汽车起重机 |
| 4 | 2004 | 中标实业有限公司 | 长沙 | 1999 | 环卫机械 |
| 5 | 2008 | CIFA | 意大利 | 1928 | 混凝土机械 |
| 6 | 2008 | 常德信诚液压有限公司 | 常德 | 2001 | 液压阀 |
| 7 | 2008 | 陕西新黄工机械有限责任公司 | 渭南 | 1968 | 土方机械 |

续表

| 序号 | 并购时间 | 目标企业信息 | | | |
|---|---|---|---|---|---|
| | | 企业名称 | 地址 | 成立时间 | 领先产品 |
| 8 | 2008 | 大汉汽车有限公司 | 沅江 | 2004 | 随车起重运输车 |
| 9 | 2008 | 湖南汽车车桥厂 | 常德 | 1970 | 车桥及配件 |
| 10 | 2008 | 华泰重工制造有限公司 | 长沙 | 1958 | 物流运输装备 |
| 11 | 2013 | M－TEC | 德国 | 1978 | 干混砂浆设备 |
| 12 | 2014 | Raxtar | 荷兰 | 1993 | 施工升降机 |
| 13 | 2014 | 奇瑞重工股份有限公司 | 芜湖 | 2011 | 农业机械 |
| 14 | 2015 | LADURNER | 意大利 | 1990 | 环境解决方案 |

长期以来，中联重科注重对全球行业发展态势的研究，通过国际扩张，在全球范围内整合优质资产，已经构建起完善的全球化研发、制造、销售、服务网络。在生产制造基地方面，通过对国内15个工业园区和国外5个工业园区的整合和布局，已形成遍布全球的产业制造基地。在产品销售和服务网络方面，公司产品市场已覆盖全球100余个国家和地区，构建了全球市场布局和全球物流网络和零配件供应体系。尤其是在“一带一路”沿线设立了子公司及常驻机构，并在德国、意大利、白俄罗斯、荷兰、印度等9个沿线国家建立了工业园或生产基地，配置有20个海外贸易平台、8个境外备件中心库，产品出口到31个沿线国家，满足了公司“走出去”的本地化运营，为公司带来新的发展机遇。

中国工程机械行业，中联重科素以并购闻名，自2001年以来，谨遵“突出主业、增强核心竞争力”的核裂变战略，如表7－4所示，已将9家国内企业和5家海外企业收入囊中，这些企业均在各自的领域享有盛誉，在关键产品和技术方面拥有独特优势。其中，中联重科并购CIFA是发展战略中的一次“聚变”，是中国工程机械行业走出去的首次也是最大规模的一次并购，双方企业的声望也轰动了全球机械行业，引发了全球建筑工程机械尤其是混凝土机械行业的整合，对于中国工程机械行业国际化进程具有里程碑式的重大意义，并被载入哈佛教材经典成功案例中，具有极高的代表性和典型性。

## 三、数据获取

### 1. 访谈设计

为了对案例进行深入了解，本书选择半结构式访谈的方式对相关案例进行调研分析。半结构化访谈（Semi－structured Interviews）是指按照一个粗线条式的访谈提纲而进行的非正式的访谈，对访谈对象的条件、访谈问题的要求较为粗略。

本章主要围绕跨国并购对企业全球—地方创新网络的影响而展开，要求问卷能够为半结构式访谈提供所需要的引导式问题，从而为深入探讨作用机制提供有效信息。根据前述的概念探讨和理论分析，确定问卷主要包含以下四方面的内容：①企业基本信息：主要包括企业属于总公司还是分公司、所有权性质、企业地址及选址原因、成立年份、员工数量及股权变动经历等。②企业创新与对外合作研发信息：主要包括企业新产品新颖度及产品构件技术含量、新产品实现方式（自主研发、购买、逆向研发等）、新产品推出频率及销售收入占总收入比例、研发的人员及资金投入情况、学研及产业研发合作的重要性及频率对比、合作关系的建立方式及合作途径等。③企业并购过程（并购前的决策与动机以及并购后整合过程）：企业选择跨国并购的目的、并购对象的选择标准、影响并购成败的关键因素、并购后员工、资产、技术等的整合情况。④企业对行业并购行为的认识：企业对自身并购行为的评价、企业对同行企业并购行为的评价、企业并购后国际化战略的转变、企业并购后研发战略的转变。

半结构式访谈给予访谈者较大的自由权，可以根据访谈时的实际情况灵活地做出必要的调整，至于提问的方式和顺序、访谈对象回答的方式、访谈记录的方式和访谈的时间、地点等没有具体的要求，由访谈者根据实际情况灵活处理。基于此，笔者选择了三种工程机械产业企业聚集的博览会，根据调研问卷，对参与以及未参与过跨国并购的工程机械企业进行深入访谈。

第一，2015 年、2016 年、2017 年、2018 年中国国际工业博览会。中国国际工业博览会创办于 1999 年，简称“中国工博会”，通过多年的专业化、国际化、品牌化运作，现经国务院批准，成为中国唯一具有评奖功能的大型工业博览会，已通过国际展览联盟UFI认证，成为中国工业领域面向世界的重要窗口和经贸交流合作平台。自2015年起，中国工博会移师国家会展中心（上海），笔者参与了2015～2018年的四次中国工博会，分别对多家企业进行了深入访谈。在2015年的访谈中，针对装备制造业的创新及对外合作信息进行了搜集，2016～2018年的访谈中，开始将跨国并购作为重要讨论议题，基于调整后的问卷，针对有跨国并购经历的企业，就并购的实施、对企业结构、创新活动、合作关系以及国际化的影响进行探索，针对无并购经历的企业，则邀请其对行业跨国并购做出评价。

第二，2016年、2018年两届上海宝马展。2016年11月22～25日，第五届上海宝马展在上海新国际博览中心召开，该展览吸引了全球各地的工程机械产商前来参与，为工程机械业内人士提供了交流展示平台，中联重科、三一重工、徐工和山河智能等中国工程机械龙头企业均在博览会现身并取得佳绩。以中联重科为例，该企业作为全球工程机械领军企业携8大系列22款产品盛装亮相，并在开幕式当天签约数亿元大单，向全球发出了智能化变革宣言。2018年11月27～30日，第六届上海宝马展同样在上海新国际博览中心召开，来自41个国家和地区的2958家展商济济一堂，中联重科、振华重工、三一重工等中国知名工程机械巨头赫然在列，并均接受了团队的访谈。笔者在对各企业进行深入了解的基础上，在展会进行实地调研，合计对13家企业进行了深入访谈，其中有5家企业进行过跨国并购。在访谈中，笔者向负责各类展品的多位技术人员详细询问了产品开发、技术研发的过程以及跨国并购对企业的影响，向部门经理等高层管理人员就跨国并购事件对企业创新的作用进行了补充访谈；并邀请其他同行企业对跨国并购的实现形式、对创新的影响以及作用机制阐释自己的看法并进行比较性评价。

第三，第6届中国国际机器人展（CIROS）。笔者于2017年7月5～8日，在上海国家会展中心对第6届中国国际机器人展（CIROS）进行了实地调研，对参与跨国并购的22家机械类企业进行了深入访谈，其中，进行过跨国并购的企业有两家，一为大型国有企业，对德国、日本、美国等企业进行过多次并购，二为小型国企，在德国进行过一次并购。作者就企业跨国并购动机、整合过程、跨国并购后企业在组织机构、人才培养、技术研发、市场拓展和创新合作五个方面对两个企业分别进行了详细访谈，获得了一手质性资料。同时，邀请其他同行企业对跨国并购的实现形式、对创新的影响以及作用机制阐释自己的看法并进行比较性评价。

### 2. 调研实施

作者曾参与中德合作研究项目“中国装备工业企业创新合作网络研究”，以及教育部人文社科基金项目“网络权力与企业空间行为、企业创新”、国家自然科学基金面上项目“层级式产业集群内部技术权力突破与创新升级研究”“重化工业创新网络合作机制及其空间效应研究”等国际级、国家级课题，主动参与企业和集群创新及创新网络等相关环节。以此为基础，又参与了2016年、2018年上海第八届宝马展以及2015年、2016年、2017年、2018年中国工业博览会等展会，并进行了深入调研和访谈，获得大量第一手资料，前期对装备工业企业创新行为、合作关系的建立等议题进行了深入了解，后期针对工程机械产业的跨国并购及创新网络的运行机理及演化机制进行了深入访谈与实证分析，三一集团、中联重科、山河智能、柳工等中国工程机械行业的领先企业均是重要的访谈对象，且接受过笔者数次深度访谈。

在对企业的历史发展和现状进行深入了解的基础上，通过实地访谈能够加深对研究对象发展路径和内在发展机制的了解，把握跨国并购对企业创新决策、合作伙伴选择等方面的影响。笔者所在研究小组于2015年至2018年，对中国工程机械行业的70家企业进行了半结构式访谈以及深度调研，获取第一手资料。其中，调研问卷涵盖企业基本信息、企业创新网络、企业跨国并购对创新活动的影响、企业对行业跨国并购的认知等四方面的内容（见表7－5）。

在73个访谈对象中，有44个企业未参与任何并购活动，其中，有18个企业位于中国工程机械行业前百名之列，拥有较大的经济体量和创新水平，展会中展示的新产品拥有极高人气；有19个企业虽在经济体量上稍弱，位于全国产业排名百位之外，但凭借专业化的技术、独特的产业优势，创造的新产品有较强的竞争力；另有7个企业在经济体量、新产品创造方面表现一般。针对此类企业，作者在访谈中着重探讨企业对不同创新合作伙伴的选择、联系强度以及合作绩效，同时，询问企业对于跨国并购的认知、行业中其他主体进行跨国并购对行业的整体影响等。

表 7－5　　企业访谈和实地调研统计表

| 时间 | 地　　点 | 受访企业数量 | 主要工作 |
|---|---|---|---|
| 2015. 11. 3 ~ 2015. 11. 7 | 第十七届中国国际工业博览会 | 12 | 半结构式访谈 |
| 2016. 11. 1 ~ 2016. 11. 5 | 第十八届中国国际工业博览会 | 8 | 半结构式访谈 |
| 2017. 7. 5 ~ 2017. 7. 8 | 第 6 届中国国际机器人展（CIR-OS） | 22 | 半结构式访谈 |
| 2016. 11. 22 ~ 2016. 11. 25 | 上海宝马（bauma）展 | 11 | 企业访谈 |
| 2017. 11. 7 ~ 2017. 11. 11 | 第十九届中国国际工业博览会 | 17 | 企业访谈 |
| 2018. 11. 27 ~ 2018. 11. 30 | 上海宝马（bauma）展 | 7 | 半结构式访谈 |
| 2018. 9. 19 ~ 2018. 9. 23 | 第二十届中国国际工业博览会 | 20 | 企业访谈 |

资料来源：作者整理所得。

在参与过并购活动的 29 个企业中，有 15 个企业只参与过国内并购或者被并购活动，有 5 个企业被国外企业并购、并作为外国企业的子公司接受调研，另有 9 个企业作为并购主体进行过跨国并购。这些企业均具有一定的经济体量和丰富的新产品展示，在访谈中，对企业本身或企业集团在工程机械产业领域的地位给予高度评价，并对企业研发投入、创新产出进行了较高肯定。针对此类企业，作者在访谈中询问企业对不同创新合作伙伴的选择、联系强度以及合作绩效之外，还探讨了以下内容：企业进行并购的目的和动因，对并购对象的选择依据，并购双方的整合过程及关键影响因素，并购对企业创新能力及研发伙伴的影响、对企业国际化的影响、对企业创新网络各方面的作用等。多案例分析中的 A、B、C、D 4 个企业中，A、B、C 企业均接受过本人不止一次采访，D 企业的子公司也接受过本人调研，中联重科作为重点调研企业更是接受过本人 6 次调研。

### 3. 其他数据

首先，企业创新环境评估的相关数据主要借助《中国统计年鉴》《中国科技统计年鉴》《中国火炬统计年鉴》《中国工业经济统计年鉴》《中国机械工业统计年鉴》《中国工程机械工业统计年鉴》企业相关统计公报及相关网站等渠道获取。

其次，作者借助网络平台、数据库和新闻媒体获得大量二手资料。所研究的十家企业知名度较高，来自新闻媒体的相关报道以及来自研究机构的学术成果较为丰富，企业领导重视学习、经验和教训的总结，反映企业发展的学术文献、媒体报道、公开出版物内容全面。整体来看，所获得的二手质性资料主要源于以下三类：第一类在知网等学术平台搜集的各类学者针对机械产业和并购所撰写的各类文献与书籍；第二类针对企业发展、企业并购、领导访谈的媒体报道，企业负责人在各种平台的演讲和访谈报告，来自报纸、杂志、新闻、企业网络主页等多个渠道的媒体报道；第三类企业高管的个人传记以及有关企业成长的书籍，如《梁稳根和他的三一重工》《梁稳根的三一之路》等，也介绍了关于企业跨国并购的大量细节。

最后，针对中联重科并购 CIFA 这一特殊事件，笔者将“中联重科”“CIFA”和“创新”“技术”“科技”“知识”“研发”等作为关键词并分别组合后进行资料检索，在剔除冗余信息后获取的资料有 49 份，包括 25 篇媒体报道、24 篇学术论文作为案例分析的重要辅助资料。

# 第二节 案例分析与编码

## 一、案例分析原则

与假设检验型的实证研究不同，归纳研究缺少普遍接受的模型用以指导关键的创造过程，归纳过程中解释研究的指导原则也很少（Husdson and Ozanne，1986）。在缺少标准的情况下，本书采取如下方法：从每个企业案例收集定性和定量数据之后，针对每个受访者言论进行独立分析，将对每个技术人员和管理人员针对跨国并购的情况介绍进行有机结合，鉴于每一个案例的访谈对象都不少于 3 个，并针对同样的问题进行过访谈，因此，通过证据交叉对比，将至少有两个受访者肯定的情况加以编号，并在数据库中进行归纳总结。

案例分析的核心，是将访谈资料和档案数据进行“三角检验”，对研究主题进行更为可靠和准确的解释（Jick，1979）。针对初步完成的案例故事的检验，笔者同时基于新闻报道信息进行分析并形成独立观点，这些观点被整合进各个案例之中，以丰富对每个案例的研究。

在此基础上，本书使用复制逻辑进行跨案例分析，从一些案例中初步发展出理论，然后在其他案例中去验证其有效性并进行改善；并不断在产生理论、案例数据和文献之间循环，进一步提炼概念定义、抽象水平、概念的测量和理论关系（Eisenhardt，1989；Gilbert，2005）。

## 二、案例分析步骤

已有对跨国并购的研究多发生于管理学、金融学、会计学和经济学领域，围绕企业并购原因、并购影响因素以及并购绩效三个角度展开（Haleblian et al.，2009；Zhu et al.，2016；应郭丽，2013），如图 7－1 所示。本书的学科基础为创新经济地理学，在已有的研究基础上，本章节不再着眼于跨国并购事件内部的黑箱，而是将企业跨国并购的完成作为一个整体事件，来探索跨国并购事件本身对于企业创新网络的作用路径。

基于此，本书借鉴已有研究，从并购前、并购中和并购后三个阶段展开，基于各个案例企业对于跨国并购影响企业创新网络的认知，对案例进行陈述、对事实进行总结和编码，进一步对作用路径进行归纳和总结。在多案例分析中，本书用 A、B、C、D 来代表所选择的四个案例；在单案例分析中，本书选择了中联重科并购 CIFA 的案例，在此用 E 来代表中联重科企业。

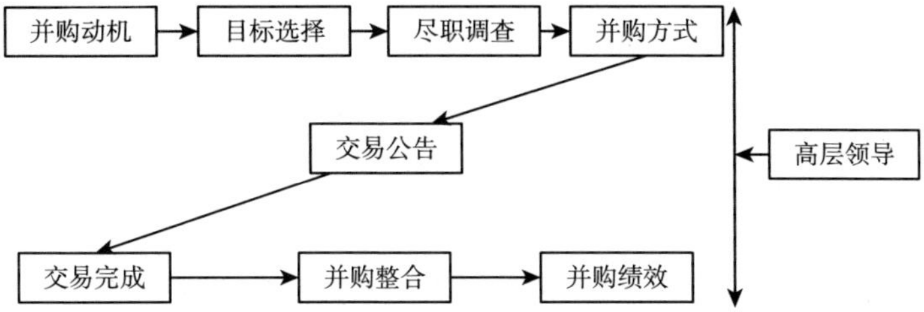


**图 7-1 并购事件的完整过程**

资料来源：Zhu H，Zhu Q. Mergers and acquisitions by Chinese firms：A review and comparison with other mergers and acquisitions research in the leading journals [J]. Asia Pacific Journal of Management，2016，33（4）：1107-1149.

本书对所得资料进行开放性译码，通过将所有资料分解和打散，在比较后重新组合起来，通过概念化加以归纳（陈向明，2000）。首先，对A、B、C、D、E每一个企业进行分析的过程中，必须有来自至少两个渠道的资料同时证明一个论点时，该论点方可被采纳；其次，针对每一个阶段，对A、B、C、D四个企业的访谈分别进行归纳并对比，同一论点在两个企业中出现过即加以采纳，对E企业而言，有两个渠道的资料可以证明即可采纳；最后，基于时间维度，分别从跨国并购开始之前、跨国并购整合过程中和跨国并购之后三个阶段对资料进行梳理。另外，由于采访对象主要有研发人员、产品经理以及经理或董事长等高层管理者，在此分别用TB、PM和CEO对其进行编码①。

## 三、案例归纳与编码

### 1. 跨国并购前期：目标的选择

后发企业因行业起步较晚在技术和市场准入等方面的资源较为匮乏（Mathews，2002），所研究的五个案例均存在相似的情形：五个企业虽在中国产业中均处于领导地位，但是规模优势并不代表技术的领先。事实

① TB：技术骨干/研发人员（technology backbone）；PM：产品经理（product manager）；CEO：经理/董事长（chief executive officer）

上，除了A企业自20世纪60年代起就开始所在领域的研发外，其他企业在关键技术领域涉足不足30年，与国外众多百年巨头相差甚远。企业虽也通过逆向研发、参与合资公司建立、购买技术授权等方式，计划实现技术升级和国际合作关系的拓展，但都收效甚微。与此同时，技术的迅速更迭进一步促进了企业对核心技术领域的重视（吴先明等，2014），跨国并购已然成为企业弥补自身技术短板、实现技术赶超甚至占据技术引领地位、建立新型竞争优势的战略杠杆（Peng，2012）。

在五个案例企业所有的跨国并购事件中，获取对方核心技术、实现技术赶超都是并购实施的主要驱动力。因此，在跨国并购前期，寻找合适的并购目标成为成功的跨国并购的前提。通过案例数据整理与归纳，发现并购双方的产业相关性、知识互补性、双方合作历史、并购对象的品牌和地位以及并购对象的创新环境成为企业选择并购目标的考虑重点，在此，分别用a1、a2、a3、a4和a5来编码这五个因素，如表7－6所示。

表7－6　跨国并购前期的资料归纳与编码

| 企业 | 项目 | 相关证据 |
|---|---|---|
| A | a1 | “中国母公司提供了充足的资源，以帮助我们进入市场…我们可以在业务领域和产品线上实现互补。”——PM |
| | | “我们在产业上具有相关性，产品上也有重叠的领域。”——PM |
| | a2 | “跨国并购的话，一是融入当地市场，拓展营销网络，另外最重要的就是获取关键技术和专利，以及核心零部件，我们的技术有交叉的部分。”——TB |
| | a3 | “作为我们的供应商，之前，我们总是购买他们的产品。”——PM |
| | a4 | “我们是行业领先企业，在国内的口碑是很好的…在国外，他们的品牌是最吸引我们的地方…可以吸引其他企业来与我们合作。”——CEO |
| | a5 | “德国的协会很强大，我们现在可以很容易就获得行业的相关信息，这才是走出中国…在国内是无法有这么宽的视野的。”——CEO |

续表

| 企业 | 项目 | 相关证据 |
|---|---|---|
| B | a1 | “两家公司在行业、产品、技术和市场上的相关性较高。”——PM |
| | | “…挖掘机也是我们的主要业务。”——PM |
| | a2 | “并购是双赢的结果…他们乐于被我们收购，想打开中国市场，我们是看中了他们的知识和技术，他们的核心产品确实好，卖的价格比我们贵。”——TB |
| | a4 | “以前没有直接合作过，但是我们都知道对方，毕竟是一个行业里的…我们在欧洲肯定没有他们有名气。”——PM |
| | a5 | “意大利是混凝土行业的技术高地，在那里我们更容易获得最新的技术信息。”——TB |
| C | a1 | “高空作业机械是对方最擅长的领域，也是我们的主要业务之一。”——PM |
| | a2 | “我们用过他们的产品…他们所采用的技术一直都是我们想要的…并购完成后，我们…需要向外开拓，进一步获得对方的技术资源。”——TB |
| | a3 | “我们买过他们的产品。”——PM |
| | a4 | “他们的牌子很好，在美国拥有相当大的份额…我们的产品在美国属于中下水平。”——CEO |
| D | a1 | “我们算是一个行业……我们的产品有一些相关性。”——PM |
| | | “是产业内并购…他们的很多技术我们可能直接拿过来用。”——PM |
| | a2 | “跨国并购的目标是两个方面：一个是融入当地市场，拓展营销网络；另一个是获取关键技术和专利以及相对重要的核心组成部分…合并后的公司主要打算进入中国市场…”——TB |
| | a3 | “我们在过去几年有很多合作…我们互相信任，这是我们之间最重要的财富。”——CEO |
| | a4 | “论品牌我们也不比他们差…但是在国外的话，他们的认可度更高。”——CEO |
| | a5 | “利润肯定是重要的，但是最关键的是技术和创新点…技术的突破对于企业长远发展太重要了，在国外我们更容易获得最新产业信息，更容易走在前沿。”——TB |

续表

| 企业 | 项目 | 相关证据 |
|---|---|---|
| E | a1 | “我们是一个行业，并购是双赢的，我们帮助 CIFA 进入中国市场，还可以帮他们生产，他们的成本太高了……我们的业务和产品线是互补的。”——CEO |
| | | “CIFA 在混凝土领域是老大，他们的技术将会给我们带来很多优势，这不是其他企业几年可以实现的。”——TB |
| | a2 | “CIFA 的很多高端设备还有技术，都是我们梦寐以求的。”——TB |
| | a3 | “早在 2001 年，我们就和 CIFA 接触过，我们用过他们的产品。”——TB |
| | | “我们的并购都是有准备的，他们的团队很强大，我们以前购买产品时有过接触。”——PM |
| | a4 | “欧洲用户都认品牌、认服务，我们很难打开市场，再加上产品和 CIFA 比差距还是很大的。”——TB |
| | | “CIFA 的产品放在国内，有的都是无法替代的，完全是独一无二的高端产品。”——PM |
| | a5 | “意大利真的是制造业的技术高地，拥有先进的企业还有协会…我们的零部件也有从那里进口的。”——CEO |

## 2. 跨国并购中期：企业的整合

成功的并购有助于企业实现优势互补和效率提升，在完善产品线的同时提高行业的进入壁垒（陈志军，2002），失败的并购则会加重企业的经营负担，而“颠覆式创新”之父克莱顿·克里斯滕森曾言，并购的失败率达到 70% 甚至更高，而并购双方企业资源的整合是并购成功的关键。三分看并购，七分看整合，有效的整合需要在避免文化冲突的基础上，保证双方企业的正常运营和资源整合，实现技术溢出和规模经济（冯根福等，2001）。

在访谈中发现，五个案例企业均将双方企业的整合置于至关重要的地位，并对自身的整合效果给予肯定评价。案例企业从资本、战略管理、组织行为等多个方面探讨了整合的主要内容，通过数据整理与归纳，发现在并购后尊重被并企业的独立运作、双方文化和经营理念的整合、技术和人才等资源的整合以及中介组织的建立，这四个方面成为跨国并购整合成功的关键，在此，分别用 b1、b2、b3 和 b4 来编码这四个因素，如表 7－7 所示。

表 7－7　　　　跨国并购中期的资料归纳与编码

| 企业 | 项目 | 相关证据 |
|---|---|---|
| A | b1 | "我们在并购之初就保证了零裁员零失业，和当地工会也达成了协议，在并购完成的初期对方企业是完全保持独立的。"——CEO |
| | b2 | "他们的管理层有我们这边的…也不是不信任，但是双方在管理和经营上需要达成一致…文化差异还是很大的…对方的工会我们就专门派了两个人去对接，这在中国是没有的。"——CEO |
| | b3 | "国际人才来华进行技术交流与合作……同时，我们将派遣我们的中国员工出国学习深造，学成归国为本公司继续进行研发活动。"——TB |
| | | "我们就是看中了他们的关键零部件，我们生产不出来…"——PM |
| | b4 | "企业在被并购企业建设了研发点，了解最新技术和产品，并进行初步研发，但是最主要的研发行为仍在国内进行。"——PM |
| | | "我们很希望将对方的技术全部拿到中国来，但是为了避免引起对方的反感，我们后来还是协商在中国建立了一个新的公司，我们负责出钱，对方负责出人出技术，同时也为他们在中国销售打造了一个新的基地。"——CEO |
| B | b1 | "在并购刚开始谈判的时候就发生过工人罢工活动…经过协商，我们只派过去几个管理层人员协助管理工作，尽可能避免经营受挫。"——CEO |
| | b2 | "想要用好意方的技术并不简单…他们的技术没有现成的操作手册，很多操作细节还有具体工艺都存在技术人员的脑子里…意大利（文化）很松散…我们在人员协调上下了很大功夫。"——CEO |
| | b3 | "我们国内有项目，他们派人来深圳…我们有人和他们一起调试，同时也向他们学习。"——TB |
| | | "我们始终尊称他们是老师，我们必须努力工作并向他们学习。"——TB |
| | b4 | "为了进一步得到他们的技术和营销网络，我们设立了两个合资企业，每个合资企业持有 50% 的股份……相当于将技术和管理经验转移到中国，也让老师来到中国。"——CEO |

续表

| 企业 | 项目 | 相关证据 |
|---|---|---|
| C | b1 | “被收购公司的品牌和产品得以保留。例如，跨国并购后的第二年，他们开始调整其对华政策，并直接进入中国市场……我们还共同启动了一个合作项目……新产品在北美非常成功。”——PM |
| | | “高空作业机械领域，仅靠我们自己发展过于缓慢，我们成立了两个技术学习小组，希望通过及时的交流和沟通，碰撞出新想法。”——TB |
| | b2 | “大家要用共同的语言交流才能提高效率…我们派了有海外工作经验的管理者负责对接。”——PM |
| | b3 | “企业并购的关键内容在于，一是专利和技术，两个企业实现了技术共享，二是核心产品与核心部件的共享，三是人才的共享、交流与培养。”——TB |
| | b4 | “2007年，我们投资282万美元在美国成立子公司，主要负责北美的销售……我们在合并后的公司中建立一个研发点，以了解最新的技术和产品，然后进行研发……我们两家公司一起在海外建立了一家新公司，以便开创一项新业务。”——CEO |
| D | b1 | “管理团队没有变化……我们为被收购公司提供了很多决策自主权。”——PM |
| | b2 | “德国人比较严谨，我们也学到很多…刚开始的交流不是很顺畅…现在大家是一个企业了，交流的氛围好很多。”——TB |
| | b3 | “跨国并购后，我们成为了同事……特别是研发人员交流非常多，我们的国内员工可以在国外培训，然后返回国内研发。”——TB |
| | b4 | “我们磨合了一年左右，在中国建立了一个合资企业，方便我们更深入的合作，也帮助并购对象实现拓展中国市场的目的。”——PM |
| | b1 | “我们就派了几个人过去，必须要留住他们的人才，要不然并购的效果就没有了。”——TB |
| | | “在谈判的时候，就已经约定好，不裁员，管理队伍也不换，后面大家还是一心的，经济危机的时候，都没有人离职。”——CEO |

续表

| 企业 | 项目 | 相关证据 |
| --- | --- | --- |
| | b2 | “我们还专门建立了一个协同办公室，现在两个公司的员工沟通起来顺畅多了…我们建立的‘厂中厂’效果也很好，已经成了我们的研发核心，技术骨干都在里面。”——TB |
| | b3 | “我们老板以前就是做技术的，两边的管理层很投机，交流起来很顺畅。”——TB |
| | | “推出的新品牌，在机器上也有标识…就是 ZOOMLION - CIFA…企业研发合作不断出来新产品，融合的很好。”——CEO |
| | b4 | “确实建立了一个合资企业，CIFA 的很多技术员工都在我们长沙那边，保密性很高，都是核心的技术研发。”——PM |
| | | “我们在意大利有研发中心……把老师请到家里来，我们也要派人出去深造。”——PM |

### 3. 跨国并购后期：资源的配置

跨国并购中期，企业对双方资源的吸收和整合程度决定了企业技术创新能力的提升水平，并购双方一旦建立起健全的学习和交流通道、良好的网络互动环境以及完善的关系协调机制，关键创新资源，尤其是隐性知识的转移就有了更完善的制度保障（汪颖颖等，2011）。但是，在跨国并购后期，随着企业知识基础的增加和吸收能力的提升（应郭丽等，2014），企业仍要借助慢速的弱整合和较大的深度整合将所能接触的新技术与核心资源消化吸收，整合并内化为企业的自主创新能力，才能在企业的创新绩效、创新合作关系以及国际化进展等各个方面有所改进（刘先敏等，2017；王秋玉等，2018）。

五个案例企业的相关资料证实，在跨国并购后期，企业资源的有效配置将进一步改变企业在组织外部的创新绩效以及创新网络中的地位。通过案例访谈发现，资源的配置具体表现在以下五个方面：一是并购双方的知识共享程度与研发合作强度进一步提升；二是企业在国内外的学研合作伙伴关系进一步深化；三是企业基于产业链的国内外合作不断拓展；四是企业的国际化进程加快，在全球创新链的地位有所提升；五是企业的创新活动在全球化的分工呈现一定趋势。在此，分别用 c1、c2、c3、c4 和 c5 来编码这五个因素，具体如表 7－8 所示。

表 7－8　　　　跨国并购后期的资料归纳与编码

| 企业 | 项目 | 证　据 |
|---|---|---|
| A | c1 | “现在合作项目很多，不过主要是在新成立的企业里进行。”——PM |
| | c2 | “在与大学和研究所的合作方面，我们更愿意与上海交通大学，常州机电职业技术学院等单位合作，因为他们非常靠近总公司和子公司…总而言之，最重要的合作伙伴仍然在中国。”——TB |
| | c3 | “与客户和供应商的合作非常重要…跨国并购后，公司以前的合作伙伴都得到了保留，之后，我们可以开展进一步的合作。”——CEO |
| | | “国内外的博览会我们都会参加的…我们现在和并购对象一起参与国外博览会…有机会认识更多的同行。”——PM |
| | c4 | “德国是制造业最发达的地方，在并购之后，我们一起在德国还有北美参加了很多博览会，已经和产业领域内的很多国际公司建立了合作关系…要是在以前，不会那么容易（建立合作）。”——TB |
| | c5 | “主要的研发肯定还是在中国，论生产成本的话，还是国内比较划算。”——TB |
| B | c1 | “我们有人员在意大利培训和学习，也邀请了国外技术人员长期在中国进行项目合作。”——TB |
| | c2 | “集团内部的研发合作是最重要的……我们在常州有个子公司，与当地的常州机电学院有几个项目在合作…我们这个部门在深圳，但是也与这个学院建立了合作。”——PM |
| | | “与他们（并购对象）的合作是互利的结果，我们看中的是它的技术和知识，以及核心零部件，它也乐于被我们收购，因为它要借助我们打开中国市场。收购之后……他们所在地的高校成为我们重要的合作伙伴，我们在意大利的研发中心里有很多当地外国学校的学生和老师。”——PM |

续表

| 企业 | 项目 | 证　　据 |
| --- | --- | --- |
| B | c3 | “跨国并购后，我们不仅在国际建立了全球网络，也在不同的市场地区与客户、供应商展开合作…我们彼此分享产业链和创新合作伙伴……因此，行业合作伙伴遍布全球。”——CEO |
|  | c4 | “我们（并购双方）现在融合的很好…意方在去年并购了北美的一家公司…现在我们的海外据点更多了。”——CEO |
|  | c5 | “我们会派人员到意方去学习，主要的生产还是在国内…意大利的生产成本太高了”——TB<br>“研发优势就和地域没有关系，不管将来走到哪里，研发中心还是在中国。”——CEO |
| C | c1 | “我们很多老师傅不懂英语，专门派了年轻的技术人员负责对接…现在的项目就是大家一起做的，我们学到很多。”——TB |
|  | c2 | “我们公司是改制的，和中科院的合作历史很长…当地中科院部门的合作很多。”——TB |
|  |  | “美国的公司本来就和当地高校有合作，我们现在在当地建立了研究中心，当地高校的一些老师和学生也有参与其中。”——TB |
|  | c3 | “在研发活动中，自主创新是最重要的…其次是与大学和研究机构的合作…产业链合作，仅限于外围组件，核心部件的合作研发几乎不存在。”——TB |
|  |  | “我们集团的子企业遍布全国，在海外也有子公司，集团内部的研发合作是最主要的研发合作方式，母企业与子企业、子企业之间的合作非常方便……各企业当地的高校还有研究所，对于我们来说是共享的，（因为）我们有基地在那边……”——PM |
|  | c4 | “研发是要保密的，与其他企业的合作也有，但是很少，我们集团那么多企业，母公司肯定鼓励我们内部合作……我们在德国也有子公司，在当地招收了很多技术人才，那些人还在我们企业指导过项目。”——PM |
|  | c5 | “在美国的研发是很重要的，当然国内也有（研发）……生产的话两地都有。”——TB |

续表

| 企业 | 项目 | 证据 |
|---|---|---|
| D | c1 | “现在德国的企业成为我们的子公司…他们的专利也是我们的了…有一些合作项目，他们有人员长期驻扎在中国公司这边。”——TB |
| | c2 | “与客户的合作很少，因为研发是比较耗时耗费的，客户不愿意承受此类损失…与高校的合作是有的…那个高校以前和意大利的被并购企业合作过…”——PM |
| | | “收购之后…（并购对象）所在地的高校成为我们重要的合作伙伴，我们在意大利的研发中心里有很多当地外国高校的学生和老师。”——TB |
| | c3 | “研发的成本是很高的，最核心的研发肯定在集团内部进行…现在德国的企业成为我们的子公司，集团内（合作）肯定很多。”——TB |
| | c4 | “我们现在的海外基地伴增多了，在沙特阿拉伯也建立了合资企业。”——CEO |
| | c5 | “国内外研发都有，之前主要是国内生产国外组装，现在我们在国内也可以自主组装成品了。”——CEO |
| | | “我们会派自己的技术人员过去（被并购企业）学习和深造，学到技术之后再回国……也会请他们（被并购企业）派专家过来帮我们解决（技术）问题，合作完成一些项目，但是我们最依赖的还是自己的员工。”——CEO |
| E | c1 | “合作当然很多…看我们那么多合作产品就知道了，并购之后，双方企业合作创造了很多新产品，交流当然很多。”——PM |
| | | “国内和国外都有，有需要就会合作…我们去年有个产品调试老是出问题，就是请意大利专家飞过来指导的…大家是一个企业，一个牌子。”——PM |
| | c2 | “在意大利的话，有高校，也有研究机构…公司里很多研发人员就从当地大学毕业，他们的教授也参与了一些研发项目。”——CEO |
| | c3 | “并购后就是一家（企业），当然也有和 CIFA 的供应商或客户合作的情况…我们自己也与国外更多企业建立了很多高质量的合作关系。”——CEO |

续表

| 企业 | 项目 | 证　　据 |
| --- | --- | --- |
| E | c4 | “国际化程度肯定提升了，我们买了德国JOST公司平头塔机技术，还和印度的公司合资建厂，不能不说CIFA的并购起到一定效应…别人更加认可（中联重科）。”——TB |
| | | “研发的话肯定（中联重科和CIFA）都有…中国当然更重要，因为我们技术差，要学习，把人才和技术都引进来。”——TB |
| | C5 | “欧洲成本太高，我们这边（普通工人）工资是他们的四分之一还不到…中国有制造优势，我们要优势互补，生产基地就是在中国。”——CEO |

# 第三节

## 跨国并购对中国工程机械产业创新网络的影响机理

基于以上案例陈述、归纳与编码，可以获得案例编码的具体信息如表7-9所示。基于此，本章节对跨国并购对中国工程机械产业创新网络的作用阶段、实现路径以及对企业创新的空间布局进一步剖析。

**表7-9　　　　案例编码的具体内容**

| 发展阶段 | 编码 | 具体内容 |
| --- | --- | --- |
| 并购前期 | a1 | 产业相关性 |
| | a2 | 知识互补性 |
| | a3 | 双方合作历史 |
| | a4 | 并购对象的品牌和地位 |
| | a5 | 并购对象所处的创新环境 |
| 并购中期 | b1 | 弱整合 |
| | b2 | 文化整合 |
| | b3 | 技术和人才等资源的整合 |
| | b4 | 合资实体的建立 |

续表

| 发展阶段 | 编码 | 具体内容 |
| --- | --- | --- |
| 并购后期 | c1 | 并购双方的知识共享与研发合作加深 |
| | c2 | 学研合作伙伴的增加 |
| | c3 | 产业合作伙伴的增加 |
| | c4 | 国际化进程加快 |
| | c5 | 创新在全球—地方分工格局显现 |

## 一、作用阶段

前文在对案例进行陈述和编码的基础上，采用多层次分析方法，基于并购前期、中期和后期三个时期，从企业组织和创新空间的角度分别探索跨国并购对企业创新网络的绩效、合作联系和空间结构的影响，通过对案例企业进行交叉对比分析并梳理关键事件，发现创新网络的升级是企业从知识外围区域逐渐攀升至核心区域并实现各个空间尺度的合作伙伴逐渐增多的过程。跨国并购驱动企业创新网络演进的过程中，并购对象的特征、双方企业的整合以及并购后的资源配置均会影响企业创新的升级以及合作关系的建立。具体来看，跨国并购驱动创新网络的演化需要经历寻找并购目标、双方企业弱整合、合作建立中介组织、创新联系拓展四个阶段。

（1）阶段1：并购目标寻找阶段。

第一阶段，寻找合适的并购目标。甄选潜在的并购目标是并购成功的第一步，目标企业所拥有的创新资源能否弥补企业本身的技术缺口以及先前已有的合作关系会左右企业的选择。

在研究案例中，企业对技术的未来发展趋势及自身的技术短板有清晰的认知，在选择并购对象时，关系到弥补技术短板和未来创新绩效的多种因素均会左右企业的选择。如表7－6所示，首先，根据a1和a2可知，一方面，当双方企业拥有相似或互补的资源、相关的产品或市场时，产业相关性较高，有助于企业之间的协同并产生规模经济效应，企业在战略协调和知识协同方面更容易产生共鸣（刘平，2003；Hagedoorn and Duysters，

2002；Ornaghi，2006，2009）；另一方面，并购双方产业上的相关性为技术的沟通和交流提供了相似的认知结构，而目标企业因处于技术和知识的更高等级而与企业有一定异质性，异质资源不仅能够促进新方法、新信息的发现，还通过多元化知识类型带来范围经济以降低研发风险（魏江，2002；Cloodt，Hagedoorn et al.，2006）。其次，根据 a3 和 a4 可知，企业在衡量与目标的协同效应时会受到双方间信息不对称的影响，目标企业有公开有利信息、屏蔽不利信息的倾向，地理距离则有可能加重隐性资源和能力的信息不对称（Hitt et al.，2001；Puranam et al.，2006；Chakrabarti and Mitchell，2013），因此，相比于与企业相关性不大、企业知晓甚少的技术，企业更倾向于收购与自身技术互补或相关、产品市场类似的企业、有合作历史、有较高的品牌价值和行业地位的目标，以降低信息不对称带来的风险（Bena and Li，2014；Phene et al.，2012）。

综上可知，中国跨国企业会将其知识关联性作为跨国并购决策阶段的重要考量要素，与此同时，这一因素不仅仅局限于知识的相似性或互补性，而是谋求企业所需创新资源的获取，以此可以进一步充实知识库。在寻找潜在的并购目标时，先前已有的合作关系（如已有的供应和合作关系）可能会产生无意识的导向作用。

（2）阶段 2：资源弱整合阶段。

第二阶段，双方企业进行“弱整合”。并购初期的弱整合有利于双方建立技术流动和人员沟通的管道，在充分尊重并购企业独立经营主权的基础上，避免人才等核心资源的流失。该阶段的整合主要包括人才的频繁流动和研发人员的逐步渗透和培养，该阶段内，企业创新网络的规模和结构不会出现大幅度的变化。

在访谈中发现，为了避免企业之间的冲突、实现资源的充分融合，案例企业的整合阶段按两步完成。结合表 7 - 7 的 b1 和 b2 可知，就初期的企业整合策略而言，企业在并购刚完成之时，中国跨国公司倾向于采用 Liu 和 Woywode（2013）所提出的弱整合方法（light - touch strategy），这意味着合并后被并购海外企业仍存在一定程度的自主权，包括企业及产品名称、品牌的保留，管理和研发团队的持续运作等。通过充分尊重被并购企业的自主性，降低信任的不对称性，以求最大限度地留住人才、保存核心资源，也有利于浅隐性知识的外生溢出；同时尽可能地寻找双方共同语言、创造融洽交流的经营环境和文化氛围，能为资源的充分吸收和利用提供保障（Liu and Woywode，2010，2013）。

在企业“弱整合”阶段，中国母公司通过与被并购企业的多重沟通与合作，获得技术知识流动和沟通的管道，实现技术人才的频繁流动和研发人员的逐步渗透。基于上述战略和主要措施，本阶段创新网络结构的规模和结构会继续保持前一阶段的特征而不会出现大规模扩张。

（3）阶段3：合资实体建设阶段。

在第三阶段，双方企业进行以建立合资实体为标志的深度整合。随着以合资公司为主，以联合研发中心、生产基地、销售办公室等为辅的新的合资实体的出现，并购双方之间的技术转移和创新互动不断深化，持续助推创新网络的构建和能力的提升。所以，合资实体不仅为企业提供进一步整合的平台，还持续推动产品改进和创新知识的发展，逐步拓展全球创新网络。

在“弱整合”成功实现的基础上，跨国并购的作用进入第三阶段，研究中心、合资企业、生产基地等新的合资实体开始出现。如表7－7所示，根据b3和b4可知，一般来说，中外合资公司的设立有助于实现全球市场及相关技术的获取、整合，基于项目合作、产品研发活动，借助地理邻近、组织邻近等优势，实现技术和核心产品尤其是深隐性知识的共享，进一步产生更加强烈的人才环流和知识交互，在培养人才资源的同时，通过创造新产品来提升企业的创新能力以及在创新网络中的位置；而在发达国家并购地建立研发中心等实体机构，有利于企业捕捉产业和技术最新信息，持续助推创新网络的构建和能力的提升（杨陈等，2016；王秋玉等，2018）。

基于此，所建立的合资实体成为双方合作的主要载体，促进组织内部的技术转移和创新互动愈加频繁的发生，这在第六章创新网络主体的分析中也得以证实，跨国并购之后，中外合资企业成为创新能力最强的创新主体。合资实体不仅为企业的进一步整合提供一个综合平台，还将持续推动产品改进和创新发展知识，逐步形成一个全球创新网络。

（4）阶段4：网络联结拓展阶段。

在第四阶段，企业多维空间尺度的创新联结不断拓展和深化。根据

"创新来源"的二分法，创新联结的合作伙伴包括STI和DUI两种，其中，在企业创新能力不断升级的过程中，来自产业实践的DUI合作伙伴的增加最为显著。随着来自不同尺度合作伙伴的数量不断增多，企业的全球—地方创新网络不断拓展，企业在全球创新链中的地位也有所提升。

跨国并购后期，基于合资企业等中介组织以及并购双方完善的交流通道，企业组织内部的知识共享与研发合作不断深化，进一步作用于企业在全球范围内的创新绩效、合作联结以及创新活动布局。结合表7-8，具体而言，如c2和c3所示，随着企业的创新能力和知名度逐渐提升，基于产学研和产业链的联结关系都得以进一步拓展，而基于DUI的合作深化程度更为明显（吕国庆，2016）。

无论最终采取哪种整合模式，抑或完全吸收或二者共生，企业创新网络在第四阶段会得到进一步延伸和深化。一般来说，中国与被并购企业所在发达地区的研发中心或合资企业将成为创新的主要产生地，而邻近市场的地区则有可能建立办事处等机构以提供服务，从而将全球范围内的研发、生产、市场等资源充分融合。知识合作伙伴一般根据公司及其分支的具体位置，聚焦于本地；行业合作伙伴根据产业链需求分布在全球尺度。然而，受政府固有的政策导向因素——支持产学研合作的倾向的影响，中国企业也将国家尺度内的顶级研究机构视为合作伙伴。

## 二、作用机制

跨国并购中的双方因处于不同的国家而在文化、制度、惯例、资源等方面存在很大差异，目标企业一般位于创新资源富集、行业顶尖企业集聚、创新氛围浓厚的全球技术中心，企业如何通过跨国并购提升自身创新能力以及在全球创新网络的表现，本书通过案例对比以及实地调研发现，跨国并购使企业的创新资源得以增加、创新环境得以改善、技术权力得以提升，最终实现创新网络的升级（王秋玉等，2018）。跨国并购行为在影响知识储备等创新资源的同时，对于跨区域创新合作关系的建立也具有重要意义，最终实现企业吸收能力和结网能力，以及在全球创新网络中技术权力的提升（吴先明，2014）。本章通过引入对创新资源、创新环境和创新网络的讨论，探索跨国并购驱动全球—地方创新网络演化的动力因子。

### 1. 跨国并购驱动创新资源的增加

企业通过学习和吸收增加了企业的内部资源。一方面，中国企业通过跨国并购吸收被并购企业的知识、技术和人才等先进要素，将其转化为自身技术创新的驱动引擎，增加创新资源的存量和竞争力；另一方面，中国企业嵌入被并购企业所在地的区域创新系统之中，得到利用当地优质创新资源的机会，基于地理邻近能够接触到并利用当地的创新资源。

首先，在跨国并购之后，中国企业基于产业相似性，通过向并购对象学习，有机会获得被并购企业的专利技术、核心零部件、先进管理经验等，如 a2 和 b3 所示；同时，通过有效整合保留对方的人才资源，通过进一步交流与培训提升人才实力，如 b2、b3 和 c1 所示。例如，在中联重科并购 CIFA 之后，CIFA 逐渐成为中联重科在混凝土领域的创新驱动引擎：CIFA 利用意大利混凝土事业部不断开发新技术，将在世界级技术研发中心的全套生产设备与技术输入到 CIFA 中国基地中来，中联重科吸收、消化并储备来自 CIFA 的技术，进而基于中国市场的具体需要开发出适应中国市场的产品（曹晓东，2014）。通过跨国并购整合过程的实现，企业内部资源更为丰富，所吸收的创新资源将成为企业获取竞争优势的关键资产，知识基础的价值性、差异性和稀缺性程度提升，有助于企业获得较为持久的相对竞争优势（Spender，1996）。

其次，根据 a5 可知，并购对象一般处于全球技术高地之中，拥有大量高创新能级的高校和其他研究型组织以及该产业的世界领导企业，通过跨国并购，企业得以深度嵌入并购对象所处的区域创新系统之中，或者如 c4 所示，进一步拓展其国际化布局，基于地理邻近，更易于接触、获得并利用当地的创新资源（应郭丽，2013；Boschma，2014）。并且，不同特性的知识的空间传播特征有所差异，全球尺度的知识传播多为易于编码化的显性知识，具有相同发展战略的潜在合作伙伴多位于遥远的外地，企业组织机构的扩张同时带动了社会网络结构的拓展，这对于信息和创新的扩散、技术和知识的合并至关重要（Burt，2004；陈伟等，2012）。例如，与当地国际知名高校之间的合作机会增加。创新型区域作为知识交流与创新合作的节点和门户，创新能力越高的企业对于区域创新资源的重视和应用就越多（Simmie，2003），基于认知邻近的创新合作越有可能发生。

### 2. 跨国并购驱动创新环境的改善

跨国并购驱动创新环境的改善主要通过两种方式实现：通过并购双方的充分融合，组织内部的创新互动愈加频繁；通过组织机构的扩张和国际化进程的深入，组织外部的创新联结逐渐升级。

首先，跨国并购之后，经过有效的企业整合，如 b1 ~ b4 所示，企业经历从弱整合到深度整合的阶段，将借助合资企业、研发中心等合资实体，激发企业组织机构内部的创新活力，如 c1 所示，并购双方最终将实现充分的知识共享以及深度的研发合作。其中，双方企业合作建立的合资实体一般成为知识消化、吸收、整合、运用并转化为产品，以及人才培养的重要场所，因此，该类企业因汇聚了双方企业最核心的技术和最顶尖的人才而具有极高的创新能力，成为企业创新产出的重要来源；与此同时，组织内部合作强度加大，基于组织邻近的网络小团体也将逐渐形成。因此，跨国并购之后，合资企业成为创新网络中最具有创新能力的主体，如表 7 - 3 和表 7 - 4 所示，合资企业以 11.71% 的企业数量创造了 39.44% 的合作专利，平均每个企业参与了 50.48 个专利的研发；与此同时，集团内部合作形成的小团体强化了网络的模块化特征。

其次，中国的制度环境仍处于发展阶段（Sun et al.，2012），企业远离主要的国际技术和研发的来源地，常因产品技术含量低、品牌不被认可等原因无法顺利进军国际市场；同时，建立跨区域或全球管道具有高度不确定性，创新过程中的有效协作进一步依赖于共同的语言、共有的基础理解和相互兼容的理解机制，而在不同的文化和制度环境下企业间信任很难创建（Henn，2012），因此会引起高投资成本（Bathelt，2007；Maskell and Malmberg，2007）。跨国并购通过组织机构的整合为双方企业迅速建立起信任关系，同时为企业创造了嵌入科学和创新的世界中心的机会，故而，如表 7 - 6 的 a5 所示，目标企业所处的创新环境已成为企业寻找并购对象的重要考量因素（Zhu and Zhu，2016）。事实上，跨国并购之后，同属一个组织架构使中国企业不仅能获得被并购企业先进的研发和制造技术，还能共享其成熟的营销渠道、国际品牌和创新网络，双方技术、品牌以及经济实体的共享将提升企业的创新能力、放大企业在国内外的品牌效应，如c2、c3和c4所示，企业在建立合作关系、打开国际市场时更容易被认可。例如，CIFA经过80多年的经营在欧洲已经拥有相当成熟和稳定的销售渠道与合作网络，并购完成后，CIFA对国际代理方式进行了调整，在保持原有代理商的同时，CIFA同时代理中联重科的产品，实行双品牌运作，为中联重科打开欧洲市场助力很大；与此同时，中联重科在国内的品牌效应也吸引了更多创新伙伴（张爱华等，2012）。

综上所述，双方企业通过共享与合作强化内部创新互动、拓展外部合作通道。一方面，跨国并购之后，并购双方同属一个组织架构之下，双方的营销渠道、品牌、市场和创新网络都得以共享，企业在国内外的品牌效应得以放大，基于认知邻近的全球合作、基于地理邻近和社会邻近的国内合作机会都将增加；另一方面，并购之后，中国企业通过跨国并购将国外被并购企业化身为子公司，双方通常会加强基于项目和产品的研发合作和人才交流，双方通常会合作在国内建立合资和外资企业、在国外建立外企，而此类企业因集合了双方的人才和技术一般具有很高的创新能力，基于组织邻近的集团内部合作也不断深化。

### 3. 跨国并购驱动技术权力的升级

跨国并购驱动技术权力的升级主要通过两种方式实现：在创新能力提升的基础上，在多维空间尺度建立更多的合作关系；在获取垄断优势和改善创新环境的基础上，占据更为有利的网络位置。

首先，中国企业通过跨国并购将国外被并购企业化身为子公司，同属一个组织架构使中国企业不仅能获得被并购企业先进的研发和制造技术、创新资源富集的本土环境，还能共享其成熟的营销渠道、国际品牌和创新网络。同时，跨国并购之后，被并购企业还能作为中国企业的海外“触手”，通过成立新公司、并购其他企业等方式，不断创建新的海外创新据点。对于企业而言，随着技术水平的提高、国际区域环境的嵌入以及组织机构的拓展，基于认知邻近、地理邻近和组织邻近的创新合作将进一步深化。例如，中联重科在2008年并购意大利的CIFA之后，在创新能力、品牌影响力方面显著提升，在德国与 CIFA 合资成立新的销售公司，于 2012 年通过 CIFA 与全球知名意大利 RIBA 公司签署协议合资建立高碳材料公司企业，同年又和印度 Elec - troMech 公司在印度合资建厂，基于认知邻近的合作帮助企业建立了继 CIFA 之后的第二个海外基地；作为被并购企业的集中地，德国内部以及德国与其他国家的创新联结占据了中国全球创新联结的一半以上，基于地理邻近的合作使德国成为中国工程机械产业最重要的海外创新基地。组织架构的扩张促使基于组织邻近的集团内部合作不断加强，形成子网络，创新网络的模块化特征愈发明显。

其次，近年来的研究表明，企业间的平等关系已不再是相关企业结网的前提（Poter，1990），全球化背景下，集群规模的扩大及主体多样性的增加驱使网络内部的权力，尤其是技术权力呈现等级式结构，加强了技术创新的纵向一体化，而同时具有优势创新资源和关键网络位置的区域对于企业获得技术权力至关重要（林兰、曾刚，2010；Liefner and Hennemann，2011）。Caves（1971）认为，基于质量和包装的实物形态以及基于商标和品牌的消费者感受，技术优势所导致的产品异质化是跨国公司垄断优势的主要来源，而跨国并购的有效整合为企业获得有关产品等级、企业品牌等技术优势提供了绝佳契机。跨国并购之后，如 c1 所示，企业一般会逐渐加强对并购对象的管理和控制，以期在宏观上实现资源的充分整合与配置，获得一定的垄断优势。同时，中联重科并购 CIFA 之后，借助当地有利位置，进一步与意大利 RIBA 以及印度的 E + M 进行合作，不断衍生出新的海外“触手”，实现全球创新网络的进一步拓展。

综上可知，企业通过控制和主导的方式能动性的强化全球—地方各个尺度的创新布局。一方面，跨国并购之后，企业会逐渐加强对被并企业的管理权和控制权，以便从宏观上把握资源的流动和使用以及企业整体的发展战略；另一方面，通过企业间整合将被并购企业化为中国企业的海外“触手”，通过成立新公司、并购其他企业等方式，不断创建新的海外创新据点，帮助中国企业进一步拓展全球创新网络。

## 三、全球—地方分工与互动

在全球化时代，从创新的微观视角来看，网络式的创新合作过程中，不同空间尺度的创新内容有所差异：一方面，技术的复杂性以及企业内部的资源稀缺性和能力有限性促使企业跨越企业边界，通过购买或合作研发的方式实现创新目标，战略合作网络模式已成为创新实现的重要方式（Rothwell，1992）；另一方面，创新的实现是技术与经济的有机结合，是从产生创意、正确决策、开发应用知识、调试、产品化被并加以推广的一系列活动的总和（贾蔚文，1997；Liefner et al.，2006）。Rutten（2003）将创新的不同阶段在地理空间上进行辨识，提出不同的创新任务由不同企业在全球到地方的不同尺度实现，基础研究和生产一般在全球尺度进行，而新创意的产生以及工程性的合作则在区域尺度完成。跨国并购之后，中国工程机械产业并购企业的组织结构、全球布局均发生变化的同时，不同空间尺度创新要素的流动与创新活动的分工逐渐呈现出一定特征。

### 1. 跨区域创新联系

未来中国的市场仍将是世界上最大、最有发展潜力的市场，对于走出去的企业，只有和国内企业业务有效对接时才最有吸引力（易界、胡润，2018）。从组织运营的角度看，跨国并购改变了海外企业的所有权，以欧美企业为例，欧美的企业由欧美企业家运营时的销量肯定强于中国企业家，因此，中国企业跨国并购的目的不仅仅是为了在获得海外资产，而是通过双方合作实现效率的最大提升（易界、胡润，2018）。在企业组织内部，以合资实体为研发载体，以技术人员为知识载体，产生了大量的跨区域创新联系，实现了不同空间尺度企业各组织机构之间知识要素的流动和共享，如 b3 和 c1 所示。事实上，在跨国并购之后，外企 15.07% 的合作伙伴都是合资企业，合资企业已然成为中外交流的重要中介（见图 7－2）。

通过跨国并购这一国际直接投资行为，企业不只满足于获取并购对象的创新资源，更加重视通过并购所获得的接触更高级、更新颖、更广泛创新资源的机会，改变因处于后发国家所带来的区位劣势（吴先明等，2014）。跨国并购之后，中国企业充分利用被并购企业的区位和品牌优势，在提升国内影响力的同时，不断拓展全球创新联结，如 c2 和 c3

所示。因此，在企业组织外部，跨区域联系以被并购企业为主要触手，基于产品研发以及共同的合作项目，在加强国内外之间知识流动的同时，实现国内资源的进一步共享，以及国外资源的进一步获取（Lyu and Liefner，2018）。

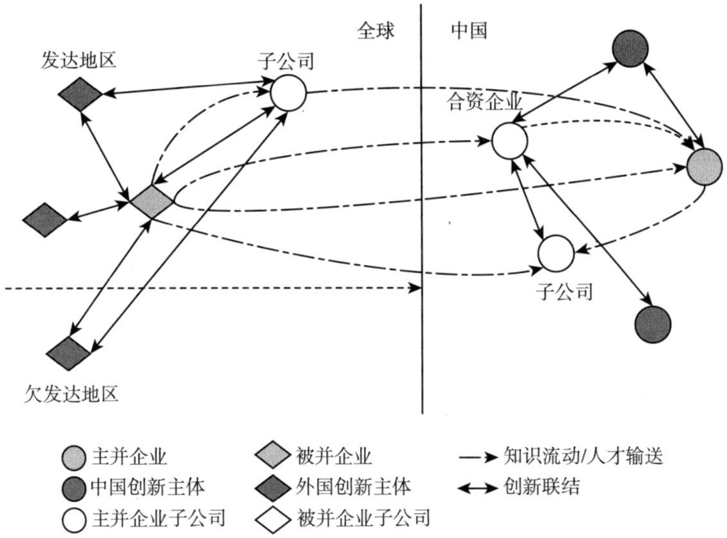


**图 7-2 跨国并购之后企业创新活动的全球—地方互动**

资料来源：作者自绘。

## 2. 跨区域创新互动

跨国并购使企业拥有了海外据点，基于本土化经营的国际策略有助于企业进一步提升国际化水平及其在全球创新链上的地位（刘先敏等，2017），最终使企业创新实现最优国际化布局。通过上述案例分析可知，在跨国并购之后，企业的创新活动在不同空间尺度的表现有所不同，全球和地方在研发内容以及创新内涵上有所差异、不同空间载体的创新活动之间相互关联。如图 7-3 所示，跨国并购之后，企业的创新活动在不同区域之间存在分工与互动，总的来看，根据 c5 可知，研发活动在国内及被并购企业所处的发达地区均有发生，而生产和销售等环节主要在国内及有合作关系的欠发达地区得以实现，各地区共同合作促进创新的实现。

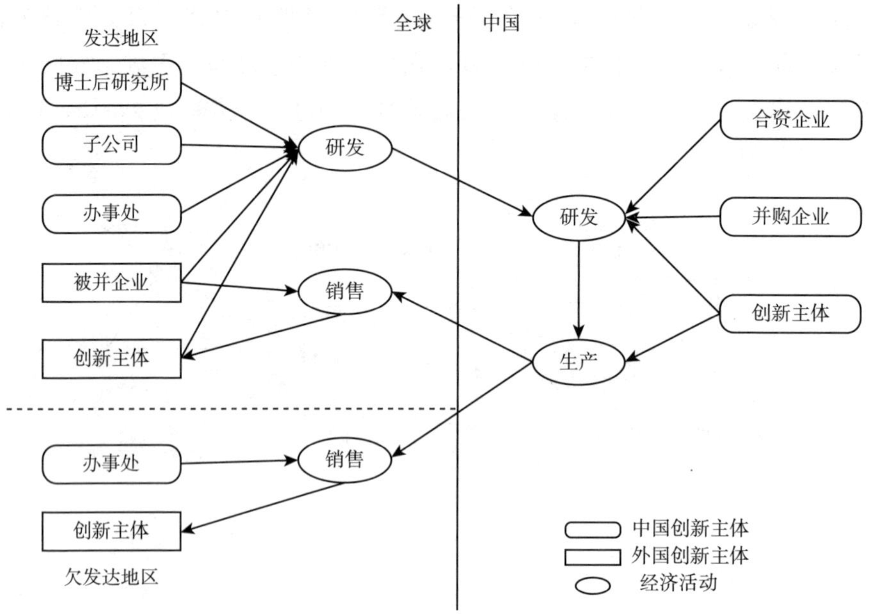


**图 7－3　跨国并购之后全球—地方的创新分工**

资料来源：作者自绘。

跨国并购之后，一方面，被并企业所处的发达国家成为企业创新资源的重要来源，作为获取最新信息和技术、实现创新构想的源泉，该地成为研发的重要基地，尤其是创新设想的重要发生地；另一方面，随着组织机构的扩张以及全球创新合作联结的增加，企业出于把控全局、充分调配资源的目的，倾向于将最重要的研发、调试与实践环节置于国内。例如，B企业的经理明确指出，中国企业的发展战略采取本土化与全球化并存的策略，不管国际化如何发展，研发中心永远是中国。事实上，除了并购双方的内部合作，国外子公司更多的充当了“人才输出基地”的作用，从子公司内部调派人员辅助国内生产、将国内技术人员派遣至国外学习成为全球联系的主要方式，如 b3 和 c1 所示。与此同时，全球尺度的重要性仍很弱，国家尺度仍是最重要的合作尺度。

在创新成果产品化阶段，鉴于较发达国家更低的生产成本和产出效率，在中国和欠发达国家往往因成本优势成为最重要的生产基地，如 c5 所示。在国际化进程中，欠发达地区因拥有较开阔的市场和特定的非高端创新需求，成为中国企业拓展海外市场、充分发挥创新和成本优势的舞台，在当地建立办事处从事销售工作是企业组织国际化的重要方式。随着中国工程机械企业在全球范围内逐步完善技术、工艺与市场的合理布局，产业在全球生产链和全球创新网络中的地位也逐渐提升。

## 第四节
## 基于多案例实证分析的政策启示

随着中国企业跨国并购事件的增多，企业在跨国并购中积累的经验也日益增加。深入分析中国企业在跨国并购过程中形成的独特经验，把握其中的特点和规律，有利于提升我国企业技术型跨国并购的成功率，促进中国装备工业创新网络升级。虽然跨国并购的成功存在一定的风险，有可能导致短时间内财务的亏损和经营负担的加重，但是对以技术获取为目的进行的跨国并购而言，能够获得核心技术和关键创新资源，对于企业长期的财务发展和国际竞争力而言至关重要。当前，我国工程机械在基础零部件和核心工艺与材料上有所欠缺，企业通过跨国并购实现技术、管理和文化等因素的对接，有助于实现技术追赶。

但是，在技术型跨国并购中，很多企业未能充分重视创新资源的对接、创新环境的改善以及创新能力的提升，在并购之后，出于自身并购绩效的需要，能够迅速商业化的渐进式创新成为企业首选，并购后与专利数量增加相伴而生的是专利的影响力、通用性和原创性会降低，跨国并购并未能真正帮助企业获得长久的创新潜力。同时，本书所选择的研究对象中，以中联重科为代表的各企业在并购后对资源进行有效整合与配置，在引入对方技术资源的基础上成功实现自主创新能力的提高，并发挥领军企业作用多次引领中国工程机械行业的国际跨越。因此，本书关于跨国并购的分析不仅能够较为科学、合理地解释跨国并购驱动中国企业创新一般意义上的实现机制，其经验模式也将为我国已经完成或者正在进行跨国并购的企业如何实现技术跨越提供有益的借鉴和指导。基于此，本书提出促进中国企业通过跨国并购实现创新的对策建议：

①创新资源的整合以优势互补为原则，在整合过程中，除了对企业专

利、技术与和核心产品进行转移，为了保持持续的创新竞争力，企业应对蕴含缄默知识的人才资本和合作关系的网络资本予以重视。一方面，跨国并购后企业创新链资源基础迅速增加，资源高效利用的关键在于双方的优势互补；另一方面，企业通过并购实现技术跨越式提升时，获取目标企业的关键知识、技术和核心产品只能实现短期内知识储备的增加，仅能促进企业当下创新水平的迅速提升，作为知识的载体，人才才是企业保持持续竞争力的关键。

②跨国并购过程中，应重视研发基地对于企业文化和创新环境对接的重要性，通过拓展企业创新边界使企业得以嵌入技术高地之中，改善企业内外部的创新环境。后发企业在区位上拥有天生的技术劣势，地处发展中国家使其隔离在世界的科技中心之外，而目标企业一般位于国际创新中心区域，企业的长期沉淀具有堆积效应，有助于企业嵌入第二本土区域之中，利用当地富集的先进信息、技术与合作伙伴。在此过程中，建立研发基地来加强人员交流和技术转移至关重要，与此同时，也有助于企业内部创新氛围的改善。因此，并购后还应注重并购双方的技术交流和学习，通过维护积极互动、开放式合作的创新氛围来鼓励思想碰撞与创新合作，通过培养人才队伍、提升知识共享水平来增强企业整体的科研实力。

③对于后发企业而言，跨国并购的意义不只在于获得先进的技术和产品、融入高端的创新环境之中，而是为了获得持久的竞争力和更高的市场占有率，这就需要企业在跨国并购过程中注重独立研发能力的提升和国际市场营销渠道的掌控，充分利用所获得的资源与环境，不断提升企业开发资源、利用资源的能力。鉴于此，企业在并购时不能止步于现有资源的获取和创新绩效的短期提升，而应着眼于企业长期的产业战略布局和创新链深化，争取创新网络的关键位置，以期有机会获得更有价值的创新资源。

## 第五节 本章小结

企业进行海外并购的主要目的，是为了实现海外资源及技术与中国市场的有效对接，实现创新网络的升级，例如，胡润百富在2018年公告中指出，企业可以对接中国企业原有的制造能力，进一步创新并深化，在多维空间尺度实现创新联结在数量和质量上的提升。随着企业创新活动在不同空间维度的互动与分工合作，企业的创新网络规模不断扩展，创新结构与空间结构随之改变，创新网络的技术权力结构也随之改变。中国企业进行海外跨国并购的逻辑即是企业实现从知识外围区域逐渐攀升至核心区域、实现各个空间尺度的合作伙伴逐渐增多的过程。跨国并购之后，国内外之间的知识和人才流动愈加频繁，跨区域联系助力思想的碰撞和创新的升级，同时促进了创新活动的不同阶段在不同空间尺度的合作与互动。为了探究这一过程，笔者通过选择五个案例，通过多案例交叉对比和单案例深层剖析，对跨国并购作用于中国工程机械产业创新网络的实现阶段、实现机制和空间分工与互动进行探索，得到以下结论：

①在并购过程中，当并购双方在产品、技术和市场上具有较强的相似性时，创新资源的相关性较高，有利于彼此间的沟通与交流以及并购后资源的整合与利用，在产品的生产和销售中会产生更大的规模经济效应；尤其是当双方技术水平有一定差距时，创新资源的相关性越高，企业则越有可能藉此机会从目标企业获取弥补自身短板的新技术以及开发新技术。同时，并购双方的有效整合是并购成功的关键，在并购初期阶段，要采取“弱整合”策略，充分保证并购对象的独立性和完整性，避免知识、人才等关键创新资源的流失，在中后期阶段，成立合资企业、研发中心等合资实体则成为双方知识共享、人才培养和深入研发的重要载体。

②企业嵌入当地的关系网络和社会结构之中、融入目标企业所在的创新环境和创新网络之中，跨越了因品牌声誉、文化融合等原因造成的障碍，在第二本土地区为企业与国际一流企业、大学与科研机构建立跨境合作并获得领先研发资源制造的机会，最终通过总部协调实现知识由海外卓越中心向中国的流动。整合目标企业的研发设备、人才等资源后，并购方的现实吸收能力会进一步增强，研发相关性较低有助于激发企业运用潜在吸收能力获取并同化异质的研发资源，研发互补效应有助于双方企业尤其是并购方实现知识基础的扩充；而在研发相关性较高时，研发替代效应会降低双方成本、提升资本运营效率，提升企业转化和开发创新资源的能力。

③通过跨国并购，企业一方面充分整合被并企业的资源和优势实现创新升级，同时通过嫁接的方式改变了企业在全球中的地理区位以及在创新网络中的位置，利用企业嵌入当地环境所带来的社会、文化和地理邻近优势，加强与当地优质创新主体的联系，并重视改造型创新在欠发达区域的巨大市场，不断拓展国际创新的空间范围与合作深度。通过在国外建立子公司、在国内建立合资企业、双方人才流动或联合培养等方式，企业有机会接触到更先进的知识、信息和合作伙伴，与全球顶级高校、企业等合作伙伴或在地理位置、组织框架、制度管理、文化习惯和认知水平上的邻近性水平都有所提升，企业的结网能力显著提升。基于此，企业将跨越由劳动力、资本等决定的规模边界和由知识、技术等决定的能力边界，实现创新能力的提高和创新网络的升级。

④从劳动地域分工来看，随着跨国并购的逐渐推进，企业在全球和地方尺度的互动会加强，一般来说，企业出于整体配置资源、掌控发展全局的目的，会将研发中心设置在国内或被并购企业所在地，被并购企业所处的发达地区对于培养人才、输出信息起关键作用，国内因成本优势成为主要生产基地，而对于邻近市场的发展中国家等地区，则通常设置办事处等机构以对接服务。企业通过全球化布局和多空间尺度互动，综合利用各地的优势创新资源，各地区创新合作不断升级促进全球—地方创新网络的演化。

# 第八章

# 跨国并购作用于企业创新的机制分析

## ——以中联重科并购 CIFA 为例

中国制造的“走出去”体现了中国本土企业主动走向全球、走向“中国智造”的决心和行动，而工程机械行业则代表了一个国家制造业的尖端水准。中联重科作为行业领军企业在 2008 年完成了与意大利 CIFA 公司的“世纪并购”后，多次发挥行业科技进步的骨干中坚作用引领了国内行业与国际巨头的抗衡，具有极强的代表性和参考价值。本章基于前文研究，拟借助中联重科并购 CIFA 的案例，在之前对创新网络系统分析的基础上，进一步探讨跨国并购驱动创新实现的“黑箱”，加深跨国并购作用于创新绩效、创新网络及国际空间格局的内部机制，进而为当前国内并购热潮以及制造业创新转型提供理论支撑和决策支持。

## 第一节 研究框架

### 一、研究意义

从理论来看，已有研究多从管理学视角出发，将并购双方的产业相关性、文化相似性及企业并购经验等视为并购创新绩效的影响因素，忽视了全球化背景下企业创新的实现是多种内外部要素共同作用的过程；从现实来看，跨国并购同样可能存在失败的风险，概率高达70%～90%。因此，跨国并购如何提升企业的创新绩效，其作用机制及影响因素是什么？这是当前急需解答的科学议题。

跨国并购是企业进行国际化战略的重要手段，而技术获取型跨国并购已成为企业获得创新优势和保持竞争力的关键（应郭丽，2013）。但是，学术界针对跨国并购对企业创新绩效的影响以及作用机制仍存在一定争议。一方面，跨国并购作为获取外部资源、拓展知识基础、提高技术创新能力、实施国际多元化发展战略的重要途径，有助于企业获取更多学习机会、保持竞争力、应对成本和技术的复杂性等，不同国家、不同行业的并购事件均验证了并购对企业创新绩效的积极作用（Liu and Zou，2008）；然而，Hitt等（1991）和Bertrand等（2006）则指出并购可能导致的负债过多会占用管理层的时间和精力，并购作为一种创新替代又会进一步降低对内部研发的重视，并以第五次并购浪潮为例证明了并购会损害企业的创新能力。另一方面，针对跨国并购在何种情况下才能提高企业创新绩效以及如何作用于企业的创新能力，已有研究多从管理学视角出发进行探索，例如，应郭丽（2013）从资源和吸收能力的角度，探讨了在跨国并购不同阶段企业技术创新的影响因素，吴先明等（2014）从企业动态能力视角构建了后发企业通过跨国并购进行技术追赶的模型，李自杰等（2016）则从“悖论整合”的视角，挖掘了在通过跨国并购获取海外技术的过程中，资源利用型战略与开发型战略双元并进的重要性。

但是，跨国并购对企业创新的影响通过作用于创新资源、创新环境和创新能力才能得到实现，随着开放式创新的不断推进，创新网络的网络资本、网络位置等重要性也逐渐提升，而纵观跨国并购驱动企业创新的现有理论和实证研究，在解释跨国并购的发生以及驱动企业创新的实现机制时，静态的创新资源、动态的创新能力以及多样化的创新环境都未能得到充分的重视，已有研究都无法较好地诠释跨国并购是否以及如何驱动企业创新这一问题。

## 二、企业创新的影响因素

创新就是新产品、新过程、新系统和新服务的首次商业性转化（黄志强，2001），是企业应对激烈的市场竞争、取得持续发展的关键驱动因素。在创新过程中，资源的异质性决定了企业的竞争力，有利于企业产生创意、正确决策、开发应用的知识及其他资源是企业宝贵的战略资源（Wernerfelt，2010）。有价值的创新资源禀赋是创新实现的基础，而创新的成功不只是企业自身努力的结果，与区域的制度、文化、惯例等环境要素也密切相关（Crevoisier O.，2004）。优良的创新环境有利于本地企业获取创新资源、寻找创新合作等创新活动，当本地创新环境无法满足企业的创新需求甚至制约其创新升级时，企业会被创新资源更富集、创新环境更优良的区域所吸引。在一定的创新环境中，资源的利用与开发并进有利于使用并提高企业的吸收能力（Cohen and Levinthal，1989），而企业的吸收能力被视为创新实现的关键能力，通过利用自身资源去接近、识别、获取新的资源，将所有资源进行消化、整合并根据实践需要加以创造，最终应用于商业终端，是企业持续发展和增强创新水平的保证（Cohen，2000）。基于此，本书提出，企业创新受到创新资源、创新环境和创新能力三类因素的影响，分析框架如图 8－1 所示。

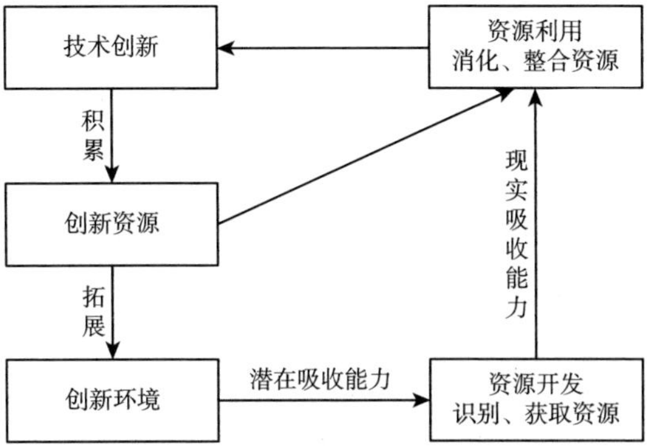


**图 8－1　企业创新的分析框架**

资料来源：作者自绘。

### 1. 创新资源

根据资源基础观，企业可以基于自己的资源和能力获取可持续的竞争优势，企业的创新资源从静态来看是指企业的技术资源和知识基础，源于企业在相关领域的技术研发积累和经历。企业作为各种资源的集合体，具备价值性、稀缺性、难以模仿和替代性质的资源才是其获取持续竞争优势的关键（Barney，1991）。当企业拥有某些异质的、稳定的特定资源时，竞争者因模仿、学习、掌握这些资源需要高昂的时间和成本，企业就因“独占”优势而为竞争对手造成了“资源位势障碍”，有助于企业率先实现并维持其独占资源优势的时效。相反，当企业未能拥有“独占”优势时，技术的复杂性以及企业内部的资源稀缺性和能力有限性促使企业跨越企业边界，通过购买或合作研发的方式增加可利用的创新资源，拓展创新可能性边界，实现技术创新的增长。

获取创新资源一般基于两个动机，一是在创新资源数量不足或质量不高的情况下，通过直接购买先进技术等方式增加存量，常发生于后发企业；二是在进一步提升创新水平的愿望驱使下，通过消化、吸收、改造先进技术实现再创新，在增加创新资源禀赋的同时实现技术水平的提高和创新绩效的增加。获取的创新资源有助于与本土相关技术形成互补，带来“引进—创新—再引进—再创新”的良性循环，但是也有可能因技术引进花销过大而降低自主研发的资金投入和研发需求激励，产生的替代效应会因挤出自主创新而不利于创新增长（肖利平，谢丹阳，2016）。因此，企业获取创新资源的行为对自主创新的互补效应大于替代效应对于企业的长期发展具有重要意义。

知识作为创新活动中最重要的战略资源（Spender，2015），企业所拥有的知识越多、稀有性越强，就越有可能准确识别潜在的机会和预测环境的变化，而创新正是知识整合运用的结果（Grant，1996）。知识在创新中的作用主要通过两个途径实现：一是知识在企业内、组织间的可转移性，能否低成本的实现知识转移关系到知识的价值实现，显性知识一般可通过沟通的方式直接转移，而隐性知识因其蕴含于实践和应用之中而存在不确定性（Kogut and Zander，1992）；二是企业对知识的整合，抑或知识的转移效率，取决于接收者消化、吸收知识并创造性地应用于实际需要的吸收能力，而知识能通过共通的语言进行表达时，知识整合的效率将大幅提升。随着技术的复杂性和不断变化驱使技术创新已步入战略合作网络模式（Paci and Usai，1999），而创新合作建立起来的网络联结关系为企业获取知识的访问路径、延伸产业链与创新链提供了支持，企业内部成员人际关系和企业组织间合作所产生的网络资本就成为企业创新资源的又一重要组成部分（Robert，Andrew，et al.，2012）。

在全球创新网络中，主体均处于一定的网络基础位置中，基础位置因其在网络中的整合程度及中心程度而异，处于网络中心位置的主体一般控制着关键的知识等创新资源（Dieter and Linsu，2002），而网络中合作关系的建立会驱动网络位置由劣势到优势位置的转变（Glückler and Panitz，2016）。Burt（1992）提出占据网络结构洞位置的主体不仅有助于促成不同团体之间的合作，还有机会接触到更高质量的创新资源与合作伙伴。因为当两个网络之间存在断裂或排他性的关系时，两者之间无直接联系的现象从网络总体结构看恰似形成了一个空洞，空洞的填充有助于两个网络间商业机会、独特资源以及信息等的共享，而填充空洞的节点就扮演了“桥”的身份（Burt，1992）。因此，作为全球网络联系的代理人，每当企业创立一条新的国际联系时，该联系也打开了新的分销渠道与联结路径，进一步影响劳动分工和价值链的延伸（Glückler and Panitz，2016）。

### 2. 创新环境

创新环境学派认为，政府在相当大的程度上决定了产业界学习和整个国家工业化进程的速率，企业技术能力的提高也要依赖国家的具体产业环境，而本地化的制度能够促进集群内企业间创新的互动，如优良的企业文化、创新的相关政策、研究型导向的大学等（Lagendijk，2006；王琛、林初昇等，2012）。区域通过营造对创新有益的环境，激发区域内主体的学习和创新能力（Sonn and Storper，2008），并影响企业获得外部合作伙伴的能力（Morrison，Rabellotti，et al.，2013），如 Cohen and Levinthal（2000）所言：“企业发现和使用外部知识的搜寻能力及吸收能力严重依赖于所处区域创新资源的禀赋状况”。对于城市等具有高创新能级的区域而言，具有本地特色的经济活动的集中、创新型公司以及学研机构的集聚有助于丰富本地知识库、加强本地专业化水平（Malecki，1979），作为创新要素的聚集地和辐射源，该类区域是组织高效率生产、流通、消费和管理的重要纽带，往往也是创新人才和研发总部的集中地，有利于企业在此建立知识链接与合作关系（Hall，2000），凭借优越的创新环境成为创新最重要的发生地（Feldman，1994），对高土地产出率的要求客观上需要其占据产业价值链分工体系中附加值较高的创新环节（Hall，2000），突破式创新多发生于此（Alfred and Tom，1992）。当技术的多样性、综合性与复杂性导致本地区域难以完全实现技术的供给时，有需求 、有能力的企业不得不向区域外部寻求支持（林兰，2016）。

创新主体不可能脱离所处的社会背景做出决策并采取行动，主体行为在一定的区域环境中、在社会互动中产生，而企业在多大程度上会受到创新环境的影响与企业在环境中的嵌入性有关（Granovetter，1985）。嵌入性可以从两个视角分析：一是企业嵌入于所在的关系网络中，创新行为受合作关系的影响；二是企业所构成的关系网络嵌入于由其构成的社会结构之中，受到来自社会结构的文化、信息等的影响（文婷，杨友仁等，2007）。前者的地域嵌入程度较低，对本地经济的贡献以及从本地获益的可能性也较低，例如，作为“飞地经济”的 FDI 强调简单的全球性联系，此类“移动性”投资将投资地标的为劳动力源泉和新兴市场，很难融入当地社会、文化环境之中，从本地获取有用信息、攫取有力资源、结交高质量伙伴的可能性也较低（王缉慈，2001）。嵌入性与本地空间尺度密不可分，但又不仅限于此，经济全球化背景下，基于全球价值链、全球生产网络跨区域建立的合作关系也有可能受到跨越“地方”尺度的制度文化影响。

### 3. 创新能力

企业成功的创新实践取决于发现和抓住机会、有效组合内外部资源以实现对企业“最佳实践”的升级换代（Teece，2007），而非故步自封，依赖已有资源或仅追求生产中的规模经济。Zahra 和 George（2002）指出，企业吸收能力是创新实现的关键，可以基于创新实践分为两种。首先，潜在吸收能力是指知识的获取和同化能力，可以帮助企业在对自身资源状况、创新水平有准确认知的基础上（Danneels，2015），积极探索、发展并抓住获取外部资源的机会，利用、重组知识以延伸生产线或提高生产力，这对于后发企业来说尤为重要。其次，现实吸收能力包含知识的转化和开发能力，在成功接近、识别并获取有价值的资源之后，企业的现实吸收能力成为创新实践的关键，对资源的消化、整合与运用帮助企业拓展新的知觉图式，捕捉改变现有进程、实行激进式创新的机会，而开发与应用能力则将创新成果实体化和价值化，也是企业实施创新的最终目的（Gao，Xu，et al.，2008）。

企业创新一般采取双元并进的策略，一是充分利用已有知识和技术进行创新实践，提高效率、深度挖掘、提炼、发展和延伸已有的知识，二是开发新知识、新技术，通过探索、变化并获取新的创新资源，提升自我创新能力，吸收能力同时受到企业知识基础和内部研发活动的影响（Cohen and Levinthal，1989）。当企业已经积累并掌握相关知识基础时，先验知识就成为企业学习类似新知识的一种“技能”（Estes，1970），知识基础的广度、差异度和联系度会影响企业理解和获取新知识的能力。同时，研发实践不仅能够降低组织成本、提高企业技术能力，也有助于企业高效地重新配置、整合并应用已有资源（Teece，2007）。因此，企业知识基础越多、研发投入越高，企业通过适应、调整和运用外部技术来开发和改进其新产品的能力就越强，就能更好地获取、理解和使用多尺度的外部创新知识而提升创新成功的机会（Cohen and Levinthal，1990）。Escribano 等（2009）认为，拥有更高吸收能力的企业能够从外部知识源，如大学、科研院所、同行的知识溢出过程中寻找、拓展有用的外部创新知识，并通过改变企业的组织文化、交互机制、研发投入和技术扩散通道等作用于创新（Víctor，García，et al.，2007；Lau and Lo，2015）。

后发企业在开拓全球市场经常因产品技术含量低、市场进入壁垒等原因进退维谷，产业链合作关系的联结受阻不利于企业的技术创新升级和产业发展，故而很多企业试图通过购买许可证、建立附属机构、建立合资企业、兼并或并购等多样化方式改变这一现状，以期融入资源更丰富的创新环境之中、实施更高端的创新活动（Peter and André，2008）。技术复杂性和内部资源的有限性驱使企业寻求对外合作创新，而嵌入一定的区域创新环境或网络环境之中有利于企业借助社会资本或网络资本保证创新活动的顺利进行，因此，企业建立合作联结的能力，抑或结网能力，是企业创新能力的又一重要组成部分。企业通过建立高水平的合作关系、关键性的网络联结有利于企业获取重要的战略资源和网络位置，为企业获取资源增加了可能性。邻近学派指出，当主体在区位上处于绝对地理邻近时，在社会认知、人文历史、法律规范和要素成本上更容易达成一致，而基于地缘的亲缘、友缘和业缘关系更容易产生，主体间的信任成本、沟通成本更低，创新合作关系更容易建立；即使地理距离相距甚远，只要创新主体同处于一定的制度或组织架构之中，也可以借助短期旅行或网络视频低成本实现“暂时性邻近”或“虚拟邻近”等相对地理邻近（Andre and Alain，2005；Jönsson，2015），共同的认知能力、组织领导、社会联系和制度共识有助于知识的共享和合作的发生。因此，邻近性并无先决的区域边界，当主体在知识认知、创新环境、组织架构等方面共享相似点时，合作关系就更容易建立，创新合作行为更容易发生（Boschma，2005）。因此，企业的结网能力即是通过扩展组织架构、提升技术水平等方式改变与合作伙伴在绝对和相对地理邻近方面的距离，为加强合作、优化网络位置提供契机。

## 三、企业创新链分析框架

企业创新是从产生新设想开始，经过研究开发，并成功取得商业化生产及应用的一系列活动的总和，受到创新资源、环境与能力多因素影响，是技术与经济的有机结合，包含从探索、开发新产品到产品的应用、扩散一系列过程（贾蔚文，1997）。因此，创新的实现是多种资源优化配置的过程，技术链区间的成功取决于科研部门的资源供给，是创新实现的第一阶段；产业链区间的成功则取决于生产部门的资源利用，是创新的成果转化阶段。但是，并不是每一项科研成果都可以实现产业化，技术的成功研发并不意味着创新的实现，当企业盲目乐观，所投资的科研计划尚不具备产业化前景或缺乏前期产业化能力积累，抑或无法有效对接市场时，技术成果的商业化价值就无法实现，意味着创新的失败。因此，创新链条不仅包括技术链 A 曲线和产业链 C 曲线，还包括技术链到产业链的信息链 B 曲线共三个部分（林森等，2001），如图 8－2 所示。跨国并购的发生将显著改变并购方的创新资源，例如，由于获得目标企业的技术成果将提升并购方在 b 点的资源状态。

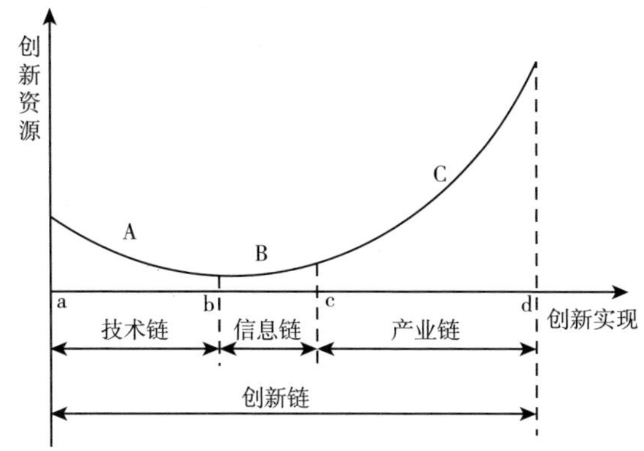


**图 8－2 企业创新链示意图**

资料来源：参照林森等（2001）作图。

当企业从“价格优势”向“技术领先”进行战略转型、进军新业务或对接国际一线品牌的标杆企业时，如果已有技术能力不足以支撑既定目标或适应技术的快速变化，就必须针对存在的关键技术缺口去了解行业顶尖技术及发展趋势，明确自身技术发展的方向与要求。产业全球化为企业获取创造性资产、弥补关键技术缺口提供了可能，也为企业选择匹配自身关键技术缺口的并购目标提供了契机（吴先明，苏志文，2014）。跨国并购将会对企业创新产生即时效应，从目标企业获得的先进技术和人才、研发和生产设备以及生产和管理经验将直接提升并购方的技术链和产业链水平，双方企业产能和技术的有力对接又将显著提升企业的信息链效率。但是，双方资源能否有效整合与利用将会持续影响企业创新的不同阶段，例如，核心技术人员能否挽留，挽留之后能否实现知识在组织内部的共享与转移，先进技术能否持续投资并不断升级等，都将会对企业的创新产生作用。在跨国并购成功整合的情况下，伴随着所有权的改变，企业的创新资源和创新能力会发生改变，而目标企业一般处于创新资源富集的环境中，变身为企业组织架构内的子公司或其他形式的隶属机构之后，并购企业也将获得第二本土区域带来的优势。基于此，我们基于技术链、信息链和产业链三个阶段，对跨国并购如何影响企业在不同阶段的创新资源禀赋、创新环境和创新能力，来讨论跨国并购对企业创新的作用机制（见图 8-3）。

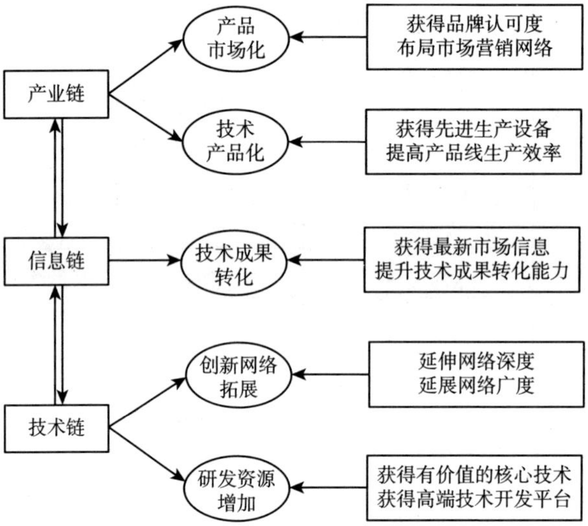


**图 8-3　企业创新链实现机制**

资料来源：作者自绘。

（1）技术链条成功的标志是获得新技术。除独立研发外，技术的复杂性及企业内部的资源稀缺性和能力有限性促使企业跨越企业边界，通过购买或合作研发的方式实现创新目标（林兰等，2017）。企业通过跨国并购吸收目标企业的核心技术和产品可以即时获得新技术，通过吸收具备稀缺性、难以模仿和替代性质的知识、人才与合作关系等高价值的战略资源，则可以拓展创新可能性边界、获取持续竞争优势（王寅，2013）。技术除了以设备、专利等显性形式存在外，以诀窍（Know-how）的形式存在于员工之中的隐性知识决定了企业研发平台的质量（Ranft and Lord，2002）；随着技术的复杂性和不断变化驱使技术创新已步入战略合作网络模式（Paci，1999），基于创新目的所建立的合作关系为企业获取知识的访问路径、延伸创新链提供了支持（Robert et. al.，2012），通过跨国并购获取此类有价值的创新资源有助于企业率先实现创新并维持其独占资源优势的时效（常健聪，朱瑞庭，2015）。

同时，处于创新网络中心位置的主体一般控制着关键的知识等创新资源（Dieter and Linsu，2002），并购双方往往位于不同的创新网络之中，通过跨国并购有助于驱动企业网络位置由劣势到优势位置的转变（Robert et. al.，2012），同时改变网络间的断裂或排他关系，并购者因占据结构洞位置将实现网络间商业机会、独特资源以及信息等网络资源的共享（Burt，1992）。

（2）技术成果的转化是信息链升级的关键环节，取决于企业对技术的市场应用前景以及对企业产品线的技术成果转化能力等信息是否有准确的认知（林淼等，2002），企业所处的区域创新环境及创新网络成为主要信息来源。后发企业在区位上拥有天生的技术劣势，地处发展中国家使其隔离在世界的科技中心以及全球创新网络关键位置之外，企业通过跨国并购嵌入第二本土区域及全球创新网络之中，基于企业组织关系的结构性嵌入使企业从中获取最新技术信息和市场信息、攫取有力资源、结交高质量伙伴的可能性增加（Granovetter，1985），所获得的地理邻近优势及网络位置优势有助于企业避免技术链的无关投入和市场空间的误判，而产业链的整合则有助于解决企业自身生产能力无法对接技术成果的问题（Hess，2004）。

（3）创新就是新产品、新过程、新系统和新服务的首次商业性转化，创新的价值需要借助产业链将技术加以产品化并市场化来实现（Liefner et. al.，2008），跨国并购对生产线及营销渠道的整合有助于企业创新的完成。全球化背景下，具有较高技术含量的产品一般结构复杂、集成性强，专业化分工的内在要求使全球化设计、全球化零部件制造、本地化成套组装与销售已成为较普遍的生产组织方式（Dieter and Linsu，2002），跨国并购将双方生产技术和设备、产业链合作关系加以整合，有助于降低生产成本、提升生产效率，从而提升技术成果产品化程度。在开拓新市场时，后发企业进军国际市场时常因产品技术含量低、品牌不被认可等原因进退维谷，发达国家的企业虽然垂涎于发展中国家庞大的消费市场却因其地方保护主义及高性价比优势面临一定的进入壁垒，双方企业通过跨国并购则可以共享品牌和营销网络，迅速进入新的市场（Zhu and Zhu，2016）。值得一提的是，在企业创新过程中，尤其是以经验学习为主要创新来源的装备制造业等产业，产业链上客户、供应商甚至同行之间的合作对于技术链的研发实践具有重要辅助作用（Liefner et. al.，2008）。

中国企业通过跨国并购将处于国际创新高地的目标企业变身为企业组织架构内的子公司或其他形式的隶属机构之后，所拥有的技术成果以及研发、生产和市场资源发生改变（Zhu and Zhu，2016）。基于上述理论分析，本章节着力于探讨并购双方资源的有效整合与利用将如何作用于企业创新的不同方面，跨国并购对企业的技术链、信息链和产业链各造成了怎样的影响。

## 第二节 研究设计

中联重科作为 A 股上市公司是为建筑和交通建设提供装备的工程机械行业的国内领军企业和国际知名品牌，收购 CIFA 对中国以及全球工程机械行业都造成巨大影响，解读并购 CIFA 对其创新绩效的作用机制，对于进一步了解跨国并购作用于创新网络及创新空间格局的机理、对于当前国内并购热潮以及制造业创新转型均具有较高的参考价值。

### 一、案例选择

中联重科并购意大利 CIFA 案例中，并购双方在并购规模、社会知名度和声望方面均具有足够的代表性和正面性。并购方为中联重工科技发展股份有限公司，外文名 Zoomlion，简称中联重科，于 1992 年由建设部长沙建设机械研究院转制成立，主要从事研发和制造建筑工程、能源工程、交通工程等基础设施建设工程模块所需的重大高新技术装备，于 2000 年在 A 股上市，在业内具备产品优势和技术优势。为了获得在工程建筑机械行业的市场领先地位，中联从 2001 年开始进行了大量并购，通过一系列并购丰富了其产品结构，将其经营和管理优势不断扩大。被并购方意大利 CIFA 股份公司（Compagnia Italiana Forme Acciaio S. P. A），是成立于 1928 年的家族企业，主要经营混凝土搅拌车和泵车、混凝土运输和使用系统、金属结构物、隧道建设系统的工业设计、生产、贸易和组装、机动车贸易等，拥有80年专业研发、制造和销售经验，是世界排名第三的混凝土机械制造商、世界排名第二的泵送机械制造商，在意大利拥有七家生产厂，在美国和墨西哥拥有两个销售中心，2007年的营业收入达到4.7亿美元，在欧洲混凝土泵送机械市场上是仅次于普茨迈斯特的第二大巨头，其产品和品牌在行业内均有良好声誉。

本章选择中联重科并购CIFA案例来探讨跨国并购驱动企业创新的作用机制，笔者于2016年11月22日、2018年11月29日参加了上海宝马展（Bauma）以及2015～2018年四年的中国国际工业博览会（CIIF），对参展的中联重科众多系列产品进行实地调研并与多名工作人员进行了深入访谈，以期对跨国并购驱动企业创新的作用机制进行深刻的解读。

## 二、数据与方法

案例研究常用的数据来源包括文件、档案记录、访谈、直接观察、参与性观察和实物证据六种，基于已有资源和作者实践，本研究采用了文件、档案记录、深度访谈等数据收集方法（周海涛等，2010）。为了避免研究者偏见，调研团队中的教授和博士生在研究资料、提取论点时进行了及时、大量、深入的交流，研究者的不同视角和知识背景有利于客观的收集有价值的信息。

本章采取量化分析和质性分析相结合的方式，数据来源有二：首先，中联重科作为全球知名企业，企业领导颇具有学习精神，非常注重经验、教训总结，反映企业发展的公开出版物内容全面；中联重科并购CIFA作为轰动全球机械行业的大事，在新闻媒体、行业咨询报告、学术研究等各领域均有详实的研究资料。其次，笔者通过实地调研获得一手访谈资料。2016年11月22～25日，2018年11月27～30日，第五届和第六届上海宝马展均在上海新国际博览中心召开；为工程机械业内人士提供了亚洲领先的交流展示平台，而中联重科作为全球工程机械领军企业，携企业最新产品盛装亮相，并在会展中心签约数亿元大单，向全球发出了智能化变革宣言。笔者在对中联重科进行深入了解的基础上，在展会进行实地调研，与负责各类先进产品的多为技术人员详细询问了产品开发、技术研发的过程以及并购 CIFA 对企业的影响，并向部门经理等高层管理人员就跨国并购事件对企业创新的作用进行了补充访谈。综合各类数据及信息，获得此次并购双方有关创新链的信息如表 8 – 1 所示。

**表 8 – 1　2008 年中联重科与 CIFA 企业的创新链信息一览表**

| 创新链 | 影响因素 | 中联重科 | CIFA |
|---|---|---|---|
| 技术链 | 创新资源 | 研发资金充足，研发人员和研发设备在国内达到顶尖水平，但是国际竞争力不足；<br>拥有一定的专利、核心产品等知识基础，但国际竞争力不强 | 研发技术和研发设备已达到国际顶尖水平，但资金链断裂，研发项目投入不足<br>拥有多年的研发经验和知识积累，产品具有很强的国际竞争力 |
| | 创新环境 | 在中国，中联重科的国有背景使其获得较多政府科研支持，企业内部遵从严格的层级式管理制度<br>在国内拥有较高的行业地位，与三一重工的竞争进入白热化状态，在国外的声望较弱 | 企业内部文化环境闲散，人员具有较高的自主性，彼此之间存在充分的信息交流<br>位处欧洲混凝土机械产业高地，处于信息流、知识流的交汇中心 |
| | 创新能力 | 在国内，对市场信息有较高的获取和领悟能力，作为行业领头人，有很强的研发能力<br>在国外，针对欠发达地区市场具有技术适应性改造的能力，在发达地区则尚未形成一定竞争力 | 处于国际创新中心，具有接近、识别并获取有价值信息的能力<br>具有深厚的研发积累和知识基础，具有研究开发并集成、改造的能力 |
| 信息链 | 创新资源 | 具有高性价比的生产线，但是高技术转化能力有限 | 生产能力有限，已有技术成果无法完全实现转换，订单得不到满足 |
| | 创新环境 | 对国内市场动态有实时获取渠道和正确认知能力，对国际市场的感知和适应能力不足 | 对国际市场动态有及时了解和正确把握，在中国市场存在一定进入壁垒 |
| | 创新能力 | 针对中国市场，具有将已有研发成果在进行产品转化的能力<br>针对所向往的国际市场，碍于研发水平有限无法提供符合要求的产品 | 对产品市场拥有准确判断的能力<br>对自身生产力、技术水平准确认知的能力 |

续表

| 创新链 | 影响因素 | 中联重科 | CIFA |
|---|---|---|---|
| 产业链 | 创新资源 | 连环收购不断拓展企业业务，已成为当时国内产品链最为完备的工程机械企业<br>已在国内市场建立完备的营销网络，拥有深厚的客户基础和品牌知名度，但是缺乏海外布点 | 拥有最全的产品线、全球化销售网络和深远的品牌效应，产品相对于同行有一定性价比优势<br>相比中国产品拥有较好的技术优势和品牌价值，但欧洲生产成本相对中国较高，在亚洲和新兴市场的主要竞争对手是中联重科和三一集团 |
| | 创新环境 | 国内混凝土机械行业高端市场存在空白，低端市场渐趋饱和<br>中联重科兼具国有企业和行业巨头的身份，具有融资优势、制度优势和制造优势 | 在国际市场拥有极强的品牌影响力和性价比优势<br>在中国市场存在一定壁垒，无法深入中国市场 |
| | 创新能力 | 具有很强的批量生产能力和一定的低成本制造优势<br>具有很强的配套技术支撑能力和综合经营能力、具有很强的市场开发能力和技术适应性改造能力 | 与普茨迈斯特等国际巨头相比有一定制造优势，但是生产成本高于中国企业，生产能力无法满足订单需求<br>嵌入全球产业链之中，具有很强的市场影响力 |

资料来源：作者整理。

根据深度访谈内容中得到的有关信息，利用内容分析法中的指标分析模型（邱均平等，2015），从公司官方网站、权威媒体报道、专家学者的书籍或期刊文献等公开渠道，收集中联重科并购 CIFA 事件相关文件中，“创新”“技术”“知识”的重复出现的所有相关因素并统计频次，进一步归纳提炼后再与深度访谈的核心内容进行交叉印证，该过程皆可重复操作加以印证，采用多种证据、多次论证来确保案例研究的效度和信度。

## 第三节

## 案例分析与发现

通过信息搜集以及与受访者的交流，笔者发现，作为历史最悠久的混凝土机械制造商，CIFA 仍位居全球行业前三甲，在欧美市场有着完善的销售渠道和品牌认可度，最重要的是 CIFA 的研发力量堪称行业第一。中联重科的前身是原国家建设部唯一的建设机械研究院，中国工程机械现行的行业标准 70% 以上是由这家研究院或企业制定的，而中联重科在 2008 年收购了该研究院并继其技术优势，建有国家级技术中心，先后完成重大科研课题 670 多项，负责制（修）订国家行业标准 300 多项，目前是 187 项有效标准的制、修订归口单位，行业技术覆盖率 75% 以上，每年销售收入的 40% 左右来自新品开发，被誉为中国工程机械科技创新的灵魂。但是，对于刚成立 16 年的中联重科来说，与已经有 80 年悠久历史的 CIFA 相比，在品牌、影响力方面相差甚远，在技术水平上更是难以望其项背。相比于发达国家的同行顶级企业，核心尖端技术的缺失使中联重科发展处于不利地位，产品在国际发达市场上被贴上“低价劣质”的标签，而关键部件要通过进口等购买方式获得，价格战成为企业盈利的无奈手段，长期受制于人使企业成长缺乏可持续性。并且，技术发展日新月异，获取核心技术成为企业发展的当务之急却又非长久之计，能够弥补自身的技术短板、追赶甚至引领技术的发展趋势才能使企业保持领先优势。

中联重科与 CIFA 于 2001 年起就确立了合作关系，对其优秀的品牌、上乘的质量、先进的技术和优异的经营管理有清晰的认知。因此，对中联重科而言，此次并购是有准备、有基础、有目的的，不仅是为了获取发达国家先进的技术和知识、提高自身创新水平，更是为企业嵌入全球技术中心、占据创新网络关键位置提供实现基础，是企业获取高新技术、实现技术赶超的绝佳途径。后发企业的技术型跨国并购企业创新主要受到创新资源、环境和能力等多方面共同作用的结果，而并购双方在各方面的差异直接关系到跨国并购驱动企业创新的实现状况。

笔者将“中联重科”“CIFA”和“创新”“技术”“科技”“知识”等

作为关键词并分别组合后进行资料检索，在剔除冗余信息后获取的资料有49份，包括25篇媒体报道、24篇学术论文作为案例中分析的资料来源。经过对相关内容的统计分析，我们将与研究主题相关的具体内容进行梳理、对比和筛选后，发现共有30条单独相关内容，可以归为9大类关键要素，具体分析如下。

## 一、跨国并购驱动企业技术链升级

对于期望通过跨国并购实现技术赶超的后发企业来说，能否获得弥补企业现有技术水平与国际技术发展前沿之间的关键技术缺口是选择目标企业的重要标准。在跨国并购之后，双方企业的技术融合是科研部门资源整合的关键，需要经历技术迁移和技术提升两个阶段：在技术迁移阶段，并购方需要在并购前对双方的融合过程事先进行详细规划，采取新建工厂、生产线以及引进生产工艺等一系列活动保证技术由目标企业流向并购企业；在技术提升阶段，为保证技术的顺利吸收和运用，需要并购方给予目标企业的管理团队和员工足够的尊重和保护，以实现对企业核心人员的保留，同时加大对被并购企业的研发投入，以确保原有技术能力的延续和更新。

### 1. 技术链创新资源整合

从创新资源来看，中联重科的充裕的资金流与CIFA深厚的技术积累相互补充，弥补了CIFA研发投入不足的困境，同时提升了中联重科的技术水准。创新资源的成功整合和高效提升主要表现在以下三个方面。

首先，创新资源的相关性较高，有利于知识的顺利迁移。当并购双方在产品、技术和市场上具有较强的相似性，或在生产链、技术链的垂直整合中具有较强的互补性时，创新资源的相关性较高，有利于彼此间的沟通与交流以及并购后资源的流通与整合；尤其是当双方技术水平有一定差距时，创新资源的相关性越高，企业则越有可能借此机会从目标企业获取弥补自身短板的新技术以及开发新技术（Teece，2007）。混凝土机械领域是CIFA的主营业务，也是中联重科最重要的业务之一。CIFA作为1928年成立的欧洲企业，经过80年的研发实践和技术积累，拥有涉及多个国家的60件商标申请及20件专利登记，在专业技术上更是居于龙头地位，相较中联重科还是略高一筹。例如，全球都在使用的泵送机械技术中，安装在混凝土料斗里的S管阀就是CIFA设计的；另外，由于泵车的承重和支腿的跨距问题，超长臂架泵车使用X支腿曾被认为是天方夜谭，而CIFA在2005年就推出拥有全球专利的三级顺序伸缩X支腿技术。跨国并购之后，中联重科基于共同的混凝土领域，高度重视技术的迁移和整合，不到半年时间就完成了对CIFA核心、关键技术的吸收，实现了企业知识储备的增加。

其次，获得原创性团队并保障其完整性，获得核心创新人才。技术除了以设备、专利等显性形式存在外，还有很多是以诀窍（Know - how）的隐性形式存在于员工之中（Ranft and Lord，2002），因此，保留原研发团队是实现技术追赶的关键。中联重科董事长詹纯新认为，在并购前必须考虑“被并购企业的基本面，如生产流程、工艺技术是否完善，管理团队、技术骨干能依赖，已有产能、技术途径能否对接”。在跨国并购之后，中联重科完整保留了CIFA之前的研发团队，以期不只是获得已有的专利和资产，更重要的是获得研发团队脑袋里的技术。但是，挽留住人员并不意味着知识在组织内能够共享和转移，这需要组织内部各机构之间能够用共通的语言沟通（Porter，1989）。基于此，中联重科设立了“协同办公室”来保证与CIFA的及时对接，更重要的是，双方管理团队大都是技术出身，基于共同的技术认知，彼此之间的交流更为顺畅，有利于知识的转移。人才作为技术的载体有机融合，提高了整个研发队伍的质量，保证了知识的顺利迁移与提升。

最后，双方处于不同的创新网络之中，并购实现了创新网络资源的共享。当双方企业处于不同的创新网络之中时，跨国并购将双方联结的同时也赋予企业网络结构洞的关键地位，为企业进一步开拓、获取、主导创新资源创造了机会。CIFA自20世纪50年代起一直占据着意大利大约80%的混凝土市场份额，是意大利人眼中的工业明珠，在欧洲有极强的企业竞争力与行业影响力，与当地行业协会、研究机构、同行企业建立了高质量的合作联结。中联重科的主阵地在中国，庞大的集团内部组织机构以及国内各高校及研究机构之间均存在着合作关系。跨国并购不仅使双方企业资源实现了整合，各企业自身的合作联结与网络资源也实现了共享。

## 2. 技术链创新环境改善

跨国并购中的双方因处于不同的国家而在企业文化和资源、社会制度和惯例、外部创新资源与环境等方面存在很大差异。跨国并购不同于一般意义上的FDI，不是强调简单全球性联系的“飞地经济”，将投资地标的为劳动力源泉和新兴市场，在本地的嵌入型很低，不是“移动性”投资，没有随时撤离的可能，而是“固定性”投资。一般而言，企业集团内部网络与被并购企业网络之间的关系不是替代关系而是互补关系，跨国并购的完成使得对方企业所在地成为自身的第二本土地区，将会对自身创新实践产生深远影响。CIFA在欧洲和北美等成熟市场的渗透已经很深，这对于打造国际化的中联重科来说意义深远。

首先，企业内部创新环境改善，实现了充分的技术交流与合作。在中联重科并购CIFA之后，一方面，在2009年于长沙建立了CIFA中国基地，与中联重科的生产车间用一层透明玻璃隔开，双方研发队伍共享研发设备和其他资源，并完全按照意大利工厂的模式由CIFA团队进行管理。这种设在中联重科生产基地的“厂中厂”模式相当于将CIFA的技术、管理搬过来，将老师请上门，用最直接的方式学习改进，中国的传统制造与欧洲制造进行着最直接的碰撞和交流，从而实现CIFA先进工艺制造技术向中国的输出，有利于提升整体的技术水平。另一方面，中联重科将混凝土事业部的研发设计和市场部门搬到了意大利米兰，与CIFA进行深度的合作，而其他核心管理部门如战略决策、财务、采购等仍然维持原状保留在国内；这样不仅可最大限度地节约企业的管理成本，而且也展示了对CIFA极大的尊重，更有利于双方的磨合与研发合作。企业之间的交流逐渐突破了地域的限制，员工之间基于地理邻近和组织邻近进行无间的交流与沟通，光明的发展前景使员工乐于分享自己掌握的技术诀窍（Husted and Michailova，2002）。例如，在中联重科进行CIFA－K38C电气系统的自主生产时，电气液压系统调试过程中遇到困难时，意大利CIFA电气工程师不远千里飞赴长沙现场指导，工程师们仔细研究图纸并深入现场一线，手把手教电气员工接线、调程序，企业研发团队实现了最紧密无间的交流。

其次，混凝土机械制造技术的高地恰好在欧洲，中联重科通过并购CIFA嵌入国际创新高地之中。意大利影响最大的财经类日报《24小时太阳报》在2008年对詹纯新董事长进行了采访，詹纯新认为，“意大利拥有先进的制造业及自动化技术，这两个领域对我们的行业非常重要，作为生产基地十分理想。另外它有非常完善的供应链，我们的零部件也是从意大利进口的。特别是它有优秀的建筑机械品牌，相对德国来说，意大利在某些产品上更有优势，更重要的是与我们的合作意愿也更为积极。”基于此，该媒体宣称“意大利将成为中联国际化战略的实验室”，这家行业龙头以“核裂变”的方式加速度发展，最终完成“走向海外，参与国际竞争”。事实上，欧洲用户一贯认品牌、认服务，中国企业打入欧洲市场向来难度很大。詹纯新也指出，“并购是企业迅速做大的最好途径。我为什么热衷于去收购企业？因为做企业需要时间的沉淀，有堆积效应，这是不可替代的。”这次中联重科收购CIFA，发挥其在国内的低制造成本优势，两者结合形成在国内外市场上都具有明显优势的中联混凝土机械跨国事业部，定址意大利使其能够充分利用CIFA的人才资源和工厂资源。同时，与国际混凝土机械制造的三大巨头同处欧洲也有助于中联重科及时获得市场最新信息和技术动态。

### 3. 技术链创新能力提升

整合目标企业的研发设备、知识库和人才等资源后，并购方企业的知识基础得以扩充，研发水平有所提升，运用并适应性改造现有技术的现实吸收能力会进一步增强。与此同时，跨国并购开拓了企业的第二本土区域，全新的创新环境里往往存在着更尖端的产品、技术和市场信息以及更高端的高校、研究所和行业合作伙伴，有助于激发企业运用潜在吸收能力进一步开发并同化相关创新资源，提高企业对资源的整合与利用能力。并购后，随着创新环境的改善和知识基础的增加，企业的技术适应性改造能力和产品开发能力得以提升。

在技术适应性改造方面，中联重科获取被并购方的先进技术和新产品，并将其优势因地制宜地运用到中国本土市场。CIFA中国基地建立后，向欧洲供应零部件的同时，还对 CIFA 产品进行适应性提升，以更进一步满足中国市场高端用户的个性化需求。例如，2009 年，中联重科的混凝土产品研发速度突然加快，相继研发出了 X 支腿混凝土泵车、欧 3 标准绿色混凝土泵送系列产品、3 桥最长臂架混凝土泵车、全球首台 4 桥 6 节臂 50 m 泵车等；在 2010 年全球巡展活动中，CIFA 展出了从混凝土生产、运输到泵送的全系列产品以及干混砂浆成套设备等覆盖了混凝土和干混砂浆供应链的所有环节，是中联重科 40 余年混凝土机械研制精华与 CIFA 传承欧洲前沿科技研发理念相互融合、集成的产物，同时也是 2010 年最新开发和上市的产品。

在产品开发方面，中联重科的独立研发、技术应用、成果转化能力也有所提升，这是一个循序渐进的过程。在中意两国联合科研团队的共同努力下，中联重科在产品研发、基础研究和试验平台等方面获得了提升，碳纤维臂架技术、主动减振技术、智能控制技术、结构疲劳研究、轻量化研究与应用、耐磨技术等一批重大关键技术已取得历史性进展。2015 年之前，湖南 CIFA 生产基地主要还是依照意大利设计图纸来制造零部件或“半成品”，再发往意大利 CIFA 总部进行各个部件和电气系统总装、调试、涂装，最后由意大利交付全球各地的客户。“从湖南再到意大利，所消耗时间长，物流成本比较高。”湖南 CIFA 相关负责人表示。2015 年，中联重科对工程机械板块进行了转型升级与整合，由湖南 CIFA 负责图纸转化、零部件的本地化采购、整机装配，混凝土公司主要负责结构件生产制作、整机调试和涂装工作，由智能技术公司负责组装、上机及调试电气系统，产品，最终实现产品 K38C 混凝土泵车的成功下线，标志着湖南 CIFA 公司已初步具备独立研发、自主生产能力。一方面，“此举使每台泵车降低制造和物流成本约 8 万元人民币，交付时间缩短至少 30 天以上。对于企业实现降本增效、快速响应市场需求意义重大。”另一方面，产品全线的本地化生产证明了企业独立研发能力、技术成果转化能力的实质性进步。事实上，早在公司收购意大利 CIFA 后，智能技术公司便开始为国内设计针对中国市场并融合意大利 CIFA 技术的复合泵车系列产品提供电控系统的配套服务，在并购 CIFA 之后在产品配套、调试等方面又进行了直接的面对面合作，为公司主导 CIFA 产品本地化生产提供了基础。

## 二、跨国并购驱动信息链升级

技术链的成功使创新链上 b 点的资源有所增加，而信息链决定了从 b 到 c 的联结，是创新实现的必经阶段，如图 8－2 所示。这不仅需要企业对产品需求和市场前景有准确的判断，避免技术链的盲目投入，也要对自身生产链资源和生产能力有清晰的认知，避免无法将技术成果成功转化或缺乏充分的生产力满足生产订单。跨国并购的实现将 CIFA 的高技术与中联重科的高产能优势互补，同时强化了双方对彼此本土市场的认知，实现了双方信息链的升级。

### 1. 信息链创新资源整合

信息链创新资源整合的关键首先在于技术资源与生产资源的衔接。跨国并购之后，双方产业链的互补使企业产品线更为完整，CIFA 的高端设备、高新技术则使产业链技术水平得到升级，中联重科的高生产力、低生产成本更增强了生产链的性价比和竞争力，CIFA 的技术得以充分的产品化，中联重科的成本、产能优势逐渐与 CIFA 技术、工艺相互植入，协同效应逐渐发挥作用。中联重科混凝土机械国际管理公司研发总监 Davide 表示，中国基地制造的零部件将在意大利本土工厂组装，以满足欧洲及全球市场，从而实现全球范围内的市场资源整台、优势互补，使自身的高技术水平以低成本实现，提高了 CIFA 产品的性价比。CIFA 的弱点是欧洲的制造成本偏高，由于产能限制订单并未得到充分满足，而中联重科拥有中国企业特有的制造优势，CIFA 在中联重科的帮助下直接在中国设厂进行生产，借助中国厂商的高生产力和低成本优势来弥补自身产能的不足，中联重科的成本、产能优势与 CIFA 技术、工艺相互植入，实现资源的综合利用。

### 2. 信息链创新环境改善

信息链创新环境改善的关键是拓展新的市场、对市场供需有更准确的认知以及获得可靠的营销渠道。跨国并购完成之后，双方市场资源的整合使技术成果在产品化之后进一步实现了市场化，CIFA 利用中联重科的销售网络，发挥自己的技术优势，顺利进入亚洲市场。在激烈的国际竞争中，外国企业经常发现进入中国市场很难进入并且成本很高（Wiegerinck and Von，2007）。CIFA 的销售总监 Delfino Corti 直率地说，“CIFA 以前因为运输成本高昂，难以进入广阔的亚洲市场，而依托中联重科在中国的大本营，得以提升销售。这些优势在行业内是独一无二的。”跨国并购的完成帮助 CIFA 迅速建立了中国生产和营销基地，CIFA 的产品被引入中国，并基于亚洲市场需要进行了适应性改造，发明出的中联重科 - CIFA 复合技术大受好评，市场范围得以拓展，市场占有率显著提升。

### 3. 信息链创新能力提升

研发的成功只是创新的一半，产业链资源决定了科研成果的转化情况，但是，即使技术成功产品化，产品的市场前景仍然会影响创新商业化价值的实现。因此，信息链成功的关键在于技术成果的转化能力以及市场信息的把握能力。跨国并购之后，双方通过资源整合与优势互补，技术的产品化能力迅速提升，CIFA 中国基地建成之后，利用中联重科长沙基地的优良制造条件，完成了 CIFA 的设计、工艺以及现场管理优势平移，如中联重科副总裁孙昌军所言：“产品制造方面，中联的巨大产能将促进 CIFA 规模和利润的同步增长，CIFA 所具备的欧洲高端制造能力将提升整个企业的工艺水平”。另一方面，作为创新的载体，产品的市场占有率象征着企业对技术应用以及产品市场前景的把握情况。跨国并购通过嫁接的方式为企业创造了第二本土地区，中联重科对国际市场、CIFA 对中国市场的技术动态和市场需求都有了更深刻的认知，随着成本优化的 CIFA 一举占据欧洲市场，而通过技术协同获得质量提升的中联重科也进一步稳固了国内市场，CIFA 对亚洲市场、中联重科对国际市场的把握也更为准确，避免了技术的盲目开发，CIFA 在亚洲市场连续七年推出新产品，中联重科在海外市场的销售额占比保持在 10% 以上。

## 三、跨国并购驱动产业链升级

CIFA 董事长 Ferrari 先生在交割仪式上表示：“这（并购）将为 CIFA

创造良好的机会，更好地满足客户需求。同时中联重科还能带来充足的资源帮助 CIFA 进入新的市场。双方的业务覆盖区域和产品线非常互补”。事实上，跨国并购之后，中联重科和 CIFA 的产品线和市场营销网络互相补充，产业链性价比和市场占有率都显著提升。

### 1. 产业链创新资源整合

跨国并购后，双方产业链设备和技术得以整合，企业产品线更为完整，技术水平得以提升，产业链竞争力增加。与行业竞争对手相比，CIFA 是唯一一家能够全面提供高质量全线混凝土设备的厂商，并且具有很强的研发能力和创新能力，并购完成后，CIFA 精良的生产设施和制造工艺应用于中联重科生产链，弥补了产品线的不足，创立了一个具有规模效应的协同发展平台。詹纯新认为跨国并购还将带活一批配套企业，使企业产品线得到横向延展：“比如我们的油缸厂，以后 CIFA 的油缸全部由它生产，况且，采购价格比国际市场低 50%，这对 CIFA 也有利。”相比于发达国家的成熟技术，发展中国家的落后主要表现在以专利、技术、管理等为特征的无形资产相对缺乏或者不足，对于中联重科而言，CIFA 的产业链在提供产品技术衔接等方面起重要补充作用，产业链实现纵向延伸。例如，Magnum 是该公司独有的集混凝土输送和泵送于一体的混凝土设备，有助于提高产品线运营效率。与此同时，产业链成本下降，性价比提升。一方面，双方进行了战略性的采购整合，通过共享采购商，扩大的采购规模增加了企业采购谈判议价能力，有效降低了采购成本。例如，CIFA 在欧洲采购成本低于中联，出于对高端零部件的需要，中联重科可以通过 CIFA 在欧洲的渠道进行采购。另一方面，双方进行了生产线整合，CIFA 全球供应链中国基地的建成获得了中国制造的低成本优势，该基地位于我国工程机械制造基地之一的长沙，在此采购和生产 CIFA 零部件降低了 15% 左右的制造成本，如 CIFA 在长沙当地采购的油缸价格只有其在国际上采购价格的 50%，而劳动力工资水平不足意大利员工的 1/4。

其次，双方的品牌和市场资源得以整合。中联重科收购“浦沅”和“中标”后，这两个业界著名品牌淡出，统一更名为“中联（ZOOMLION）”，而收购 CIFA 后，考虑到该品牌的知名度优势，实施双品牌战略。

CIFA在欧洲和印度都拥有一定的市场份额和客户忠诚度，而中联重科的优势在亚洲，二者在销售网络上并不重合，根据市场的具体情况需要实行不同的品牌策略，对市场和用户进行细分，避免组织内部的市场重叠，通过强强联合来增强品牌知名度和市场占有率，在销售市场上形成双品牌互补。由于CIFA的产品性价比较高，对于亚洲混凝土机械制造商，CIFA产品具有较好的技术优势、更高的品牌价值，而中联重科在中国的市场已经相当成熟，通过细分客户为CIFA拓展中国市场，并购双方合力运作双品牌对抗其他竞争对手，使企业实现了在国内市场份额和竞争力的提升。中联重科和CIFA两个企业的联合，产生了混凝土机械行业独特的双品牌运作，保证了中联重科在世界行业中的优势更加明显。但是两者之间并不存在竞争，CIFA针对高端市场而中联重科注重中低端市场，中国市场以及其他区域性市场使用中联品牌与韩国和其他中国品牌竞争。虽然CIFA品牌已经引入中国，但是二者在国内目标客户上进行了细分，CIFA产品面向的是中国高端客户，并在此基础上建立了中联－CIFA复合技术创新平台。

### 2. 产业链创新环境改善

在詹纯新看来，“全球化不仅仅是一个个简单的全球网络，这些网络一般都由线条构成，对于全球化企业而言，重要的不是单个的线条，而是一个个的节点，这些节点实际上就是企业在全球不同的制造、仓储、采购和营销基地，只有对其进行合理布局，才能真正形成全球化网络”。网络的调整与布局在中联重科的整体战略中扮演着极其重要的角色，在全球布点过程中，跨国并购成功将CIFA转化为中联驻扎在欧洲的一个具有技术优势和品牌优势的桥头堡，又将中联重科作为CIFA的先锋成为进军中国市场的一个重要支点，企业的产业链创新环境都得到实质性的改善。

第一，收购CIFA有助于实现中联重科混凝土机械销售和服务网点的全球化布局。CIFA拥有成熟的国际营销网络布局，包括在70多个国家拥有的50多家独立经销商、在意大利拥有的6个生产基地和24家代理机构，在欧洲传统市场已经具有相应的市场份额和客户忠诚度。不仅如此，CIFA已经布局东欧、俄罗斯、印度等具有发展潜力的新兴市场，而中联重科当时的海外销售还基本采用外贸出口的方式进行。并购后中联重科将混凝土事业部的市场营销职能迁移至意大利，以便充分利用 CIFA 完善的国际营销网络和强大的品牌影响力，借助市场的充分叠加让中联的产品迅速进入欧洲市场，加快开发全球热点市场，扩大公司产品在全球的市场份额，提高海外市场竞争力。更重要的是，CIFA 与中联重科的销售网络几乎不重叠，而中联重科在吸收 CIFA 优秀的管理模式和经营模式基础上，将 CIFA 这一市场布局优势与自己现有销售和服务网络进行整合，利用 CIFA 的海外市场为中联重科实现国际化提供平台，原先代理 CIFA 的经销商现在也可以增加中联重科产品的代理，不仅能在较短的时间内进入东欧、俄罗斯、印度等具有发展潜力的新兴市场，而且能节约开拓欧洲市场的高昂费用，积累资金拓展其他市场。

第二，跨国并购的实现有助于 CIFA 进入中国市场。中国因其庞大的消费市场获得很多国际企业的青睐。但是，中国省级等行政区存在较强的行政壁垒，地方保护主义提高了外国产品进入中国的门槛，而中国企业对于技术的重视程度不断提高并且已经拥有一定的技术优势，中国市场相对较低的人力和制造成本使其相对于国外产品拥有更高的性价比优势（赵增耀，章小波等，2015），基于此，外国企业发现中国市场存在一定的进入壁垒，而通过被中国企业收购，可以借用并购方的营销网络迅速进入中国市场。在中联重科并购 CIFA 之后，2009 年 CIFA 品牌在中国正式发布，CIFA 全线产品通过中国基地登陆中国，通过中联重科的营销渠道在中国市场进行销售，为中国用户带来全新的欧洲品质和产品，那些曾经飘忽于用户脑海中的欧洲经典品牌终于实现了从品牌到产品的落地。詹纯新表示，“CIFA 有两种产品在国内还没有产品可以替代，完全是独有的”，在中国面向的是对产品质量有高需求的高端市场。尤其是 2009 年 CIFA 供应链中国基地正式建成投产，实现 CIFA 产品本土化生产制造的同时，对 CIFA 产品进行适应性提升来满足中国市场高端用户的个性化需求，并为中国市场用户提供最为专业的检测、维修以及便捷的配件支持，中联重科强大的售后服务平台为 CIFA 国内用户创造更大附加价值，巩固了 CIFA 公司产品在中国的市场。

第三，企业的国际化活动具有回转特征，即外向活动被强有力地整合到母国的活动之中。借助与 CIFA 的有力整合，中联重科在国际市场的品牌知名度、技术地位实现了质的提升，而中国 CIFA 基地作为制造中心服务于全球运营，企业通过整合同时利用其在母国的核心竞争力和开拓国外的新机会，仍然高度依赖在中国市场的技术成果转化和生产制造，以谋求长期生存和成功（Kogut and Zander，1992；Teece et al.，1997）。2008 年并购完成之后，中联重科基于对 CIFA 技术等资源的吸收、消化与整合，在中国市场进行适应性改造并持续升级，陆续推出中联重科 - CIFA 复合技术系列的产品，多次获得吉尼斯纪录，在国内市场占有率高居榜首。

### 3. 产业链创新能力提升

首先，跨国并购驱动企业产业链生产效率增加，市场竞争力提升。并购 CIFA 之后，中联重科保留 CIFA 原有的经营团队实行本地化管理，CIFA 中国基地的运行仍由意大利团队直接管理，使用整套 CIFA 意大利工厂管理模式，以将 CIFA 先进的技术和成熟管理经验移植到本土企业里来，实现世界上先进制造技术和中国低制造成本的结合，进一步增强竞争力。詹纯新指出，国内同行业领先企业在同样资产投入的情况下，人均创造主营业务收入只有 CIFA 的 1/16，人均劳动生产效率的巨大差距将直接转变成中联重科提升效率、改善管理的动力。意大利 CIFA 泵车历经 40 余年的发展，三代产品改型换代过程中，总结出的设计标准、设计方法、疲劳载荷试验采集数据等关键内容，大大提高了研发平台的操作效率与水平，为中联 CIFA 复合技术在这个平台上的快速进步创造了条件。中联重科以 CIFA 供应链作为模板与标准，消化吸收来自欧洲的先进的研发、制造、管理经验，逐步向中联重科产品链渗透、延伸，着力提升自身产品技术及制造装配工艺水平，使中联重科的产品技术含量实现跨越式提升。不仅如此，产品线的整合显著降低了生产成本、提升了产品线完整性，企业产品性价比优势进一步加强。

在欧洲，CIFA 的产品性价相对于普茨迈斯特和施维英较高，具有 10% ~20% 的价格优势，而 CIFA 中国基地的零部件制造进一步降低了 CIFA 的成本，将先进技术放到低成本国家也将从根本上提高 CIFA 产品的性价比和竞争优势。Davide 表示，CIFA 基地移植了 CIFA 在欧洲的全套生产工艺，完全按照 CIFA 的质量标准进行零部件的试制、生产、检测，并在中国范围内甄选优秀的供应商台作，实现 CIFA 零部件的中国化制造。中国基地高水准、低成本制造的零部件在意大利本土工厂组装，融入 CIFA 的全球供应链体系之中，以满足欧洲及全球市场，从而实现全球范围内的市场资源整合和优势互补。并且，CIFA 产品以 CIFA 品牌面向亚洲销售，在保证技术和品牌优势的同时，中国的制造低成本、CIFA 产品的“独占优势”极大地提高了中联重科和 CIFA 的产品竞争力。

其次，跨国并购驱使企业营销能力提升，市场扩张能力不断增强。中联重科通过并购获取了 CIFA 的分销渠道，提高了中联重科以及我国工程机械企业的品牌知名度和附加值，因而具有显著的品牌和渠道效应。CIFA 在欧洲具有 6 大产业基地，这意味着经过整合中联重科在欧洲拥有了永久性工厂，而借助于 CIFA 完善的制造和服务体系，中联重科产品在欧洲具备了后天优势。2008 年并购结束后，海外销售实现三年连涨，2015 年海外销售收入占其整体销售额的 15% 左右（王家康，2016），海外服务体系更趋完备。由于中联重科已经具备较强的混凝土机械技术底蕴，且已经在行业内形成了良好的品牌优势，但海外市场的认可度较低，因此，充分利用与 CIFA 的协同，完成国际研发中心和产业基地规划，有助于实现品牌延伸以及对技术和销售渠道的拓展。

在此基础上，企业将跨国并购作为一个跳板，通过积极收购成熟跨国公司的关键资源弥补自身竞争力的不足，减少母国的制度和市场约束，借助经常性的跳板活动来克服后发劣势，进行递归性的国际市场拓张和创新升级。中联重科海外收购 CIFA 提高了企业的品牌知名度和国际声誉，而后又通过与奔驰建立产业链合作关系、与印度建立合资公司来提高其产品技术水平和价值链等级。

## 第四节

## 基于单案例实证分析的政策启示

自 2008 年 9 月中联重科完成了与意大利 CIFA 公司的“世纪并购”后，中联重科不仅有效整合了双方的全球资源，在产品研发、工艺革新、战略采购、市场营销等多方面进行深度融合，同时还坚持自主创新，尤其强调技术的原始性创新、集成创新和引进消化吸收基础上的再创新，以此发挥科研院所促进行业科技进步的骨干中坚作用，多次引领了国内行业与国际巨头的抗衡。因此，中联重科并购 CIFA 随着跨国并购不仅能够较为科学、合理地解释跨国并购驱动中国企业创新的一般意义上的实现机制，其经验模式也将为我国已经完成或者正在进行跨国并购的企业如何实现技术跨越提供有益的借鉴和指导。当前，我国工程机械高端产品的发展被动的主要原因在于基础零部件、基础工艺和基础材料的欠缺，跨国并购帮助国内企业快速获得先进的技术、管理、制度和文化等要素，从而实现与国际同行的快速高位对接。但是，在技术型跨国并购中，很多企业未能充分重视创新资源的对接、创新环境的改善以及创新能力的提升。在并购之后，出于自身并购绩效的需要，能够迅速商业化的渐进式创新成为部分企业首选，并购后与专利数量增加相伴而生的是专利的影响力、通用性和原创性会降低，跨国并购并未能真正帮助企业获得长久的创新潜力。基于此，本书提出促进中国企业通过跨国并购实现创新的对策建议：

（1）创新资源的整合以优势互补为原则，在整合过程中，除了对企业专利、技术与和核心产品进行转移，为了保持持续的创新竞争力，企业应对蕴含缄默知识的人才资本和以合作关系为代表的网络资本予以重视。一方面，跨国并购后企业创新链资源基础迅速增加，资源高效利用的关键在于双方的优势互补。例如，在中联重科并购 CIFA 案例中，将 CIFA 强大的研发能力、精良的制造工艺和中联的制造成本优势以及双方国际国内的营销网络结合起来，使 ZOOMLION（中联）- CIFA 产生一个质的飞跃，国际竞争力得以提升。另一方面，企业通过并购实现技术跨越式提升时，获取目标企业的关键知识、技术和核心产品只能实现短期内知识储备的增加，仅能促进企业当下创新水平的迅速提升，人才作为知识的载体，才是企业保持持续竞争力的关键。中联重科在并购 CIFA 之后，保留了企业原有的管理团队和经营模式，以期获得完整的研发团队，又在此基础上加强团队文化交流与人员沟通，以促进技术的顺利转移以及后期技术的进一步研发。

（2）跨国并购过程中，应重视研发基地对于企业文化和创新环境对接的重要性，通过拓展企业创新边界使企业得以嵌入技术高地之中，改善企业内外部的创新环境。后发企业在区位上拥有天生的技术劣势，地处发展中国家使其隔离在世界的科技中心之外，而目标企业一般位于国际创新中心区域，企业的长期沉淀具有堆积效应，有助于企业嵌入第二本土区域之中，利用当地富集的先进信息、技术与合作伙伴。在此过程中，建立研发基地来加强人员的交流和技术的转移至关重要，与此同时，也有助于企业内部创新氛围的改善。CIFA 中国基地的建立对于双方的协同合作起到关键作用，全面优化了 CIFA 的全球供应链体系，降低了全球采购与运营成本，提升了 CIFA 产品的全球竞争能力，并实现了 CIFA 先进工艺制造技术向中国的输出。因此，并购后还应注重并购双方的技术交流和学习，通过维护积极互动、开放式合作的创新氛围来鼓励思想碰撞与创新合作，通过培养人才队伍、提升知识共享水平来增强企业整体的科研实力。

（3）对于后发企业而言，跨国并购的意义不只在于获得先进的技术和产品、融入高端的创新环境之中，而是为了获得持久的竞争力和更高的市场占有率，这就需要企业在跨国并购过程中注重独立研发能力的提升和国际市场营销渠道的掌控，充分利用所获得的资源与环境，不断提升企业开发资源、利用资源的能力。中联重科并购 CIFA 后，合并了两个运营中心的研发团队，建立了统一国际化的研发平台，在意大利和中国都建立了彼此的研发基地，通过深入的交流协作以期将 CIFA 的技术内部化，最终实现企业研发能力的实质性提高，在 2015 年独立实现 CIFA 产品的本土化生产。鉴于此，企业在并购时不能止步于现有资源的获取和创新绩效的短期提升，而应着眼于企业长期的产业战略布局和创新链深化，争取创新网络的关键位置，以期有机会获得更有价值的创新资源。

## 第五节 本章小结

本书从企业创新的视角出发，构建了企业创新的分析框架及企业创新链的实现图件，为跨国并购驱动企业在技术链、信息链和产业链各阶段创新升级提供了思考方向。通过理论总结与实证分析，本书得出主要结论如下：

（1）当并购双方在产品、技术和市场上具有较强的相似性，或在生产链、技术链的垂直整合中具有较强的互补性时，创新资源的相关性较高，有利于彼此间的沟通与交流以及并购后资源的整合与利用，在产品的生产和销售中会产生更大的规模经济效应；尤其是当双方技术水平有一定差距时，创新资源的相关性越高，企业则越有可能借此机会从目标企业获取弥补自身短板的新技术以及开发新技术（Hagedoorn and Duysters，2002；Teece，2007）。

（2）跨国并购中的双方因处于不同的国家而在文化、制度、惯例、资源等方面存在很大差异，目标企业一般位于创新资源富集、行业顶尖企业集聚、创新氛围浓厚的全球技术中心，企业通过跨国并购嵌入当地的关系网络和社会结构之中、融入目标企业所在的创新环境和创新网络之中，跨越了因品牌声誉、文化融合等原因造成的障碍，在第二本土地区为企业与国际一流企业、大学与科研机构建立跨境合作并获得领先研发资源制造机会，最终通过总部协调实现知识由海外卓越中心向中国的流动。

（3）整合目标企业的研发设备、人才等资源后，并购方的现实吸收能力会进一步增强，研发相关性较低有助于激发企业运用潜在吸收能力获取并同化异质的研发资源，研发互补效应有助于双方企业尤其是并购方实现知识基础的扩充；而在研发相关性较高时，研发替代效应会降低双方成本、提升资本运营效率，提升企业转化和开发创新资源的能力。

（4）跨国并购通过嫁接的方式改变了企业在全球中的地理区位以及在创新网络中的位置，企业有机会接触到更先进的知识、信息和合作伙伴，与全球顶级高校、企业等合作伙伴或在地理位置、组织框架、制度管理、文化习惯和认知水平上的邻近性水平都有所提升，企业的结网能力显著提升。基于此，企业将跨越由劳动力、资本等决定的规模边界和由知识、技术等决定的能力边界，实现创新能力的提升。

# 附录

## 附录 1：中国装备机械制造业创新研究调研问卷

该问卷应用于 2015 年、2016 年中国工业博览会调研。

### 第一部分　产品信息

1. 参展的机器产品中，贵公司最新的机器是什么？

| 产品类型<br>（例如：掘进机） | 具体名称<br>（例如：900X3D） | 产品上市时间<br>（年份/月份） | 出口比例 | 比竞争者的<br>同类产品价格 | | |
|---|---|---|---|---|---|---|
| | | | | 较低 | 类似 | 较高 |
| | | | | | | |

2. 该机器部件的生产及来源情况（可多选，请打√）。

| 没有此部件 | | 自主设计和开发 | 共同开发 | | 逆向工程 | 购买 | | 购买知识产权 | | 仅仅组装 |
|---|---|---|---|---|---|---|---|---|---|---|
| | | | 国内联合 | 国外联合 | | 国内的 | 国外的 | 国内的 | 国外的 | |
| □ | 外壳 | | | | | | | | | |
| □ | 驱动系统 | | | | | | | | | |
| □ | 核心部件 | | | | | | | | | |
| □ | 控制装置 | | | | | | | | | |
| □ | 其他的机械元件 | | | | | | | | | |
| □ | 系统集成 | | | | | | | | | |

3. 贵公司对该机器的售后服务？□ 有　　　　□ 没有

4. 该机器是新产品吗？（请打√）

□在国际市场上的新产品　　　□在中国市场上的新产品

□仅对本公司而言是新产品

5. 2012 年，该机器创造的销售额占贵公司总销售额的比例是______%。

6. 该机器有哪些特别优势？____________________________
自主创新部分所占的比例是________%；本公司生产部分所占的比例是________%。

7. 该机器是贵公司最具创新的产品吗？□ 是　　　　□ 否

8. 2012 年，贵公司销售量最高的机器是？

| 产品类型（例如：掘进机） | 具体名称（例如：900X3D） | 产品上市时间（年份/月份） | 出口比例 | 比竞争者的同类产品价格 | | |
|---|---|---|---|---|---|---|
| | | | | 较低 | 类似 | 较高 |
| | | | | | | |

9. 2012 年，新产品（上市时间从 2010 年到 2012 年）销售额占贵公司总销售额的比例是 ________%。

10. 2012 年，大陆市场的销售额占总销售额的比例是________%，（如果只有大陆市场，第 11 题不需作答）。

11. 2012 年，贵公司最重要的海外市场（包括港澳台）是：

国家/地区________，占比________%；国家/地区________，占比________%；国家/地区________，占比________%。

## 第二部分　创新情况

1. 贵公司与哪些重要的合作伙伴，共同研发新的机器产品，按重要性从高到低选择填写数字：

| | 伙伴类型 | | 所在区域 | 联系频率 | 关系亲密度 |
|---|---|---|---|---|---|
| 主要合作伙伴信息 | 1 = 大学<br>2 = 公共的研究机构<br>3 = 私立的研究机构<br>4 = 客户<br>5 = 供应商 | 6 = 同行业企业<br>7 = 咨询公司<br>8 = 其他的合作伙伴<br>（请说明） | 1 = 本地（车程半小时范围内）<br>2 = 本市<br>3 = 本省<br>4 = 本国<br>5 = 外国（请说明） | 1 = 每天<br>2 = 每周<br>3 = 每月<br>4 = 每年<br>5 = 更久 | 1 = 非常紧密<br>2 = 紧密<br>3 = 一般<br>4 = 疏远<br>5 = 非常疏远 |
| 第一重要 | | | | | |
| 第二重要 | | | | | |
| 第三重要 | | | | | |

□我们没有合作伙伴

2. 请您对贵公司做出评价：（从三个选项中选择一项，请打√）

3. 贵公司的主要竞争对手来自（国家/地区）：________________。

| | 符合 | 计划中是这样 | 不符合 |
|---|---|---|---|
| 我们是国内的技术领先者 | | | |
| 我们是世界的技术领先者 | | | |
| 我们的产品比国内的竞争对手有更高的质量 | | | |
| 我们的产品比全球的竞争对手有更高的质量 | | | |
| 我们的产品比国内的竞争对手有更便宜的价格 | | | |
| 我们的产品比全球的竞争对手有更便宜的价格 | | | |
| 自创业开始，相比于研发能力的提高，我们更注重销售收入 | | | |
| 自创业开始，相比于销售收入，我们更注重研发能力的提高 | | | |

续表

| | 符合 | 计划中是这样 | 不符合 |
|---|---|---|---|
| 我们根据客户的愿望和需求制造产品 | | | |
| 我们引进并调整国外的技术以使其适应中国市场 | | | |
| 我们的工程师自主研发产品 | | | |
| 我们和客户共同开发产品 | | | |
| 我们比竞争对手反应更灵活 | | | |

4. 贵公司最重要的客户来自：

| 国家 | 省份 | 城市 | 开始合作的年份 |
|---|---|---|---|
| | | | |

5. 您认为，对于一个创新的公司，哪三项特征是最为重要的？

| | |
|---|---|
| 第一重要 | |
| 第二重要 | |
| 第三重要 | |

6. 政府支持方面的重要程度：（请评价其重要性，从1~5重要性依次递增，请在合适的选项处打√）

| | | 1（不重要） | 2 | 3 | 4 | 5（非常重要） | 没有经验 |
|---|---|---|---|---|---|---|---|
| 提供资金 | 直接提供 | | | | | | |
| | 通过研究项目 | | | | | | |
| | 通过银行贷款 | | | | | | |
| 员工培训 | | | | | | | |
| 员工招聘 | | | | | | | |

续表

| | | 1（不重要） | 2 | 3 | 4 | 5（非常重要） | 没有经验 |
|---|---|---|---|---|---|---|---|
| 帮助寻找 | 客户 | | | | | | |
| | 合作伙伴 | | | | | | |
| 帮助进入新市场 | | | | | | | |
| 帮助企业选址 | | | | | | | |
| 其他（请说明） | | | | | | | |

7. 政府最应该从哪些方面给予支持，以提高公司的创新绩效，请就下列措施，按重要性排序：

| | | | | |
|---|---|---|---|---|
| A 政府的服务效率 | B 资金方面的奖励 | C 帮助寻找客户和合作伙伴 | D 引进专业人员 | E 优惠和扶持政策 |
| F 改善基础设施 | G 保护知识产权 | H 其他方面（请说明） | ________ > ________ > ________ | |

8. 今后三年，贵公司有哪些重要的投资计划？

| | |
|---|---|
| 第一重要 | |
| 第二重要 | |
| 第三重要 | |

## 第三部分　公司概况

1. 贵公司是：□总公司　　□地区总公司　□子公司

2. 公司主要功能（可多选）：

□生产企业　□研发企业　□销售企业　　□其他（请说明）

*注：以下问题针对上述公司*

3. 贵公司的所有制性质：

□国有　　□集体　　□民营　　　□三资（内资控股）

□三资（外资控股）　□港澳台独资　□外商独资

4. 贵公司年销售收入：

□1000 万元以下　□1000 万～5000 万元　□5000 万～1 亿元

□1 亿～10 亿元　□10 亿～50 亿元　□50 亿元以上

5. 贵公司研发投入占销售收入的比重：

□2% 以下　□2%～4%　□4%～6%

□6%～8%　□8%～10%　□10% 以上

6. a）员工数量：________人其中，b）研发人员数量：________人，c）具有本科及以上学历的员工数量：________人。

7. 贵公司的融资方式？（可多选，请打√）

<table>
<tr><th colspan="2">企业内融资</th><th colspan="7">金融系统融资</th><th colspan="2">私人关系</th><th>政府资助</th><th>社会投资</th><th>其他的</th></tr>
<tr><td rowspan="2">企业职工</td><td rowspan="2">总部投资</td><td colspan="3">银行</td><td rowspan="2">风险投资</td><td rowspan="2">私募基金</td><td rowspan="2">股票市场</td><td rowspan="2">其他的</td><td rowspan="2">亲戚</td><td rowspan="2">朋友</td><td colspan="3" rowspan="3"></td></tr>
<tr><td>大陆</td><td>港澳台</td><td>国外</td></tr>
<tr><td></td><td></td><td></td><td></td><td></td><td></td><td></td><td></td><td></td><td></td><td></td></tr>
</table>

# 附录 2：中国工程机械产业并购及创新行为调研问卷

该问卷应用于 2017 年、2018 年中国工业博览会调研，以及 2016 年、2018 年上海宝马展调研。

## 第一部分　公司并购行为

1. 贵公司过去五年内是否有过并购行为？

□有并购（____次）　□无并购（有计划、无计划）

2. 贵公司采取何种并购方式、属于哪种并购类型？

□兼并　　□收购　　□相似业务并购　　□产业上下游并购

□跨产业并购

3. 贵公司选择并购的原因是什么？

□技术　　□品牌　　□海外市场　　□资源

□交易成本　□业务单一

4. 贵公司选择并购对象的参考因素有哪些？

□双方合作历史　　□双方产业技术相关性

□区域及文化相似性　　□对方先进技术

□对方品牌/产业地位　　□对方营销渠道

□对方区位优势

5. 贵公司在并购中的阻力有哪些？

□法律约束　　□工会限制

□管理交接　　□文化差异

□技术合作障碍

6. 贵公司参加展会的原因和目的是什么？

□维系已有合作关系　　□展示新产品/公司实力

□寻找潜在合作伙伴　　□了解行业发展动态

□产品销售与贸易　　□政府支持

## 第二部分　公司并购效果

1. 贵公司与并购对象有何创新特征？

<table>
<tr><th></th><th>产业地位</th><th>产业相关性</th><th>创新能力</th><th>产品</th><th>客户来源</th></tr>
<tr><td>贵公司</td><td></td><td rowspan="2">强—中—无</td><td>高</td><td>标准—定制</td><td>本地—国家—全球</td></tr>
<tr><td>并购对象</td><td></td><td>高</td><td>标准—定制</td><td>本地—国家—全球</td></tr>
</table>

产业地位：1 行业标准制定者；2 行业细分领域的领头公司；3 有一定研发能力的制造商；4 配件生产及销售公司

2. 贵公司的来源地、并购对象所在地均有何创新特征？

| 城市名称 | | 产业集群 | 学研集聚 | 创新氛围浓厚 | 与当地的社会联系 |
|---|---|---|---|---|---|
| 来源地 | | □是　□否 | □是　□否 | □是　□否 | □强　□弱 |
| 投资地 | | □是　□否 | □是　□否 | □是　□否 | □强　□弱 |

3. 为了实现创新升级，贵公司并购后的整合方式是什么？

□技术转移至中国　□吸收人才至中国

□人才海外培训、再返回中国　□建立中国、海外合作基地

□项目合作

4. 为了实现创新升级，贵公司在并购整合中的关注重点有哪些？

□管理层整合　□文化融合

□技术共享　□产品线融合

□新产品合作研发

5. 并购之后，贵公司的研发、生产和销售活动区域是否有变化？

| | 并购前 | | | 并购后 | | |
|---|---|---|---|---|---|---|
| | 本地城市 | 中国境内 | 全球范围 | 本地城市 | 中国境内 | 全球范围 |
| 生产活动 | | | | | | |
| 研发活动 | | | | | | |
| 销售活动 | | | | | | |

6. 并购对贵公司的影响体现在哪里？

□管理难度增加　□技术水平提升　□研发团队质量提升

□产业地位提升　□国际伙伴增加　□市场份额增加

□生产成本降低　□经营风险降低

## 第三部分　公司基本情况

1. 贵公司成立于______年，主营业务或产品为__________________。

2. 贵公司等级：□总公司　□地区总公司　□子公司　□其他______

3. 贵公司性质：□国有　□民营　□合资　□外资　□港澳台独资

□其他______

4. 贵公司年销售收入（亿元）__________；其中，研发投入（亿元）__________。

A. ≤0.1　　B. 0.1～0.5　　C. 0.5～1

D. 1～10　　E. 10～50　　F. ≥50

5. 贵公司员工数量（人）______；其中，研发人员数量（人）______。

A. ≤100　　B. 100～500　　C. 500～1000

D. 1000～5000　　E. ≥5000

公司名称：______　　展位号：______　　受访人员职位：______

职位：GM 总经理；AM 副经理；TD 技术总监；TB 技术骨干；SM 销售人员。

# 参考文献


[1] 毕亮亮．长江三角洲区域创新系统［M］．知识产权出版社，2013.

[2] 曹贤忠，曾刚，司月芳．网络资本、知识流动与区域经济增长：一个文献述评［J］．经济问题探索，2016（6）：175－184.

[3] 曹晓东．工程机械企业海外并购整合的启示——基于中联重科并购 CIFA 的经验［D］．对外经济贸易大学，2014.

[4] 曾德明，任浩，戴海闻，等．组织邻近和组织背景对组织合作创新地理距离的影响［J］．管理科学，2014（4）：12－22.

[5] 曾刚．技术扩散与产业升级［R］．中国地理学会（长春）年会，2008，7.

[6] 柴攀峰．动态能力视角下后发企业创新模式选择研究［D］．浙江师范大学，2015.

[7] 常健聪，朱瑞庭．新视角下中国企业海外并购关键问题分析［J］．经济问题探索，2015（07）：166－171.

[8] 陈爱贞，李舜，刘承翊．企业技术创新模式选择：自主学习还是合作［J］．东南学术，2018（01）：129－140.

[9] 陈佩翔，谢洪明，程宣梅，王菁．新兴市场技术获取型跨国并购的逆向学习机制［J］．科学学研究，2018，36（06）：1048－1057.

[10] 崔永梅，赵妍，于丽娜．中国企业海外并购技术整合路径研究——中国一拖并购 Mc Cormick 案例分析［J］．科技进步与对策，2018，35（07）：97－105.

[11] 邓勇兵．中国企业国际化进程中的网络演进与构建机制研究［D］．南开大学，2014.

[12] 董俊武，黄江圳，陈震红．动态能力演化的知识模型与一个中国

企业的案例分析 [J]. 管理世界, 2004 (4): 117 - 127.

[13] 董平, 周小春. 技术并购、吸收能力与企业技术创新动态能力——来自创业板上市公司的证据 [J]. 科技管理研究, 2018, 38 (07): 34 - 40.

[14] 方创琳, 马海涛, 王振波, 李广东. 中国创新型城市建设的综合评估与空间格局分异 [J]. 地理学报, 2014, 69 (04): 459 - 473.

[15] 高鹤. 中联重科收购 CIFA 的背后 [J]. 中国机电工业, 2008 (9): 50 - 54.

[16] 高厚宾, 吴先明. 新兴市场企业跨国并购、政治关联与创新绩效——基于并购异质性视角的解释 [J]. 国际贸易问题, 2018 (02): 137 - 148.

[17] 高厚宾. 新兴市场企业跨国并购促进技术创新了吗——基于 PSM - DID 的实证研究 [J]. 科技进步与对策, 2019, 36 (03): 19 - 25.

[18] 韩贺洋, 周全. 科技企业并购方式、创新路径与并购后整合研究 [J]. 科学管理研究, 2018, 36 (01): 65 - 68.

[19] 韩俊华, 王宏昌, 刘博. 技术并购、整合与创新研究 [J]. 科学管理研究, 2018, 36 (01): 57 - 60.

[20] 贺灿飞, 郭琪, 马妍, 等. 西方经济地理学研究进展 [J]. 地理学报, 2014, 69 (8): 1207 - 1223.

[21] 贺灿飞, 毛熙彦. 尺度重构视角下的经济全球化研究 [J]. 地理科学进展, 2015, 34 (9): 1073 - 1083.

[22] 胡杰武. 中联重科并购 CIFA 获得了什么? ——5 周年之后的回顾与反思 [J]. 中国软科学, 2016 (4): 150 - 165.

[23] 胡云飞. 中德装备制造业比较研究 [D]. 东南大学, 2010.

[24] 李琮. 世界经济学新编 [M]. 经济科学出版社, 2000 年版: 510.

[25] 李丹丹, 汪涛, 魏也华, 等. 中国城市尺度科学知识网络与技术知识网络结构的时空复杂性 [J]. 地理研究, 2015, 34 (3): 525 - 540.

[26] 李飞, 陈岩, 王海智. 海外资源整合、全球网络嵌入路径与知识溢出 [J]. 科学学研究, 2019, 37 (04): 679 - 688.

[27] 李飞, 陈岩, 张李叶子. 海外并购整合、网络嵌入均衡与企业创新质量 [J]. 科研管理, 2019, 40 (02): 22 - 34.

[28] 李飞, 陈岩. 并购资源互补性、海外子公司自主权与技术创新

[J]. 科研管理, 2018, 39 (12): 18 - 29.

[29] 李江泳, 姚湘. 面向品牌的工程机械造型特征设计研究 [J]. 机械设计, 2014 (6): 102 - 104.

[30] 李金华, 孙东川. 创新网络的演化模型. [J]. 科学学研究, 2006, 24 (1): 135 - 140.

[31] 李平, 曹仰锋. 案例研究方法: 理论与范例 [M]. 北京大学出版社, 2012.

[32] 梁柏泉. 三一重工和中联重科的并购比较研究—动因、整合方式与企业并购绩效 [D]. 华南理工大学, 2014.

[33] 梁宏, 吴映玉, 陈松. 新兴市场海外并购的持续创新效果及影响因素研究——来自A股上市公司的实证 [J]. 科技进步与对策, 2019, 36 (10): 76 - 83.

[34] 廖运凤. 中国企业海外并购案例分析 [M]. 北京: 企业管理出版社, 2008: 81 - 87.

[35] 林兰, 曾刚, 吕国庆. 基于创新"二分法"的中国装备制造业创新网络研究 [J]. 地理科学, 2017 (10): 1469 - 1477.

[36] 林兰, 曾刚. 企业网络中技术权力现象研究评述 [J]. 人文地理, 2010, 25 (3): 16 - 19.

[37] 林兰. 重化工业集群式创新机制与空间响应研究 [J]. 地理学报, 2016, 71 (8): 1400 - 1415.

[38] 林淼, 苏竣, 张雅娴, 等. 技术链、产业链和技术创新链: 理论分析与政策含义 [J]. 科学学研究, 2001, 19 (4): 28 - 31.

[39] 刘红艳, 崔耕. 中国企业如何从"引进来"到"走出去"——企业内向国际化模式对外向国际化绩效的影响 [J]. 财贸经济, 2013, 34 (4): 89 - 97.

[40] 刘平. 国外企业并购绩效理论及实证研究述评 [J]. 外国经济与管理, 2003, 25 (7): 28 - 33.

[41] 刘婷婷. 国际代工企业升级研究 [D]. 宁波大学, 2015.

[42] 刘晓燕, 阮平南, 李非凡. 基于专利的技术创新网络演化动力挖掘 [J]. 中国科技论坛, 2014 (3): 136 - 141.

[43] 刘寅龙，程才华．民营企业在“国进民退”形势下的新生境及其控制权特征［J］．时代经贸，2013（22）：239－240.

[44] 路风，封凯栋．发展我国自主知识产权汽车工业的政策选择［M］．北京大学出版社，2005.

[45] 罗珉，马柯航．后发企业的边缘赶超战略［J］．中国工业经济，2013（12）：91－103.

[46] 罗肇鸿．跨国并购：特点、影响和对策［M］．中国经济出版社，2006.

[47] 吕国庆，曾刚，马双，等．产业集群创新网络的演化分析——以东营市石油装备制造业为例［J］．科学学研究，2014，32（9）：1423－1430.

[48] 吕国庆，曾刚，郭金龙．长三角装备制造业产学研创新网络体系的演化分析［J］．地理科学，2014（09）：1051－1059.

[49] 吕国庆．中国装备工业创新网络研究［D］．华东师范大学，2016.

[50] 马建威．中国企业海外并购绩效研究［M］．北京：经济科学出版社，2014.

[51] 苗长虹，艾少伟．“学习场”结构与空间中的创新［J］．经济地理，2009，29（7）：1057－1063.

[52] 苗长虹．全球—地方联结与产业集群的技术学习——以河南许昌发制品产业为例［J］．地理学报，2006，61（4）：425－434.

[53] 明秀南，阎虹戎，冼国明．对外直接投资对企业创新的影响分析［J/OL］．南方经济：1－17［2019－08－31］．https：//doi. org/10. 19592/j. cnki. scje. 351602.

[54] 潘红波，夏新平，余明桂．政府干预、政治关联与地方国有企业并购［J］．经济研究，2008（4）：41－52.

[55] 逄增辉．国际直接投资理论的发展与演变［J］．经济评论，2004（1）：119－124.

[56] 彭白水．购并CIFA：中联重科国际化战略之“大手笔”——中联重科董事长詹纯新接受本刊专访［J］．建设机械技术与管理，2008（7）：29.

[57] 普华永道.2016年中国企业并购市场回顾与2017年展望 [R].

[58] 齐讴歌，赵勇，王满仓. 城市集聚经济微观机制及其超越：从劳动分工到知识分工. 中国工业经济，2012 (1)：36-45.

[59] 邱洪华，赵勇，刘晓丽. 中国工程机械上市企业技术创新能力测度研究 [J]. 当代经济管理，2012，34 (10)：25-30.

[60] 邱均平，余以胜，邹菲. 内容分析法的应用研究 [J]. 情报杂志，2005，24 (8)：11-13.

[61] 屈晶. 企业技术并购与创新绩效的关系研究——基于战略匹配与技术差距的调节作用分析 [J]. 科学管理研究，2019，37 (02)：122-126.

[62] 尚勇敏，曾刚. 科技创新推动区域经济发展模式转型：作用和机制 [J]. 地理研究，2017，36 (12)：2279-2290。

[63] 史建三. 跨国并购论 [M]. 立信会计出版社，1999.

[64] 司月芳，曾刚，曹贤忠，等. 基于全球—地方视角的创新网络研究进展 [J]. 地理科学进展，2016，35 (5)：600-609.

[65] 苏志文，吴先明. 基于并购的动态能力对企业技术创新的作用机制——多案例研究 [J]. 技术经济，2014，33 (1)：33-38.

[66] 苏志文. 基于并购视角的企业动态能力研究综述 [J]. 外国经济与管理，2012 (10)：48-56.

[67] 孙江明，居文静. 跨国并购对我国企业创新绩效的影响——基于上市公司数据的实证研究 [J]. 世界经济与政治论坛，2019 (02)：149-172.

[68] 孙伟林，孟玮. 追寻世界科学中心转移的轨迹 [J]. 民主与科学，2006 (3)：5-10.

[69] 唐绪兵，徐华亮. 基于供应链的产业集群核心能力研究——以长株潭地区工程机械产业为例 [J]. 统计与决策，2008 (06)：116-118.

[70] 杨国安，潘伯毅. 国际化是第三次创业——杨国安对话三一重工总裁向文波 [J]. 中欧商业评论，2012，46 (02)：101-103.

[71] 童昕，王缉慈. 论全球化背景下的本地创新网络 [J]. 中国软科学，2000 (9)：80-83.

[72] 王琛，林初昇，戴世续. 产业集群对技术创新的影响——以电子

信息产业为例［J］. 地理研究，2012，31（8）：1375－1386.

［73］王琛，林初昇，戴世续. 产业集群对技术创新的影响——以电子信息产业为例［J］. 地理研究，2012，31（8）：1375－1386.

［74］王缉慈. 创新的空间［M］. 北京：北京大学出版社，2001：118－129.

［75］王璐. 中国企业跨国并购研究——以中国工程机械行业为例［D］. 北京大学，2012.

［76］王秋玉，吕国庆，曾刚. 内生型产业集群创新网络的空间尺度分析——以山东省东营市石油装备制造业为例［J］. 经济地理，2015，35（6）：102－108.

［77］王秋玉，尚勇敏，刘刚，曾刚. 跨国并购对全球—地方创新网络演化的作用研究［J］. 经济地理，2018，38（2）：251－264.

［78］王宛秋，张潇天. 谁更易在跨界技术并购中获益？［J］. 科学学研究，2019，37（05）：898－908.

［79］王维，李宏扬. 新一代信息技术企业技术资源、研发投入与并购创新绩效［J］. 管理学报，2019，16（03）：389－396.

［80］王新红，张转军. 并购对创新投入的影响及持续性研究——并购类型与主并企业特征视角［J/OL］. 科技进步与对策：1－8.

［81］王寅. 中国技术获取型海外并购整合研究［D］. 浙江大学，2013.

［82］魏江，焦豪. 创业导向、组织学习与动态能力关系研究［J］. 外国经济与管理，2008，30（2）：36－41.

［83］文嫮，杨友仁，侯俊军. 嵌入性与 FDI 驱动型产业集群研究——以上海浦东 IC 产业集群为例［J］. 经济地理，2007，27（5）：741－746.

［84］吴浩强，刘树林. 并购对企业技术创新能力的影响——基于中国制造业分行业的视角［J］. 财会月刊，2018（01）：130－134.

［85］吴伟. 技术赶超模型的实证研究［J］. 中国软科学，2003（1）：108－112.

［86］吴先明，黄春桃. 从内向国际化到外向国际化：后发企业技术追赶的可持续性［J］. 当代经济管理，2016，38（2）：11－18.

［87］吴先明，苏志文. 将跨国并购作为技术追赶的杠杆：动态能力视

角［J］．管理世界，2014（4）：146－164.

［88］吴先明，张雨．海外并购提升了产业技术创新绩效吗——制度距离的双重调节作用［J］．南开管理评论，2019，22（01）：4－16.

［89］吴晓丹，陈德智．技术赶超研究进展［J］．科技进步与对策，2008，25（11）：236－240.

［90］吴周利，邓建平，曾勇．政治关联民营企业并购的短期财富效应研究［J］．管理学家：学术版，2011（6）：3－17.

［91］肖利平，谢丹阳．国外技术引进与本土创新增长：互补还是替代——基于异质吸收能力的视角［J］．中国工业经济，2016（9）：75－92.

［92］谢洪明，邵乐乐，李哲麟．中国企业跨国并购创新绩效影响因素及模式——基于清晰集的定性比较分析［J］．科技进步与对策，2018，35（05）：81－87.

［93］谢泗薪，薛求知．中国企业全球学习战略的脉络与机理——基于国际化双向路径的视角［J］．复旦学报（社会科学版），2004（3）：86－93.

［94］徐建中，曲小瑜．基于扎根理论的装备制造企业环境技术创新行为驱动因素的质化研究［J］．管理评论，2014，26（10）：90－101.

［95］阳银娟．知识伙伴对企业创新绩效的影响研究［D］．浙江大学，2015.

［96］杨国安，潘伯毅．国际化是第三次创业——杨国安对话三一重工总裁向文波［J］．中欧商业评论，2012：101－103.

［97］杨因．企业STI/DUI学习对技术创新绩效影响——基于纺织企业的实证研究［D］．浙江理工大学，2013.

［98］杨挺，魏克旭，喻竹．中国对外直接投资新特征及新趋势——创新对外直接投资政策与实践的思考［J］．国际经济合作，2018（01）：18－27.

［99］杨吾扬，梁进社．高等经济地理学［M］．北京：北京大学出版社，1997.

［100］姚晓林，李井林，毕金玲．创新驱动下信息技术企业并购效应研究——基于产品市场和资本市场双重视角［J/OL］．研究与发展管理：1－12.

[101] 叶金国. 技术创新系统自组织论 [M]. 北京: 中国社会科学出版社.

[102] 叶琴. 不同规模企业合作创新伙伴选择研究 [D]. 华东师范大学, 2014.

[103] 罗伯特·K. 殷. 案例研究设计与方法: 第4版 [M] //案例研究, 设计与方法: 第4版. 重庆大学出版社, 2010.

[104] 应郭丽. 跨国并购对我国企业技术创新能力的影响 [D]. 浙江工业大学, 2013.

[105] 张爱华, 吴汉军, 李昱, 等. 中联重科跨国并购经验及启示 [J]. 冶金经济与管理, 2012, (4): 40 -42.

[106] 张晨, 万相昱. 并购能够提高创新性么——来自高新技术产业上市公司的实证 [J]. 科技进步与对策, 2020, 37 (01): 102 -111.

[107] 张贵, 温科. 协同创新、区域一体化与创新绩效——对中国三大区域数据的比较研究 [J]. 科技进步与对策, 2017, 34 (05): 35 -44.

[108] 张洁, 何代欣, 安立仁, 张宸璐. 领先企业开放式双元创新与制度多重性——基于华为和 IBM 的案例研究 [J]. 中国工业经济, 2018 (12): 170 -188.

[109] 张能鲲, 何宇, 张永冀. 中国医药上市公司并购与技术创新研究 [J]. 科研管理, 2019, 40 (02): 12 -21.

[110] 张云逸. 基于技术权力的地方企业网络演化研究 [D]. 华东师范大学, 2009.

[111] 张峥, 高明明, 王红倩. 相对知识规模对制造业企业并购创新绩效的影响研究 [J]. 软科学, 2018, 32 (01): 57 -61.

[112] 张宗益, 张莹. 创新环境与区域技术创新效率的实证研究 [J]. 软科学, 2008, 22 (12): 123 -127.

[113] 赵建华, 焦晗. 装备工业企业技术集成能力及其构成因素分析 [J]. 中国软科学, 2007 (6): 75 -80.

[114] 赵建吉. 全球技术网络及其对地方企业网络演化的影响 [D]. 华东师范大学, 2011.

[115] 赵剑波, 吕铁. 中国企业如何从"逆向并购"到"逆向吸

收”？——以工程机械制造业跨国并购为例［J］．经济管理，2016（7）：35－47.

［116］赵黎明，陈妍庆．创新存量、技术互补性与跨国并购技术创新绩效［J］．科学学与科学技术管理，2019，40（02）：68－83.

［117］赵伟，黄上国．促进民营企业跨国并购的对策研究［J］．国际经贸探索，2004，20（3）：29－33.

［118］赵炎，王琦，郑向杰，等．网络邻近性、地理邻近性对知识转移绩效的影响［J］．科研管理，2016，V37（1）：128－136.

［119］赵云鹏，沈钧，张一鸣，等．中国工程机械行业的发展前景［J］．无线互联科技，2014（2）：186－186.

［120］赵珍．中小企业创新网络的构架及其成因分析［J］．科学与管理，2006，26（2）：41－43.

［121］郑刚，郭艳婷，罗光雄，等．新型技术追赶、动态能力与创新能力演化——中集罐箱案例研究［J］．科研管理，2016，37（3）：31－41.

［122］中国机械工业年鉴编辑委员会；中国工程机械工业协会．中国工程机械工业统计年鉴［J］．北京：机械工业出版社，2004.

［123］钟芳芳．技术获取型海外并购整合与技术创新研究［D］．浙江大学，2015.

［124］周成成．中国工程机械行业跨国并购的动因、模式及整合研究［D］．苏州大学，2015.

［125］周凤秀，温湖炜，钟成林．中国企业跨国并购对制造业部门创新绩效的影响——基于超越对数随机前沿模型的实证分析［J］．国际商务（对外经济贸易大学学报），2019（02）：143－156.

［126］左传鸿．工程机械行业兼并购的资本之舞［J］．今日工程机械，2011（11）：122－124.

［127］左勇华，黄吉焱．不同 FDI 进入方式对区域创新能力影响研究——基于市场化程度差异视角［J］．科技管理研究，2017，37（6）：85－91.

［128］Alfred K，Tom P. Poot. Do Regions Matter for R&D?［J］. Regional Studies，1992，26（26）：221－232.

［129］Andre T，Alain R. Proximity and Localization［J］. Regional Studies, 2005, 39 (1): 47 - 59.

[130] Asheim B, Moodysson J, Coenen L. Explaining spatial patterns of innovation: analytical and synthetic modes of knowledge creation in the Medicon Valley life - science cluster [J]. Environment & Planning A, 2008, 40 (5): 1040 - 1056.

[131] Asheim B. Constructing Regional Advantage: Knowledge Bases and Regional Innovation Systems, invited presentation [J]. Computing in Science & Engineering, 2005, 16 (6): 42 - 50.

[132] Balland P A, Boschma R A, Frenken K. Proximity and Innovation: From Statics to Dynamics [C]. Utrecht University, Section of Economic Geography, 2014: 1 - 14.

[133] Banerji S, Duygun M, Noe T, et al. Institutions, Governance and Finance in a Globally Connected Environment [J]. Journal of Corporate Finance, 2018: S0929119918302141.

[134] Bargegil A, Modrego A. The impact of research and technology organizations on firm competitiveness. Measurement and determinants [J]. Journal of Technology Transfer, 2011, 36 (1): 61 - 83.

[135] Barney J B. Firm Resource and Sustained Competitive Advantage [J]. Journal of Management, 1991, 17 (1): 99 - 120.

[136] Bartlett C. , GhoshalS. Managing Across Borders: The Transnational Solution , 2nd Edition [M] , Boston : Harvard Business School Press, 1998.

[137] Bathelt H, Henn S. The Geographies of Knowledge Transfers over Distance: Toward a Typology [J]. Environment & Planning A, 2014, 46 (6): 1403 - 1424.

[138] Bathelt H, Li P F. Evolutionary Economic Geography and Relational Geography [M]. Springer Berlin Heidelberg, 2014.

[139] Bathelt H, Malmberg A, Maskell P. Clusters and knowledge: local buzz, global pipelines and the process of knowledge creation [J]. Druid Working Papers, 2004, 28 (1): 31 - 56.

[140] Binz C, Truffer B, Coenen L. Path Creation as a Process of Re-

source Alignment and Anchoring: Industry Formation for On - Site Water Recycling in Beijing [J]. Economic Geography, 2016, 92 (2): 172 - 200.

[141] Binz C, Truffer B. Global Innovation Systems—A conceptual framework for innovation dynamics in transnational contexts [J]. Research Policy, 2017: 1284 - 1298.

[142] Boschma R, Coenen L, Frenken K, et al. Towards a theory of regional diversification: combining insights from Evolutionary Economic Geography and Transition Studies [J]. Regional Studies, 2017: 51.

[143] Boschma, R. Proximity and innovation: A critical assessment [J], Regional Studies, 2005, 39 (1): 61 - 74.

[144] Boschma, R., Frenken, K.. The spatial evolution of innovation networks: a proximity perspective. Papers in Evolutionary Economic Geography, 2009: 120 - 135.

[145] Breandán Ó hUallacháin, Neil Reid. Source Country Differences in the Spatial Distribution of Foreign Direct Investment in the United States [J]. Professional Geographer, 1992, 44 (3): 272 - 285.

[146] Briault C, Feyen E, Ines G D M, et al. Cross - Border Spillover Effects of the G20 Financial Regulatory Reforms: Results from a Pilot Survey [J]. Policy Research Working Paper, 2018.

[147] Buckley , P. and M. Casson. The Future of the Multinational Enterprises. London: Macmillan , 1976, 69.

[148] Burt, Ronald S. Structural holes [M]. Harvard University Press, 1992.

[149] Campi M, Dueñas M, Barigozzi M, et al. Intellectual property rights, imitation, and development. The effect on cross - border mergers and acquisitions [J]. Journal of International Trade & Economic Development, 2019, 28: 1 - 27.

[150] Capaldo A. Network structure and innovation: The leveraging of a dual network as a distinctive relational capability [J]. Strategic Management Journal, 2007, 28 (6): 585 - 608.

[151] Carlsson, B. Internationalization of innovation systems: a survey of the literature. Res. Policy 2006, 35 (1), 56 -67.

[152] Cassell, Joan. Tales of the Field: On Writing Ethnography [J]. The Journal of Nervous and Mental Disease, 1990, 178 (12): 764 -765.

[153] Caves R E . International Corporations: The Industrial Economics of Foreign Investment [J]. Economica (New Series), 1971, 38 (149): 1 -27.

[154] Chesbrough H W. Open Innovation: The New Imperative for Creating and Profiting from Technology [M]. Harvard Business School Press, 2003.

[155] Clegg , J. Multinational Enterprises and World Competition [M]. London : Macmillan Press, 1987.

[156] Cohen W M, Levinthal D A. Innovation and learning: two faces of R&D [J]. 1989, 99 (397): 569 -596.

[157] Cohen W M. Absorptive Capacity: A New Perspective on Learning and Innovation [M]. Strategic Learning in a Knowledge Economy. 2000.

[158] Cooke P. Policy Networks, Innovation Networks & Regional Policy [M]. Policy Networks & European Structural Funds. 1996.

[159] Cooke P. Regional Innovation Systems, Clusters, and the Knowledge Economy [J]. Industrial & Corporate Change, 2001, 10 (4): 945 -974.

[160] Corpataux, J. , Crevoisier, O. , Theurillat, T.. The expansion of the finance industry and its impact on the economy: a territorial approach based on Swiss pension funds. Econ. Geogr, 2009, 85 (3): 313 -334.

[161] Danneels E. Trying to become a different type of company: dynamic capability at Smith Corona [J]. Strategic Management Journal, 2015, 32 (1): 1 -31.

[162] Dicken P. Global Shift: Mapping the Changing Contours of the World Economy, 5thed [M]. London: Sage; New York: Guilford, 2007: 1 -632.

[163] Dieter E, Linsu K. Global Production Networks, Information Technology and Knowledge Diffusion [J]. Industry & Innovation, 2002, 9 (3):

147 – 153.

[164] Dunning. J. H.. Trade, Location of Economic Activity and the MNE: A Search for an Eclectic Approach , First Published in B. Ohlin Per Ove Hesselborn and Per Magnus Wijkman ed [C]. The International Allocation of Economic Activity. London: Macmillan . 1977.

[165] Eisenhardt K M, Graebner M E. Theory Building From Cases: Opportunities And Challenges [J]. Academy of Management Journal, 2007, 50 (1): 25 – 32.

[166] Eisenhardt K M. Building Theories from Case Study Research [J]. Academy of Management Review, 1989, 14 (4): 532 – 550.

[167] Eisenhardt K M. Strategic decision processes in high velocity environments: four cases in the microcomputer industry [M]. INFORMS, 1988.

[168] Eisenhardt, K. M. , Martin , J. A. Dynamic capabilities: What are mey? [J]. Strategic Management Journal, 2000 (21): 1105 – 1121.

[169] Ellonen H K , Wikstr? M P , Jantunen A . Linking dynamic – capability portfolios and innovation outcomes [J]. Technovation, 2009, 29 (11): 0 – 762.

[170] Erik S. Globalisation or glocalisation? Networks, territories and rescaling [J]. Cambridge Review of International Affairs, 2004, 17 (1): 25 – 48.

[171] Escribano A, Fosfuri A, Tribó J A. Managing external knowledge flows: The moderating role of absorptive capacity [J]. Research Policy, 2009, 38 (1): 96 – 105.

[172] Estes W K. Learning theory and mental development [M]. New York and London: Academic Press, 1970.

[173] Faems D, Janssens M, Van Looy B. Transferring and creating technological knowledge in interfirm R&D relationships [J]. Academy of Management Meeting, 2005.

[174] Feldman M P. The Geography of Innovation [M]. Springer Netherlands, 1994.

[175] Fitjar R D, Rodríguez – Pose A. Networking, context and firm – level innovation: Cooperation through the regional filter in Norway [J]. Geoforum, 2015, 63: 25 – 35.

[176] Freeman C. Networks of innovators: A synthesis of research issues [J]. Research Policy, 1991, 20 (5): 499 – 514.

[177] Frenken K, Hoekman J, Kok S, et al. Death of Distance in Science? A Gravity Approach to Research Collaboration [M]. Innovation Networks. Springer Berlin Heidelberg, 2009: 43 – 57.

[178] Gao S, Xu K, Yang J. Managerial ties, absorptive capacity, and innovation [J]. Asia Pacific Journal of Management, 2008, 25 (3): 395 – 412.

[179] Gereffi G, Christian M. Food Production Systems, Trade, and Transnational Corporations: A Global Value Chains Approach to Consumption and Healthy Diets [J]. Mycopathologia Et Mycologia Applicata, 2008, 37 (3): 225 – 253.

[180] Gereffi G. International trade and industrial upgrading in the apparel commodity chain [J]. Journal of International Economics. 1999, 48 (1): 37 – 70.

[181] Gerschenkron, A. Economic Backwardness in Historical Perspective [R]. Cambridge, MA: Harvard University Press, 1962.

[182] Glückler J, Panitz R. Relational upgrading in global value networks [J]. Journal of Economic Geography, 2016, 16 (6): lbw033.

[183] Gomulka S. The Theory of Technological Change and Economic Growth [J]. Economic Journal, 1990: 101.

[184] Granovetter M. Economic Action and Social Structure: The Problem of Embeddedness [J]. Social Science Electronic Publishing, 1985, 91 (3): 481 – 510.

[185] Grant R M. Toward a knowledge – based theory of the firm [J]. Strategic Management Journal, 1996, 17 (S2): 109 – 122.

[186] Grillitsch M., Trippl, M.. Combining knowledge from different sources, channels and geographical scales. Eur. Plan. Stud. 2013, 22 (11):

2305 –2325.

[187] Guadalupe M, Kuzmina O, Thomas C. Innovation and Foreign Ownership [J]. American Economic Review, 2012, 102 (7): 3594 –3627.

[188] Hagedoorn J, Duysters G. Learning in Dynamic Inter – firm Networks: The Efficacy of Multiple Contacts [J]. 2002, 23 (4): 525 –548.

[189] Haleblian J, Devers C E, Mcnamara G, et al. Taking Stock of What We Know About Mergers and Acquisitions: A Review and Research Agenda [J]. Journal of Management, 2009, 35 (3): 469 –502.

[190] Halinen A, Salmi A , Havila V . From Dyadic Change to Changing Business Networks: An Analytical Framework [J]. Journal of Management Studies, 1999, 36 (6): 779 –794.

[191] Hall P. Creative Cities and Economic Development [J]. Urban Studies, 2000, 37 (4): 639 –649.

[192] Han J, Jo G S, Kang J. Is high – quality knowledge always beneficial? Knowledge overlap and innovation performance in technological mergers and acquisitions [J]. Journal of Management & Organization, 2016: 1 –21.

[193] Haspeslagh P C, Jemison D B. The challenge of renewal through acquisitions [J]. Strategy & Leadership, 1991 (19): 27 –30.

[194] He X, Zhang J. Emerging market MNCs'cross – border acquisition completion: Institutional image and strategies [J]. Journal of Business Research, 2018, 93: S0148296318301905.

[195] Helpman, Elhanan. A Simple Theory of International Trade with Multinational Corporations [J]. Journal of Political Economy, 1984, 92 (3): 451 –471.

[196] Helpman, Elhanan. Foreign Trade and Investment: Firm – level Perspectives [J]. Economica, 2014, 81 (321): 1 –14.

[197] Hess M. Spatial relationships? Towards a reconceptualization of embeddedness [J]. Progress in Human Geography, 2004, 28 (2): 165 –186.

[198] Howells J, Ramlogan R, Cheng S L. Innovation and university collaboration: paradox and complexity within the knowledge economy [J]. Cam-

bridge Journal of Economics, 2012, 36 (3): 703 - 721.

[199] Hu A G Z, Jefferson G H. FDI impact and spillover: Evidence from China's electronic and textiles industries [J]. World Economy, 2002, 25 (8): 1063 - 1076.

[200] Huenteler J, Schmidt T S, Ossenbrink J, et al. Technology life - cycles in the energy sector — Technological characteristics and the role of deployment for innovation [J]. Technological Forecasting & Social Change, 2016, 104: 102 - 121.

[201] Hymer S.. International Operation of National Firms: A Study of Direct Foreign Investment. MIT press, 1976.

[202] Hymer, S. "The large multinational 'corporation'. An analysis of some motives for the international integration of business". Revue Economique, 1968, 19 (6): 949 - 973.

[203] Isaksen A, Nilsson M. Combined Innovation Policy: Linking Scientific and Practical Knowledge in Innovation Systems [J]. European Planning Studies, 2013, 21 (12): 1919 - 1936.

[204] Jain S, Kashiramka S, Jain P K. Impact of Organizational Learning and Absorptive Capacity on the Abnormal Returns of Acquirers: Evidence from Cross - Border Acquisitions by Indian Companies [J]. Global Journal of Flexible Systems Management, 2018 (3): 1 - 15.

[205] Jensen M B, Johnson B, Lorenz E, et al. Forms of knowledge and modes of innovation [J]. Research Policy, 2007, 36 (5): 680 - 693.

[206] Jick T D. Mixing Qualitative and Quantitative Methods: Triangulation in Action [J]. Administrative Science Quarterly, 1979, 24 (4): 602 - 611.

[207] Johnson, H. G. The Efficiency and Welfare Implications of the International Corporation [M]. Boston: MIT press, 1970.

[208] Jönsson J. A study of rural companies in the plastic industry and their use of virtual proximity in innovation processes [J]. Virtual proximity and innovation. 2015.

[209] Kim L. Imitation to innovation: the dynamics of Korea's technological learning [M]. Boston MA: Harvard Business School Press, 1997.

[210] Klier T, McMillen D P. Evolving agglomeration in the US auto supplier industry [J]. Journal of Regional Science, 2008, 48 (1): 245 -267.

[211] Kogut B, Zander U. Knowledge of the Firm, Combinative Capabilities, and the Replication of Technology [J]. Organization Science, 1992, 3 (3): 383 -397.

[212] Lagendijk A. Learning from conceptual flow in regional studies: Framing present debates, unbracketing past debates [J]. Regional Studies, 2006, 40 (4): 385 -399.

[213] Lau A K W, Lo W. Regional innovation system, absorptive capacity and innovation performance: An empirical study [J]. Technological Forecasting & Social Change, 2015, 92: 99 -114.

[214] Lecraw D J . International Production and the Multinational Enterprise [J]. Journal of International Business Studies, 1984, 15 (1): 188 -190.

[215] Leung C K. Locational characteristics of foreign equity joint venture investment in China (1979 -1985) [J]. The professional Geographer, 1990, 42 (4): 403 -421.

[216] Li J, Wan G. China's Cross - border Mergers and Acquisitions: A Contextual Distance Perspective [J]. Management & Organization Review, 2016, 12 (3): 449 -456.

[217] Liefner I, Bromer C, Zeng G. Knowledge absorption of optical technology companies in Shanghai, Pudong: Successes, barriers and structural impediments [J]. Applied Geography, 2012, 32 (1): 171 -184.

[218] Liefner I, Hennemann S, Xin L. Cooperation in the innovation process in developing countries: empirical evidence from Zhongguancun, Beijing [J]. Environment & Planning A, 2006, 38 (1): 111 -130

[219] Liefner I, Hennemann S. Structural holes and new dimensions of distance: The spatial configuration of the scientific knowledge network of China's optical technology sector [J]. Environment and Planning A, 2011, 43 (4):

810 - 829.

[220] Liefner I, Jessberger S. The use of the analytical hierarchy process as a method of comparing innovation across regions: The examples of the equipment manufacturing industries of Shanghai and Xiamen, China [J]. Environment & Planning A, 2016, 48 (6).

[221] Liu J , Chaminade C , Asheim B . The Geography and Structure of Global Innovation Networks: A Knowledge Base Perspective [J]. European Planning Studies, 2013, 21 (9): 1456 - 1473.

[222] Liu X, Zou H. The impact of greenfield FDI and mergers and acquisitions on innovation in Chinese high - tech industries [J]. Journal of World Business, 2008, 43 (3): 352 - 364.

[223] Liu Y, Woywode M. Light - Touch Integration of Chinese Cross - Border M&A: The Influences of Culture and Absorptive Capacity [J]. Thunderbird International Business Review, 2013, 55 (4): 469 - 483.

[224] Lorentzen A. The Geography of Knowledge Sourcing—A Case Study of Polish Manufacturing Enterprises [J]. European Planning Studies, 2007, 15 (4): 467 - 486.

[225] Yadong Luo, Rosalie L: Tung. International Expansion of Emerging Market Enterprises: A Springboard Perspective [J]. Journal of International Business Studiess, 2007, 38 (4), 481 - 498.

[226] Lyu G, Liefner I. The spatial configuration of innovation networks in China [J]. Geojournal, 2018 (12): 1 - 18.

[227] Makkonen T, Weidenfeld A, Williams A M. Cross - Border Regional Innovation System Integration: An Analytical Framework [J]. Tijdschrift Voor Economische En Sociale Geografie, 2016, 108 (6): 805 - 820.

[228] Martin B R, Moodysson J. Innovation in Symbolic Industries: The Geography and Organization of Knowledge Sourcing [J]. European Planning Studies, 2011, 19 (7): 1183 - 1203.

[229] Martin B R. Twenty Challenges for Innovation Studies [J]. SPRU Working Paper Series, 2015.

[230] Maskell P. Accessing remote knowledge—the roles of trade fairs, pipelines, crowdsourcing and listening posts [J]. Journal of Economic Geography, 2014, 14 (5).

[231] Mathews, J. A. Dragon multinationals: New players in 21st century globalisation. Asia Pacific Journal of Management, 2006, 23: 5 –27.

[232] Miao C H, Wei Y H. Development and debates in the theoretical construction of economic geography [J]. Geographical Research, 2007, 26 (6): 1233 –1246.

[233] Miles, M. B. , Huberman, M. . Qualitative date analysis: A new sourcebook of methods. Beverly Hills, CA: Sage Publications, 1984.

[234] Morrison A, Rabellotti R, Zirulia L. When Do Global Pipelines Enhance the Diffusion of Knowledge in Clusters? [J]. Economic Geography, 2013, 89 (1): 77 –96.

[235] Nocke V, Yeaple S. Cross – border mergers and acquisitions vs. greenfield foreign direct investment: The role of firm heterogeneity ☆ [J]. Journal of International Economics, 2007, 72 (2): 336 –365.

[236] Öberg C, Leminen S. Gap analysis for innovative firm acquisition – acquirer and acquired party perspectives. Journal Of Organizational Change Management. 2017, 30 (3): 380 –395.

[237] Orsi L, Ganzaroli A, Noni I D, et al. Knowledge utilisation drivers in technological M&As [J]. Technology Analysis & Strategic Management, 2015, 27 (8): 877 –894.

[238] Paci R, Usai S. Externalities, knowledge spillovers and the spatial distribution of innovation [J]. Geojournal, 1999, 49 (4): 381 –390.

[239] Patel P, Pavitt K. The nature and economic importance of national innovation systems [J]. Sti Review, 1994, 14.

[240] Peter F. D. Innovation and Enterpreneurship [M]. Collins Business, 2006.

[241] Peter M, Harald B, Anders M. Building global knowledge pipelines: The role of temporary clusters [J]. European Planning Studies, 2006,

14 (8): 997 – 1013.

[242] Peter T, André S. The Spatial Organization of Innovation: Open Innovation, External Knowledge Relations and Urban Structure [J]. Regional Studies, 2008, 42 (5): 689 – 704.

[243] Pettigrew A M. Longitudinal Field Research on Change: Theory and Practice. [J]. Organization Science, 1990, 1 (3): 267 – 292.

[244] Poter M E. The Competitive Advantage of Nation [M]. New York: the Free Press, 1990: 1 – 855.

[245] Pudelko M, Mendenhall M E. The contingent nature of best practices in national competitiveness: The case of American and Japanese innovation processes. [J]. European Management Journal, 2009, 27 (6): 456 – 466.

[246] Puranam P, Srikanth K. What they know vs. what they do: how acquirers leverage technology acquisitions. Strategic Management Journal. 2007, 28 (8): 805 – 825.

[247] Quah P, Young S. Post – acquisition Management: A Phases Approach for Cross – border M&As. European Management Journal. 2005, 23 (1): 65 – 75.

[248] Ranft A L, Lord M D. Acquiring New Technologies and Capabilities: A Grounded Model of Acquisition Implementation [J]. Organization Science, 2002, 13 (4): 420 – 441.

[249] Ritter T, Gemünden H G. Network Competence [J]. Journal of Business Research, 2003, 56 (9): 745 – 755.

[250] Robert H, Andrew J, Piers T. Network Capital, Social Capital and Knowledge Flow: How the Nature of Inter – organizational Networks Impacts on Innovation [J]. Industry & Innovation, 2012, 19 (3): 203 – 232.

[251] Robert H, Daniel P, Rebecca S, et al. The Engagement of Entrepreneurial Firms with Universities Network Formation, Innovation and Resilience [J]. Journal of General Management, 2014, 40 (1).

[252] Robert K. Yin. Case study research: Design and methods. Beverly Hills, CA: Sage Publications, 1984.

[253] Robert K. Yin. The Case Study Crisis: Some Answers [J]. Administrative Science Quarterly, 1981, 26 (1): 58 -65.

[254] Romijn, H. , & Albaladejo, M. (2002). Determinants of innovation capability in small electronics and software firms in southeast england. Research Policy, 31 (7), 1053 - 1067.

[255] Rosenzweig P M. Managing Acquisitions: Creating Value Through Corporate Renewal [J]. Academy of Management Review, 1991, 18 (2): 370 - 374.

[256] Rothaermel F T, Hess D. Building Dynamic Capabilities: Innovation Driven by Individual - , Firm - , and Network - Level Effects [J]. Social ence Electronic Publishing, 2007, 18 (6): 898 -921.

[257] Rothwell R. Successful industrial innovation: critical factors for the 1990s [J]. R & D Management, 1992, 22 (3): 221 -240.

[258] Rugman, A. M. Inside the Multinationals : the Economics of International Markets [M]. London: Croom Helm, 1981, 28.

[259] Rune D. F. , Andrés R - P. Firm collaboration and modes of innovation in Norway [J]. Research Policy, 2013, 42 (1): 128 - 138.

[260] Saboo A, Sharma A, Chakravarty A, Kumar V. Influencing Acquisition Performance in High - Technology Industries: The Role of Innovation and Relational Overlap. Journal Of Marketing Research (JMR) [serial online]. April 2017; 54 (2): 219 -238.

[261] Sears J, Hoetker G. Technological overlap, technological capabilities, and resource recombination in technological acquisitions [J]. Strategic Management Journal, 2014, 35 (1): 48 -67.

[262] Shleifer A. , Vishny R. W. The grabbing hand : government pathologies and their cures [J]. American Economic Association Papers & Proceedings, 1998, 87 (2): 354 -358.

[263] Shulin Gu, Bengt - Åke Lundvall, Ju Liu, et al. China's System and Vision of Innovation: An Analysis in Relation to the Strategic Adjustment and the Medium - to Long - Term S&T Development Plan (2006 - 20) [J]. Industry

& Innovation, 2009, 16 (4 –5): 369 –388.

[264] Sonn J W, Storper M. The Increasing Importance of Geographical Proximity in Knowledge Production: An Analysis of US Patent Citations, 1975 – 1997 [J]. Environment & Planning A, 2008, 40 (5): 1020 –1039.

[265] South R B. Transnational "Maquiladora" Location [J]. Annals of the Association of American Geographers, 2015, 80 (4): 549 –570.

[266] Spender, J. –C. Making knowledge the basis of a dynamic theory of the firm [J]. Strategic Management Journal, 2015, 17 (S2): 45 –62.

[267] Spigarelli F, Alon I, Mucelli A. Chinese M & A in Europe: Emerging market multinational in the heavy construction industry [J]. Competitiveness Review, 2015 (4).

[268] Stiebale J. Cross – border M&As and innovative activity of acquiring and target firms [J]. Journal of International Economics, 2016, 99: 1 –15.

[269] Storper M A, Venables A J. Buzz: the Economic Force of the City [J]. Journal of Economic Geography, 2004, 4: 351 –370.

[270] Strauss A L. Qualitative analysis for social scientists. [M]. Cambridge University Press, 1987.

[271] Sutton R I, Callahan A L. The Stigma of Bankruptcy: Spoiled Organizational Image and Its Management [J]. Academy of Management Journal, 1987, 30 (3): 405 –436.

[272] Teece D J. Explicating dynamic capabilities: the nature and microfoundations of (sustainable) enterprise performance [J]. Strategic Management Journal, 2007, 28 (13): 1319 –1350.

[273] Tian X. Chinese reform pushes R&D into market [J]. Nature, 1999, 399: 191.

[274] Tsai, W. Knowledge transfer in intraorganizational networks: Effects of network position and absorptive capacity on business unit innovation and performance. [J]. Academy of Management Journal, 2001, 44 (5): 996 –1004.

[275] Venables A J , Markusen J R. Multinational Firms and the New Trade Theory [J]. Journal of International Economics, 1998, 46 (2): 183 –203.

[276] Vendrell – Herrero F, Gomes E, Bustinza O F, et al. Uncovering the role of cross – border strategic alliances and expertise decision centralization in enhancing product – service innovation in MMNEs [J]. International Business Review, 2018, 27 (4): 814 – 825.

[277] Víctor J. García – Morales, Antonia Ruiz – Moreno. Effects of Technology Absorptive Capacity and Technology Proactivity on Organizational Learning, Innovation and Performance: An Empirical Examination [J]. Technology Analysis & Strategic Management, 2007, 19 (4): 527 – 558.

[278] Weber, M., Truffer, B., 2017. Moving innovation systems research to the next level: towards an integrative agenda [J]. Oxford Rev. Econ. Policy 33 (1).

[279] Wei Y D. FDI networks, R&D activities and the making of global cities in China [M]. Innovation and Regional Development in China. 2014.

[280] WinterS. G. Understanding dynamic capabilities [J]. Strategic Management Journal, 2008, 24 (10): 991 – 995.

[281] Wolfe A W. Social Network Analysis: Methods and Applications, by Stanley Wasserman; Katherine Faust [J]. Contemporary Sociology, 1995, 91 (435): 219 – 220.

[282] Wrede M. Heterogeneous skills and homogeneous land: segmentation and agglomeration [J]. Journal of Economic Geography, 2009, 13 (5): 767 – 798.

[283] Yeung H W C. Rethinking relational economic geography [J]. Transactions of the Institute of British Geographers, 2005, 30 (1): 37 – 51.

[284] Yeung W C, Coe N M. Toward a Dynamic Theory of Global Production Networks [J]. Economic Geography, 2015, 91 (1): 29 – 58.

[285] Yeung W C. Business Networks and Transnational Corporations: A Study of Hong Kong Firms in the ASEAN Region [J]. Economic Geography, 1997, 73 (1): 1 – 25.

[286] Yin R, Thousand S. Case Study Research: Design and Methods (4th) ed [M]. Blackwell Science Ltd, 2009.

[287] Zaheer A, Hernandez E, Banerjee S. Prior Alliances with Targets and Acquisition Performance in Knowledge - Intensive Industries [M]. INFORMS, 2010.

[288] Zahra S A, George G. Absorptive Capacity: A Review, Reconceptualization, and Extension [J]. Academy of Management Review, 2002, 27 (2): 185 - 203.

[289] Zheng N, Wei Y, Zhang Y, et al. In search of strategic assets through cross - border merger and acquisitions: Evidence from Chinese multinational enterprises in developed economies [J]. International Business Review, 2014, 25 (1).

[290] Zhu H, Zhu Q. Mergers and acquisitions by Chinese firms: A review and comparison with other mergers and acquisitions research in the leading journals [J]. Asia Pacific Journal of Management, 2016, 33 (4): 1107 - 1149.